《献帝春秋》钩沉

——从数字人文角度看古籍辑佚

张 立◎著

燕山大学出版社
·秦皇岛·

图书在版编目（CIP）数据

《献帝春秋》钩沉：从数字人文角度看古籍辑佚 / 张立著. — 秦皇岛：燕山大学出版社，2020.9（2026.1重印）
ISBN 978-7-5761-0073-0

Ⅰ. ①献… Ⅱ. ①张… Ⅲ. ①古籍研究—中国—魏晋南北朝时代 Ⅳ. ①G256.2

中国版本图书馆CIP数据核字(2020)第174349号

《献帝春秋》钩沉——从数字人文角度看古籍辑佚
张 立 著

出 版 人：陈 玉
责任编辑：柯亚莉
封面设计：方志强
出版发行：燕山大学出版社
地　　址：河北省秦皇岛市河北大街西段 438 号
邮政编码：066004
电　　话：0335-8387555
印　　刷：廊坊市印艺阁数字科技有限公司
经　　销：全国新华书店

开　　本：710mm×1000mm 1/16　印　　张：13.5　字　数：200 千字
版　　次：2020 年 9 月第 1 版　　印　　次：2026 年 1 月第 2 次印刷
书　　号：ISBN 978-7-5761-0073-0
定　　价：58.00 元

本书为浙江省哲学社会科学发展规划领导小组课题
“魏晋文献辑佚研究——以《献帝春秋》为例”
（项目编号：16NDJC315YBM）成果

目　录

绪　论

中国古代典籍累代相传，是我国传统文化的集中体现。正如习近平总书记所说："优秀传统文化在思想上有大智，在科学上有大真，在伦理上有大善，在艺术上有大美。在中华民族艰难而辉煌的发展历程中，优秀传统文化薪火相传、历久弥新，始终为国人提供精神支撑和心灵慰藉。"优秀传统文化正是通过历代典籍传承的，而传统典籍也因蕴含着中华文明的丰富内涵而熠熠生辉。整理研究古典文献并挖掘其中蕴含的独特价值，是新时代弘扬中国优秀传统文化的内在需要，也是文明大国软实力的体现。从古典文献中我们可以看到文明起始处的样貌，也可以看到典籍对人类社会进步的巨大影响，而辑佚正是对古代典籍中被遗失在历史长河中的散佚残存信息进行还原的工作。辑佚作为传统文献学科中费时费力、披沙拣金的"冷板凳"，个中甘苦，只有辑佚者自知。虽然付出的辛劳与辑得的条目往往不成正比，但若将辑佚工作看作是一缕照进过往的微光，便觉十年磨一剑的人生也值得。星汉灿烂，千年一粟，时代变革激起的数字人文浪潮赋予了传统学术更多的可能，也让我们希冀在新时代背景下，辑佚工作能有更多创新，进而创造性地重现那些曾经的辉煌。

一、研究背景

随着互联网在全球的普及，数字化浪潮奔涌而来，数字人文也逐渐成为当前人文学科研究的学术热点和前沿。在数字人文的大背景下，传统上以定性研究为主的人文学科随着计算机技术的不断发展，开始加入定量研究的内容，这让人文研究有了新的研究方式，进而产生了新的研究方向。在原有文本数字化的基础上，数字人文的文本挖掘、数据分析、可视化及协同合作等特色都在人文学科研究中越来越出彩。

利用文本挖掘技术，将大规模文本数字化之后，借助不同的数字化工具，研究者可以迅速提升数据检索能力，挖掘出更多的量化数据，辅助学术研究。数据分析可以增强研究人员的数据处理能力，将数字化转变为数据化，用数据来驱动深入研究，将相对复杂无逻辑的人文学科文本通过计算和智能解析抽取出其中重要的因素，构建知识谱系，形成规律性总结。可视化的技术能对一定时期或具有历时性的数据进行直观地展示，进而凸显其变化，便于从宏观上把握趋势与方向。协同合作则是以网络的去中心化特点为出发点，将工作任务以众包的形式分配给网络上的各节点，每个节点以个人或是工作小组的形式在统一制定的工作标准下进行一种智能化学术协作，完成机器无法完成的人工操作，将原来的单兵作战变为集体会战。

在数字人文背景之下，古籍整理与研究的范式发生了很大转变，以往较少出现在人文学科的定量分析在数字化技术推动下，也有了不错的研究成果。比如，基于文本挖掘技术进行的古籍深度分析，借助语料库来进行《红楼梦》作者归属的数据化解析；基于 GIS 技术的古籍数字化地图，将研究成果进行可视化处理，绘制李白行迹图等系列行迹图，以及《全唐诗》《全宋文》作者定位查询图等学术地图，等等。同时，数字人文中常用的超文本链接与多媒体技术也带来了知识提取的便利与效果提升，比如1947年塔玛拉部落(Ta'-amra tribe)的贝都因人(Bedouin)在死海西北沿岸的昆兰地区洞穴内发现的死海古卷，现在通过数字化技术结合超文本链接和多媒体形式，向全世界多方位呈现了写在羊皮纸、纸莎草纸上的脆弱又珍贵的古代经典古籍。还有不少国内外大学、研究中心、图书馆等以开放的数字平台来构建良好的协作型学术研究形态，国内的古联公司也向大众开放了众包平台①，吸引更多的人参与到数字人文研究中来。诸如此类，不一而足。放眼世界，数字人文如一缕清风，带给了全球人文研究领域新风气和新希望。

受数字人文风潮影响，古籍数据库数量逐步增加，古籍数字化与电子化速度不断加快。以公共图书馆为例，一般大型图书馆或者古籍馆藏比较丰富的公共图书馆多会自行开发一些古籍数据库，如表1所示：

表1　部分公共图书馆网上中文古籍数字化资源列表②

建设单位	资源名称	资源类型	网址	开放程度	收录内容
国家图书馆	碑帖精华	图像版	http://mylib.nlc.cn/web/guest/beitiejinghua	注册账号后开放	现有古籍元数据约23000余条，古籍影像约29000余幅
	徽州善本家谱	图像版	http://mylib.nlc.cn/web/guest/huizhoushanbenjiapu	注册账号后开放	收录了国家图书馆藏徽州家谱243种286部
	数字方志	图像版	http://mylib.nlc.cn/web/guest/shuzifangzhi	注册账号后开放	本数据库包含清代(含清代)以前的方志资源

① http://auto-edit.ancientbooks.cn/DocZhengli/

② 张惠婷：《网上中文古籍数字化资源建设现状分析》，辽宁大学硕士论文，2017年。

续表 1

建设单位	资源名称	资源类型	网址	开放程度	收录内容
国家图书馆	宋人文集	图像版	http://mylib.nlc.cn/web/guest/songrenwenji	注册账号后开放	精选国图所藏宋人文集善本约 275 部
	中华古籍资源库	图像版	http://mylib.nlc.gov.cn/web/guest/shanben-jiaojuan	注册账号后开放	数据库首批发布国家图书馆所藏善本古籍影像,未来将陆续发布全国古籍影像
	中华医药典籍资源库(测试版)	书目	http://mylib.nlc.cn/web/guest/zhonghuayicang	注册账号后开放	国家图书馆所藏 92 种中医古籍影像
	中华古籍善本国际联合书目系统	书目	http://mylib.nlc.cn/web/guest/zhonghua-gujishanben	注册账号后开放	著录了 30 余家海内外图书馆所藏古籍善本,数据达 2 万多条,并配有 14000 余幅书影
	全国古籍普查登记基本数据库	书目	http://202.96.31.78:8585/xlsworkbench/publish	开放	截止到 2017 年 2 月 16 日,累计发布 120 家单位古籍普查数据 431756 条 4133584 册
上海图书馆	上图馆藏家谱目录	书目	https://search.library.sh.cn/jiapu/	开放	共收藏有 335 个姓氏, 23858 种中国家谱
	上海图书馆古籍书目	书目	https://search.library.sh.cn/guji/	开放	收录上海图书馆收藏的中文古籍,共计 129660 条,其中善本古籍 13365 条
	上图家谱	图像版	https://wrd2016.library.sh.cn/channel/stjp/	开放	包含馆藏 3036 本家谱的全文影像
	上图古籍	图像版	https://wrd2016.library.sh.cn/channel/stgj/	开放	包含馆藏 50 本古籍善本的全文影像

续表 1

建设单位	资源名称	资源类型	网址	开放程度	收录内容
首都图书馆	馆藏书目（含馆藏古籍）	书目	https://query.clcn.net.cn/	开放	含馆藏古籍书目信息
	馆藏古籍珍善本图像数据库	图像版	https://gjzsb.clcn.net.cn/index.whtml	部分需馆内访问	数据库所收古籍为首都图书馆入选第一至三批《国家珍贵古籍名录》的珍稀善本 125 种
	古籍插图库	图像版	http://query.clcn.net.cn/GJAndST/gjct1.htm	开放	包含馆藏古籍插图数据 1 万条
苏州图书馆	古籍善本目录	书目	https://www.szlib.com/sztsg/zjszzy/gjsbml/index.aspx	开放	包含馆藏古籍书目信息 1710 条
	馆藏古籍数据库	图文版	https://fzk.szlib.com/Ancient Book/Main/Ancient_index.html	开放需注册本馆会员	该数据库包含府县志、乡镇志、人物志、园林名胜志、馆藏珍贵古籍、家谱、诗文集、其他古籍等
南京图书馆	馆藏古籍书目	书目	http://opac.jslib.org.cn/	开放	该数据库包含善本 10 万余册，可通过题名、著者等信息检索馆内的古籍善本
常熟图书馆	古籍书目检索	书目	http://www.cslib.cn/gjsearch/	开放	含馆藏古籍书目信息
	常熟图书馆地方志影像数据库	图像版	http://www.cslib.cn/gjdfz/	开放	《重修常昭合志》《海虞文徵》等两部文集

续表 1

建设单位	资源名称	资源类型	网址	开放程度	收录内容
广东省立中山图书馆	馆藏书目数据库(含特长古籍)	书目	http://opac.zslib.com.cn:8991/F/?func=file&file_name=find-b-tcwx	开放	提供中山图书馆馆藏特藏文献检索服务
	缩微文献全文数据库	图像版	http://opac.zslib.com.cn/TempletPage/page.aspx?cofumn=sw	仅限馆内访问或注册本馆会员	首批提供广东省立中山图书馆馆藏缩微古籍、期刊文献等约 100 万拍
山东省图书馆	海源阁、普通古籍书目	书目	http://124.133.52.135/NTRdrSpecialSearch.aspx?strTable=%E6%B5%B7%E6%BA%90%E9%98%81%E3%80%81%E6%99%AE%E9%80%9A%E5%8F%A4%E7%B1%8D&strTableName=bmls	开放	含馆藏古籍书目信息
	山东省图书馆古籍珍本数据库	图像版	http://124.133.52.180/Usp/apabi_usp/?pid=own.search&dt=META_DESi40_12_1&db=dlib&dbtype=1&ws=&cult=CN&url=own.search	开放	山东省图书馆馆藏善本 500 部,提供完整书影
吴江图书馆	吴江古代地方志数据库	文字版	http://cgrswjlib.com:8086/general_web/first2.jsp?queryDBs=wj/xz&queryCommand=@F=_0	仅限馆内访问	收录馆藏古代吴江县志及乡镇志共计 24 部
	吴江图书馆古籍书目	书目	http://www.wjlib.com:8088/opac3	开放	含善本 8967 册和全国孤本古籍数种

续表 1

建设单位	资源名称	资源类型	网址	开放程度	收录内容
天津图书馆	缩微文献影像数据库	图像版	http://swyx.tjl.tj.cn/	开放	馆藏古籍 132 条
	历史文献数字资源库	图像版	http://lswx.tjl.tj.cn:8001/Default	需注册本馆会员	含古籍资源 1000 余种，包括特色馆藏宝卷 4 种，地方志 84 种，善本 79 种，普通古籍 813 种

由上表可知，不少公共图书馆都会将各自最有特色的中文古籍资源进行数字化，再将相关内容作为数字化服务的一部分，以检索平台或数据库的形式来提供给读者。可见我国中文古籍资源数字化的意识正不断增强，中文古籍数字化建设工作正在不断推进中。

此外，也有不少企业以盈利为目的开发的古籍数字化商业产品，现在正被古籍整理与研究者们广泛使用。如表 2 所示：

表 2　古籍数字化企业部分网上中文古籍数字化资源列表①

企业名称	产品名称	产品类型	网址	开放程度	产品内容
北京爱如生数字化技术研究中心	中国基本古籍库	图文版	http://er07.com/home/pro_3.html	付费，面向机构销售	中国基本古籍库分为 4 个子库、20 个大类，100 个细目，甄选历代经典名著并制成数字全文，另附 1 到 2 个珍贵版本的原版影像。总计收书 10000 种、17 万卷；版本 12500 个、20 万卷；全文包含 17 亿字、影像 1200 余万页，数据总量达 350G

① 张惠婷：《网上中文古籍数字化资源建设现状分析》，辽宁大学硕士论文，2017 年。

续表 2

企业名称	产品名称	产品类型	网址	开放程度	产品内容
北京爱如生数字化技术研究中心	中国方志库	图文版	http://er07.com/home/pro_87.html	付费，面向机构销售	中国方志库收录历代地方志达1万种、宋元明清及民国各级善本1万个。数据库全文共超过20亿字，影像达到1000万页，数据总量约为300G
北京书同电脑技术开发有限责任公司	中国历代石刻史料汇编	图文版	http://guji.unihan.com.cn/	付费，面向机构销售	收录15000千余篇石刻文献，并附有历代金石学家撰写的考释文字，总计1150万字
	《四部丛刊》电子版	图文版		付费，面向机构销售	共计收书504种、3134册、232478页，近9000余万字。数据库使用经、史、子、集四部分类法
北京时代瀚堂科技有限公司	《瀚堂典藏》数据库	图文版	http://www.hytung.cn/	付费，面向机构销售	收录15000多种古籍，其最大特色是采用超大字元集进行加工校勘，文本精准无缺字
北京瀚海博雅科技有限公司	鼎秀古籍全文检索平台	图文版	http://103.242.200.9/ancientbook/portal/index/index.do	付费，面向机构销售	目前收录汉文古籍文献25000多种，近50万卷
古联（北京）数字传媒科技有限公司	中华经典古籍库	文字版	http://www.gujilianhe.com/	可免费检索书目信息，阅读全文需付费	收录了1274种中华书局出版的整理本古籍图书，涵盖经、史、子、集各部
北京籍古轩图书数字技术有限公司	中国数字方志库	图文版	http://www.wenjinguan.com/	可免费检索书目信息，阅读全文需付费	该数据库为大规模地志类古籍数据库，目前收书11000种

续表 2

企业名称	产品名称	产品类型	网址	开放程度	产品内容
北京国学时代文化传播股份有限公司	国学宝典	文字版	http://www.gxbd.com/	部分古籍全文版免费开放，查看全部需付费	收录 4903 种古籍，共计 8 亿多字
陕西师范大学出版总社有限公司	汉籍数字图书馆	图文版	http://www.hanjilibrary.com/	个人用户注册后提供书目检索及 6 张古籍小图浏览。清晰完整版需付费	由传世文献库等八大专题分库组成，收录汉文文献 201371 种，影像约 6400 万页

上表所列数据库从图像到文本，形制不尽相同，内容相对多样，为古籍整理与研究提供了很大的便利。但不容忽视的是，几乎都需要收取一定费用，这也给使用带来了不小的门槛。

与此同时，我们注意到，有的数据库还会自带一些学术小工具，可以更方便学者在数据库平台下进行一定的学术分析。如表 3 所示：

表 3　学术机构部分机器典藏检索型数据库功能概况表①

来源	成果名称	检索与结果显示	嵌入工具及知识增值功能
北京大学数据分析研究中心	廿五史研习系统	全文检索（正文、含注释）、繁简转换	联想式检索
浙江大学及国内外多所高校	大学数字图书馆国际合作计划(CADAL)	简单检索、图像浏览	

① 卢彤、李明杰：《中文古籍数字化成果辅助人文学术研究功能的调查》，《图书与情报》，2019 年第 1 期，页 70—79。

续表 3

来源	成果名称	检索与结果显示	嵌入工具及知识增值功能
郑州大学	全唐诗库	字段检索(卷号、作者、内容、题目)	
中国中医科学院	中医药珍善本古籍多媒体数据库	分类浏览、全文检索、支持关联检索(建有病、症、药、方、人知识库)、图文对照、繁简转换	工具书嵌入
南开大学组合数学研究中心	二十五史全文阅读检索系统	全文检索	
甘肃省古籍文献整理编译中心	中国金石总录	字段检索(名称、又称、朝代、年号、著录)、全文检索、图文对照	
台湾大学数字人文研究中心、台大图书馆、中华佛学研究所、台北艺术大学	佛学博物馆:玄奘西域行	佛学书目检索、年表检索、佛学辞典检索,地图检索尚不可用	
台湾大学数字人文研究中心	春秋三传对读系统	全文检索、三传之间文本条目对应	
台北故宫博物院	清代宫中档奏折及军机处文件折件数据库	字段检索(编号、具奏日期、具奏人、官职、事由、朱批、朱批日期)	
台湾地区“中央研究院”历史语言研究所	汉代简牍数字典藏数据库	字段检索(简号、品名、释文、遗址)、释文版本选择、图文对照	嵌入外部 GIS
	明实录、朝鲜王朝实录、清实录数据库	全文检索(支持异体字、同义字扩展)、图文对照	中西历转换、异体字知识库
中华佛学研究所中华电子佛典协会	佛教藏经目录数字数据库	字段检索(经名、时代、作译者),检索结果可呈现各目录收录某经情况	

续表 3

来源	成果名称	检索与结果显示	嵌入工具及知识增值功能
东吴大学 台北故宫博物院	数字古今图书集成	全文检索	
台湾师范大学	寒泉古典文献全文检索数据库	全文检索	
香港中文大学 中国文化研究所	汉达文库	字段检索(书名、类名)、全文检索、图文对照、原文与校改的对照	中国古代词汇数据库收录先秦两汉典籍所见词汇近 29 万个,提供释义、读音、用例
新加坡国立大学	Southeast Asia in the Ming Shilu 明实录	分类检索(年代、帝号、地名、人名)	

这种自带增值服务类型的数据库可以帮助使用者进行数据分析,也在一定程度上实现了从数字化到数据化的进步,是数据推动古籍研究的较好助力,也是未来古籍数据库功能拓展的方向。

在数字人文浪潮袭来之时,我们试图对传统辑佚工作进行一次重新审视。回顾中国典籍聚散史,历代典籍亡佚情况各不相同,但相同的是后世辑本往往残缺不全,甚至支离破碎,这种例子可谓俯拾皆是。以《献帝春秋》为例:现有辑本《说郛》本、《子史钩沉》本和国学扶轮社《古今说部丛书》本三种,篇幅相似,内容基本相同,仅寥寥九条。原书既然以"春秋"为名,则篇幅无论如何不至于仅九条五百字上下,《隋书·经籍志》载"《献帝春秋》十卷"[①],当是比较确实的记载。由此可见,不少存世的辑本保留下来的原文许是百不足一,有亡佚应该就有辑佚,尤其原辑本如果多有不足,则新辑本应运而

① [唐]魏徵:《隋书》,中华书局,1973 年版,页 957。

生，对《献帝春秋》的辑佚研究也正源于此。

所幸《献帝春秋》被不少类书所征引，在注疏或其他引文中也不鲜见，具备重新辑佚的可能性。我们一方面结合传统辑佚工作的标准和要求，另一方面采用数字化的路径和方法来着手传统的辑佚工作，并就数字人文背景下古籍辑佚工作进行一定程度的总结归纳，提炼出一些可资借鉴的经验。

二、价值与意义

首先，在上下五千年中，中国传统典籍经受无数次折损，局势动荡中兵燹混乱导致书籍散失不计其数，文献因天灾人祸而遭散佚遗失几成常态，对文献进行抢救性整理和研究，尤其是收集散见于浩瀚书海中的佚书，善莫大焉。对《献帝春秋》进行文字的校勘、古注的梳理、佚文的钩沉等方面的工作，有薪尽火传、保存文献的史料价值。

其次，目前辑佚虽有一定成果，但现有辑本存在着不少缺陷，因为年代久远又乏人问津，导致这些辑本的问题一直无人纠正。如将他书窜乱之文当作作者佚文，滥竽充数；或将后人伪作当作正文辑录，鱼目混珠；还有排列失序、条目重复等问题。所以在对《献帝春秋》整理过程中，对旧有辑本进行考辨与厘清，进而形成新辑本，具有去伪存真，还原当时文人学士的创作实际，梳理历史事件的来龙去脉，展现历史人物真实面貌的学术价值。

再次，辑佚在古典文献学中是较为重要的一个分支，辑佚工作实践性强，涉及的范围广，需要综合版本、目录、校勘、辨伪等多方面知识，有时甚至被看作是考量学者学识功底的标尺。尽管如此，对辑佚的研究与总结却较文献学其他分支要薄弱得多，尤其是新时代背景下，古籍整理工作发生了较大的变化，急需进行一定的归纳和总结。因此,本书结合《献帝春秋》辑佚实践,对数字化辑佚路径进行归纳和总结,探寻解决新问题的路径和方法,这对新时代古籍整理中的辑佚工作具有一定的应用价值。

在数字人文背景下,许多旧有的问题如佚文搜集、异文校勘等变得相对简单,但又出现了一些新的问题。例如:数字人文环境下我们究竟能在古籍整理方面深入到哪种程度?而古籍辑佚一旦走上智能化的道路,我们应该如何去探究文本下的深意?如何保持古典文献辑佚研究的人文特色而不是停留在整理成书这种单一目的上?这些在数字人文背景下产生的新问题很难在短时间内得到完善的答案,也许由此带来的工作量要远超过因此减轻的工作负荷,但这是新时代数字化古籍辑佚必须去探寻的问题,也是本书的意义所在。

三、研究内容与思路

辑佚学的贡献在于通过搜集整理传世典籍中保存的散佚文献,使佚文佚书得以恢复或尽量恢复原貌。《献帝春秋》散佚较早,后世辑本也不甚理想,本书以《献帝春秋》辑佚工作为研究对象,一方面对辑佚条目逐一考辨,并还原编年体制;另一方面以辑佚过程为例,对比辑佚实践中与传统辑佚方法上的差异,探寻智能化辑佚的路径,发现数字人文与古籍辑佚融合下的更多可能性。主要内容与思路如下:

第一,古籍的传统辑佚与《献帝春秋》辑佚中需要考辨的问题。中国古典文献学在辑佚方面有自己的一套方法与体系,“辑佚需旁搜远绍、集腋成裘。前人辑佚成果未臻,则需要对已有成果漏辑误辑进行辑补、纠谬”。[①] 在现有的方法与体系下,本书第一部分将对

① 牛露露:《近二十年辑佚学研究综述》,《宁夏师范学院学报》,2020年第2期,页112。

古籍的存佚情况、辑佚情况及传统辑佚方法进行归纳和回顾，再对《献帝春秋》相关问题进行考辨。

首先是对作者的考辨。古代文人不乏著书立说以明其道者，但因文献散失严重，加之资料匮乏，会出现张冠李戴的问题。有时还会陈陈相因，以讹传讹，导致作者千百年后仍受不白之冤，如《列异传》作者是曹丕还是张华，《献帝春秋》的作者是袁暐、袁煜还是袁晔，等等。对作者不加考辨就以讹传讹地照抄，是文献辑佚中可能会出现的情况，需要详加考辨。

其次是对作品内容的考辨。辑佚是古籍整理工作中十分艰辛而又颇具学术意义的事情，研究其价值、辨别其真伪是至关紧要的环节。魏晋时期文献辑佚大多是从作家本集或原书以外的其他传世文本中发现并获取新资料，而这些资料又都是在作品的传播过程中，通过不同的接受者转手载入典册。一旦传播者、笔录者、印行者等任一环节出现失误，作品的可信度就会受到影响。如桓谭有《新论》，华谭又有《新论》；袁晔有《献帝春秋》，孙思光也有《献帝春秋》，详加考辨辑佚作品并提炼其价值是非常必要的。

再次是对辑本的考辨。《献帝春秋》的辑本有三种，但各有不同的问题。辑佚需要查阅大量的文献，除此之外，想要获得质量较高的新辑本，还需要对已有辑本进行比对，理清原辑本整理思路，进行判断与取舍，才能得到超出原辑本的新辑本。用以辑佚的资源很多，如史志、类书、总集、方志、古注等，刘咸炘在《辑佚书纠缪》中提出辑佚的“漏、滥、误、陋”四大弊，《献帝春秋》文献窜乱严重，所以辑佚过程中要详辨源流，厘清文本归属。

最后是对《献帝春秋》评价问题进行考辨。因《献帝春秋》亡佚，故后世只能从前人各种引述中揣测该书情状，如大量引用此书的《三国志》裴松之注。但是裴松之斥此书为“穇杂虚谬，殆不可胜言”，甚而对作者人品都有质疑，后世又未加辨证，陈陈相因，没能给予《献帝春秋》以公正的评价，未免以偏概全。本书对此进行了详细分析，并给予《献帝春秋》应有的评价。

第二，《献帝春秋》辑佚考论。首先是对《献帝春秋》旧辑存在的问题进行探讨，以使新辑过程中尽量避免或改正类似错误。然后是从传统辑佚学角度对《献帝春秋》新辑条目进行逐一考辨，在这其中对一些历史事件进行了梳理，对事件发生的时间结合史实进行了有据推论，并根据时间先后顺序，还《献帝春秋》编年体之原貌。

第三，数字人文背景下，对古籍辑佚进行展望。首先是对数字人文浪潮下学术研究转变的揭示，同时在一定程度上梳理数字人文背景下中西方古典文献辑佚工作的情况。其次是《献帝春秋》的数字辑佚实践与方法探索。数字辑佚实践包括数据库检索佚文条目、借助计算软件和数字技术进行深度分析、利用已有数据进行多方整合等。最后从中西方目前的数字人文背景下古典文献的整理情况出发，借助《献帝春秋》这个小小的切口，去探索数字人文背景下古籍辑佚的数字化路径与未来广大的可能性。比如利用卷积神经网络等对较难识别的手写体或手书的古籍文本进行自动识别，在现有古籍数据库基础上进行更为多样和全面地建设，借助深度学习方式进行古籍的自动标点、断句，面向学术需求的可自定义数字化搜索，数字化统计与文本深度分析，GIS 可视化基础上的知识谱系展现与超链接文本的累加，等等。

辑佚犹如大海捞针，所辑往往千不及一，但每多一份信息的加入便能逼近历史真相一分。此书的立足点不仅仅在《献帝春秋》一书之辑佚，更多地是希望借由辑佚的个案剖析，从而对新时代下古籍辑佚进行经验归纳，同时探讨数字人文背景下出现的古籍整理新问题，进而对智能化的古籍辑佚进行展望。很多新出现的问题虽然暂时没有确定的答案，但“路漫漫其修远兮，吾将上下而求索”。

四、创新之处与存在的问题

本书的主要创新之处在于以《献帝春秋》为研究本体，就其辑佚进行点面结合地研究，并从数字人文的角度探究文献辑佚之新方法。具体创新点有三：

第一，以《献帝春秋》旧辑为个案研究，对旧辑本进行了翻天覆地的改造。新辑本恢复了编年为次的文献原貌，并对每条佚文进行逐一考辨，对时间不确者或有疑义的加按语说明；对《献帝春秋》进行了文本上的探究和版本上的梳理，并对作者详加考辨，这都是《献帝春秋》辑佚工作在点上的突破。

第二，从数字人文角度来挖掘文献辑佚的新方法。在人工智能引领之下，传统以定性研究为主的人文学科随着计算机技术的不断提升，开始加入定量研究内容，让人文研究有了新的研究方式。数字人文背景下，古籍整理与研究的范式发生了很大转变，比如，借助《中国基本古籍库》、《文渊阁四库全书》电子版、《国学宝典》、《瀚唐典籍》、《四部丛刊》等数据库资源，善加利用，查漏补缺，从中寻求更多理据支持；通过数据分析，详加辩证，利用互联网获取国内外资料，或是通过自建数据库进行数据获取和挖掘，方便了辑佚的前期检索和后期的史料查询比对。利用电子化手段借助“互联网＋”的思维，古籍辑佚面更广，速度更快，效果好且遗漏少。这些新的方法和路径不仅有助来者，也更利于中华文明的传承和传统文化的发扬。

第三，结合《献帝春秋》的辑佚整理实践，对智能化古籍辑佚进行一定的展望。比如智能化搜索下的数据完善、共享和数据库的智能化使用，还有智能化的聚合、辑佚和呈现等。在智能化的路上，古籍辑佚不应只停留在辑佚成书的固有观念上，而应在科技助力下，让古代典籍和传统文明走得更远，对未来研究范式的展望有助于古籍整理体系的创新性发展，跳出窠臼才能有新生。

由于研究过程中时间和精力有限，本书还是存在不少缺憾。首先，《献帝春秋》的数字辑佚是我个人学术研究中的创新收获，通过转换审视角度，研究的视野和思路得到了拓展，但《献帝春秋》毕竟体量小，代表性不足，而本人学力多有不足，举其一而妄图窥全貌，难免有失之偏颇之处。

其次，数字人文作为目前的学术热点，其中包含了不少技术层面的“硬”知识，像各种数字人文工具的原理与应用，不同平台的架构与兼容，甚至多种计算语言的转换等。虽然勉力学习，但无论从学术背景还是学科跨度来说，难度不小，这其中的错漏肯定免不了。

最后，从数字人文角度来看待传统的辑佚工作，确实是一种新的尝试和探索，因为没有先例，也无从借鉴，其中肯定有很多不到之处。这些都是未来努力改进和完善的方向，也希望各方家多多批评指正。

第一章　古籍辑佚与《献帝春秋》

一、古籍辑佚概说

辑佚又被称为辑逸，乃聚集散失之意，即辑录散佚的有关资料。“辑”是聚集、收集的意思；“佚”通逸，是散失、消亡的意思。古书在传播流通过程中，受到天灾、人祸、兵燹等因素影响，部分散佚或全部亡佚，但其残篇遗文、只字片言往往散存于他书。辑佚即是指将散存在现有各类文献中的一句话、一段文字或一篇文章重新搜集摘录出来，汇聚编排，使其尽量恢复原书面貌的文献整理活动和方法，是古籍整理和研究的重要内容之一。

文献学家张舜徽先生在《中国文献学》中曾这样解说“辑佚”：“古代文献，既存在着严重的散佚现象，往往前代《艺文志》或《经籍志》已著录了的书，过了一个时期便找不到了；于是有些好学博览之士，为着满足自己求知的欲望，特别对于已经散佚了的古代名流学者的写作，寄予无穷的歆慕和追求，想尽方法，希望通过其他书籍中引用的材料，重新搜辑、整理出来，企图恢复作者原书的面貌，或者恢复它的一部分，这便是‘辑佚’。”①

---

① 张舜徽：《中国文献学》，东方出版社，2019 年版，页 200。

张三夕在《中国古典文献学》中说道："辑佚作为一种文献活动现象其产生应当是很早的，最迟当在东汉马融的时代，其标志是马融运用辑佚的方法辨识《尚书·泰誓》的真伪，但是辑佚成法的基本确立大致是在宋代，其标志：一是郑樵《通志·校雠略》提出了散亡之书可据现存之书的称引而辑录复现的思想；二是陈景元辑的《相鹤经》、高似孙辑的《古世本》等纯正辑佚成果的出现。"[①]

曹书杰在《中国古籍辑佚学论稿》中认为：辑佚是以佚书、佚篇的客观存在和一定社会文化、政治的需要为前提而成形的一种文化和文献现象，是由极为复杂的社会政治、文化需要和学人的心理等诸多因素促成的。[②]

文献散佚的形式多种多样，文献辑佚的形式也有不同种类。有些文献是全部散失，虽然原书完全亡佚，但有可供辑佚的内容或资料，则一定程度上可辑复，也就是通过辑佚尽量恢复作品原貌，比如从《永乐大典》里辑出的二十四史之一《旧五代史》、记载南宋初年史实的重要著作《建炎以来系年要录》、查考唐人世系的《元和姓纂》、目录学名著《直斋书录解题》和西晋杜预的《春秋释例》等等。

有些文献并未完全亡佚，或是流传中经历时移世迁，部分散失，不免存在残篇断简、鲁鱼亥豕的问题；或是有幸留存下来却渐被磨灭名声，故后世任意截取（比如编纂类书、专题丛书等），导致文献不全。这些都需要在原版本的基础上尽力搜遗补苴进行补辑，以求恢复原有文献的完整全貌。

值得一提的是拾遗，也叫补遗、拾补，是在原始文献基础上就遗漏的条目进行收集并另聚一处，作为该书的附加部分。比如清康熙间编纂的《全唐诗》因成书太快遗漏不少，后世多有补益，像王重民、陈尚君的《补全唐诗》《全唐诗补编》等等，这些虽然是收集遗漏条目的工作，但原书本就无此内容，所以也就谈不上辑佚，只能视为锦上

① 张三夕：《中国古典文献学》，华中师范大学出版社，2003年版，页218。

② 曹书杰：《中国古籍辑佚学论稿》，东北师范大学出版社，1998年版，页20。

添花，而不是恢复原貌。

另有就某个时期或围绕某个专题将相关文献搜罗出来，依一定体例编排成书，比如严可均的《全上古三代秦汉三国六朝文》、丁福保的《全汉三国魏晋南北朝诗》等。这是原来并没有的文献，是依据编纂者一定的辑录标准最后汇集成书，都应该视为辑录而不是辑佚。①

总而言之，辑佚可以看作是辑拾漏佚，辑录有当收而漏收或因某种原因有意弃收或删减的文字。辑佚是丰富中国古代文化典籍，为学术研究提供完善的资料，增进后世对文明发展进程全面了解的古籍整理重要工作之一。

（一）古典文献存佚情况

古籍作为古代文明的载体，随着人类记录方式的不同而逐步演进，从手写到雕版再到活字印刷，数量不断累积，所以古人常以汗牛充栋来形容书籍数量的庞大。与此同时，典籍的散佚情况也十分惊人。南朝梁阮孝绪在撰写《七录》这部目录学著作时，曾在序后对其时书籍的存佚情况进行总结："《七略》书三十八种，六百三家，一万三千二百十九卷。五百七十二家亡，三十一家存。《汉书·艺文志》书三十八种，五百九十六家，一万三千三百六十九卷。五百五十二家亡，四十四家存。袁山松《后汉·艺文志》书七十八家亡。《晋中经簿》四部书一千八百八十五部，二万九百三十五卷。其中十六卷佛经，书簿少二卷，不详所载多少。一千一百一十九部亡，七百六十六部存。"②我们将阮孝绪所言的散佚情况详列表格如表 4 所示：

---

① 李明杰：《简明古籍整理教程》，武汉大学出版社，2018 年版，页 181。

② 转引自严可均：《全上古三代秦汉三国六朝文》，中华书局 1958 年影印本，页 3346—3347。

表 4 阮孝绪《七录》所载书籍存佚情况表

书目名称	种类数量	诸家数量	卷数	存	亡	亡佚率
《七略》	38	603	13219	31	572	94.86%
《汉书·艺文志》	38	596	13369	44	552	92.62%
《后汉书·艺文志》	/	/	/	/	78	/
《晋中经薄》	1885	/	20935	766	1119	59.36%

由上表可知，整体的亡佚率都在 50%以上，有的甚至接近 95%。这个比例现在看来尤其惊人，也说明了书籍散佚之普遍，辑佚之重要。我们以三国魏晋时期为例，这个时期各派思想激荡，或以清谈明理，或以诗文明志，故撰著较前代更为丰富，具体撰著数量可以表 5 为参考：

表 5 中国魏晋时期著作表①

<table>
<tr><th>作者及书名</th><th>经部</th><th>史部</th><th colspan="2">子部</th><th>集部</th><th>佛教道教</th><th>合计</th></tr>
<tr><td>侯康《补三国艺文志》</td><td>145</td><td>110</td><td colspan="2">91</td><td>0</td><td></td><td>346</td></tr>
<tr><td>姚振宗《三国艺文志》</td><td>176</td><td>184</td><td colspan="2">173</td><td>91</td><td>496</td><td>1120</td></tr>
<tr><td>丁国钧《补晋书艺文志》</td><td>323</td><td>601</td><td colspan="2">230</td><td>477</td><td>127</td><td>1758</td></tr>
<tr><td>文廷式《补晋书艺文志》</td><td>340</td><td>771</td><td rowspan="3">含佛道</td><td>669</td><td>498</td><td></td><td>2278</td></tr>
<tr><td>秦荣光《补晋书艺文志》</td><td>378</td><td>855</td><td>779</td><td>622</td><td></td><td>2634</td></tr>
<tr><td>吴士鉴《补晋书经籍志》</td><td>259</td><td>850</td><td>398</td><td>467</td><td></td><td>1974</td></tr>
<tr><td>黄逢元《补晋书艺文志》</td><td>250</td><td>321</td><td colspan="2">263</td><td>454</td><td></td><td>1288</td></tr>
</table>

此表是根据目录学著作中所收的三国魏晋时期作品进行的粗略统计，虽众家补志时期不定，收录标准不一，但也可管中窥豹，略知一二。魏晋时期文学创作蓬勃，各派思想激荡，撰著丰富。如表 5 所示，姚振宗《三国艺文志》著录这一时期著作计有 1120 种，文廷式《补晋书艺文志》则著录有 2278 种，秦荣光《补晋书艺文志》著录最多，计有 2634 种。而从《中国丛书综录》中检索可知，现存魏晋著作

① 韩格平：《中国魏晋时期著作与魏晋全书·前言》，《魏晋全书》，吉林文史出版社，2006 年版，页 2。

不足600部，这其中还有相当一部分是明清时期的辑佚之作，并不完整。此外，不少部类的三国魏晋文献的作者混乱，或者事迹不清甚至史书无传。

就像马端临在《文献通考·经籍考叙》里所指出的那样："汉隋唐宋元史，俱有《艺文志》。然《汉志》所载之书，以《隋志》考之，十已亡其六七；以《宋志》考之，隋唐亦复如是。"[①]故而欧阳修在《新唐书·艺文志》中说："藏书之盛，莫盛于开元，其著录者，五万三千九百一十五卷。而唐之学者自为之书，又两万八千四百六十九卷……有其名而无其书者，十盖五六也，可不惜哉。"[②]欧阳修作为有宋一代名家，官文学侍从，修一代之史，其在《艺文志》中所言当为其时之现状，虽书籍数量飞速增长，但散佚的情况也占到了当时书籍的50%～60%。

根据以上史实我们可以将典籍的存佚规律总结为：尽管散佚率不低，但是新著勃发之势可以多少弥补散佚之失，后世依然可以感受到时代的文化脉搏。如唐初典籍数目较之汉代增加了几倍，到清代《四库全书总目》时已著录典籍共3471种，79018卷。全毁书目著录2453种，存目书6819种，94034卷，著录与存目总计为10289种，173052卷。典籍的存佚率并没有从根本上影响文化传承与发展，典籍文献总体上说是不断增长的。

造成书籍散佚的原因是多方面的，对其原因进行总结比较著名的有牛弘"图书五厄说"。隋文帝开皇三年(公元583年)时任秘书监的牛弘在上表《请开献书之路》中提出"五厄"之说：

> 孔子以大圣之才，开素王之业，宪章祖述，制《礼》刊《诗》，正五始而修《春秋》，阐《十翼》而弘《易》道。治国立身，作范垂法。及秦皇驭宇，吞灭诸侯，任用威力，事不师古，始下焚书之令，行偶语之刑。

① [元]马端临：《文献通考·经籍考叙》，中华书局，1986年版，页1508。

② [宋]欧阳修：《新唐书》，中华书局，1975年版，页1422。

先王坟籍，扫地皆尽。本既先亡，从而颠覆。臣以图谶言之，经典盛衰，信有征数。此则书之一厄也。

汉兴，改秦之弊，敦尚儒术，建藏书之策，置校书之官，屋壁山岩，往往间出。外有太常、太史之藏，内有延阁、秘书之府。至孝成之世，亡逸尚多，遣谒者陈农求遗书于天下，诏刘向父子雠校篇籍。汉之典文，于斯为盛。及王莽之末，长安兵起，宫室图书，并从焚烬。此则书之二厄也。

光武嗣兴，尤重经诰，未及下车，先求文雅。于是鸿生巨儒，继踵而集，怀经负帙，不远斯至。肃宗亲临讲肄，和帝数幸书林，其兰台、石室，鸿都、东观，秘牒填委，更倍于前。及孝献移都，吏民扰乱，图书缣帛，皆取为帷囊。所收而西，裁七十余乘。属西京大乱，一时燔荡。此则书之三厄也。

魏文代汉，更集经典，皆藏在秘书、内外三阁，遣秘书郎郑默删定旧文。时之论者，美其朱紫有别。晋氏承之，文籍尤广。晋秘书监荀勖定魏《内经》，更著《新簿》。虽古文旧简，犹云有缺，新章后录，鸠集已多，足得恢弘正道，训范当世。属刘、石凭陵，京华覆灭，朝章国典，从而失坠。此则书之四厄也。

永嘉之后，寇窃竞兴。因河据洛，跨秦带赵。论其建国立家，虽传名号，宪章礼乐，寂灭无闻。刘裕平姚，收其图籍，五经子史，才四千卷，皆赤轴青纸，文字古拙。僭伪之盛，莫过二秦，以此而论，足可明矣。故知衣冠轨物，图画记注，播迁之余，皆归江左。晋、宋之际，学艺为多，齐、梁之间，经史弥盛。宋秘书丞王俭，依刘氏《七略》，撰为《七志》。梁人阮孝绪，亦为《七录》。总其书数，三万余卷。及侯景渡江，破灭梁室，秘省经籍，虽从兵火，其文德殿内书史，宛然犹存。萧绎据有江陵，遣将破平侯景，收文德之书，及公私典籍，重本七万余卷，悉送荆州。故江表图书，因斯尽萃于绎矣。及周师入郢，绎悉焚之于外城，所收十才一二。此则书之五厄也。①

---

① [唐]魏徵：《隋书》，中华书局，1973年版，页1298—1299。

概而言之，“五厄”一为秦始皇之焚书，二为西汉末赤眉入关，三为董卓移都，四为刘石乱华，五为魏师入郢，南朝梁元帝下令焚书。

后有明一代学者胡应麟在《少室山房笔丛》中提出“续五厄”之说，分别是隋大业十四年(公元618年)江都焚书为一，安史之乱为二，黄巢入长安为三，靖康之变为四，南宋末伯颜军入临安为五。① 这“续五厄”与前面提及的牛弘“五厄”往往合称为典籍之“十厄”。

近人祝文白在《两千年来中国图书之厄运》中又续上“五厄”：一为李自成陷北京，二为绛云楼之烈焰，三为清高宗之焚书(编修《四库全书》)，四为咸丰朝之英法联军毁圆明园，五为日寇侵华。同时还描述了书籍的“无形之厄”：“盖自制艺之业盛行，士之欲求功名利禄者，势不得不专攻此书以为进身之阶，于是五经旁训之外，不复知有九经、十三经，更无论四库书籍矣。久而久之，隋、唐古书，宋、元旧籍遂日湮月没而亡尽矣。”② 可见，当时的文化政策和“八股取士”的考试制度在很大程度上决定了读书人的价值取向，而他们对书籍选择的偏执，无形中造成了一些书籍的消亡。

近代文献学家张舜徽也归纳了另外六个原因：

> 第一，由于重德轻艺的思想笼罩了整个封建社会，凡是涉及技艺方面的书籍，人们总是不加重视，因而导致了书籍的易于散亡。例如秦代下令焚书时，明白规定：“所不去者，医药、卜筮、种树之书。”这里面包含了不少的科技书籍。但到后来，却不见一本存在。……
>
> 第二，在古代传播文字的工具没有完备时，所有书籍，全靠手写。假若某类之中，有一部删繁存简足以概括多种内容的书籍出现，大家便都传抄此书，而抛弃其他各家了。例如汉末郑玄，是中国历史上杰出的经学家，由于他的治学范围比较宽，是“通学”门庭，和

① [明]胡应麟：《少室山房笔丛》，上海书店出版社，2001年版，页6。

② 祝文白：《两千年来中国图书之厄运》，《东方杂志》，1945年第41卷，页43—44。

当时专守一家师法的"博士之学"截然不同。所以他研究经学，是融会"今文""古文"不同说法而加以折中的。虽有宗主，却无门户。他既遍注群经，写成了简要的注本，于是学者们都传抄他的注本，而原来立于学官的今文经学的专门著述，无人问津。从魏代以后，今文家经说大部散亡，这是一个重要原因。

第三，由于古代的士大夫，重视文词，鄙弃朴学，对于辞藻华艳的作品，极感兴趣；对于朴实说理的书籍，反而疏忽。这在周秦诸子中，体现得十分明显。例如《庄子》一书，所以盛行于后世，注家也特别多，一方面固然由于它代表了超人超国的思想，为魏晋以来的士大夫所欢迎；另一方面，由于它本身文词很美，所以脍炙人口，广为流传。诸子中以《墨子》说理最朴实，最透彻，而又最反复详尽，但为一般知识分子所厌看。所以它传到后世，错字脱简也最多，并且还散佚了很多篇。……

第四，由于事物不断向前发展，某些编录名物的书籍，各为它的时代所局限，后人凭借它原有的材料，加以重修。重修的书籍盛行，而原书便废。例如班固根据刘歆《七略》修《汉书·艺文志》，有所增损于其间。后来《艺文志》竟代替了《七略》，而《七略》原本便渐渐无人问津了。幸而班固在每一类都标明了省并出入，所以《七略》到后来虽已亡佚，现在还可从《汉书·艺文志》中考见其大略。……

第五，由于著书的人犯了罪，伏了法，或者身败名裂为社会所不齿，因之对他的著述，也就由疏远而遗弃以至于散亡。例如范晔所撰《后汉书》，原来有志十篇，交托他的好友谢俨整理。后来范氏因事伏诛，谢俨深恐祸之及己，为了灭迹避嫌，便将他寄存的全部稿本都毁掉了。……

第六，由于在古代社会里，书籍集中在少数人之手，主人深闭固拒，不肯借人阅览，把它看成奇货和古董。特别是海内的孤本，收藏家更是"讳莫如深"，不轻易给人知道，这自然给书籍带来了灾害。①

① 张舜徽：《中国文献学》，东方出版社，2019年版，页22—26。

时永乐在《古籍整理教程》中提到了书籍散佚的两点重要原因："其一，国民文化素质低下，给古籍造成了巨大损失。因为一些人的愚昧无知，无形中毁掉了很多宝贵的古籍。……如果具有良好的文化素养，知道古籍的巨大学术价值和重要文物价值，怎忍心用'明版的白棉纸书'去制作爆竹？那'一直塞到纸店天花板'的一捆捆的旧书中，谁知道有多少价值连城的孤本、善本，竟因惮烦怕劳而化为纸浆！上述'文革'期间，我国古书遭受前所未有的灾难，这场运动的发动者自然难辞其咎，但国民文化素质整体不高，也许是更重要的原因。谁知道有多少重要典籍被愚昧无知所吞噬！提高全民族的文化素养和古籍保护的意识，迫在眉睫。其二，政府官员的贪婪与渎职，造成了古籍的亡佚。……中国古代政府的官员，都有一定的文化水平，其中不少人知道古书的珍贵，或者为了满足自己嗜书的私欲，或者为了拿到社会上谋取高利，便贪婪地掠夺书籍。而一些无知之徒，则肆意糟蹋，使公共藏书蒙受巨大损失。"[①]

闫晶在《中国文献学的理论认知研究》中也总结了古籍亡佚的五大原因："(1)与封建王朝改朝换代的政治风暴或阶级斗争和维护统治的文化独裁有关。这包括各种战争和禁毁，……这都是人为因素，也是书籍毁亡的最主要的原因。(2)历代图书文献亦存在着优存劣汰的自然散佚现象，这种自然散佚的图书，表现在其自身的学术价值不被承认或被时代所抛弃。新著作代替旧著作，也是客观规律。有些文献虽然自身具有一定的学术价值，但受政治、经济、人的认识等多种因素的影响，在新著作出来后，就逐渐被取代了。……(3)自然因素，如风吹、日晒、水浸、火烧、虫蛀等也是造成书籍亡佚的重要原因之一。风吹、日晒造成石刻文献字迹残缺或模糊不清，历代石刻文献即多因此而不能传世。水火、虫蛀是中国传统古籍的天敌，这与古籍的书写载体有关，纸是传统古籍主要的书写、刻印的载体，纸书最怕水火和虫蛀。另外，古代藏书楼建筑又多为土木结

① 时永乐：《古籍整理教程》，人民出版社，2016 年版，页 22—23。

构，一旦失火，难以扑救。(4)文学选集的编纂而造成图书亡佚。诗文著作是古籍的重要组成部分，虽然文学选集在中国文学史上曾经发挥过重要作用，但是，旨在推荐范文的选集去粗取精、删汰繁芜，因而造成大量落选作品的亡佚。……(5)由于图书制作方式的限制而造成图书亡佚。纵观中国图书史，图书制作方式几经变革，大而言之，有手抄和刻印两大类型。在雕版印刷没有发明的时候，图书制作全靠手抄，一部书往往要长年累月地抄，何其烦也！既然抄书困难，那么抄书者对于所抄底本必然严加选择，那些名著就可能争相传抄，弄得洛阳纸贵；而那些平庸之作遂成覆瓿之物，最后亡佚。”①

概而言之，典籍的聚散会由外在原因如水火、兵燹等造成，也会由内在原因如书籍自身的更迭、人们对书籍保护的认知程度不高等造成。典籍有聚就有散，文献散佚情况因时因地各不相同，典籍也在存佚之间逐步增长。从整体趋势上来讲，存总比佚要多，且典籍散佚后，有识之士也会进行主动辑佚，将散落各处的原文收集起来，尽量恢复佚书原貌。故而虽历经多次书厄，但典籍依然在流传，并一直传承下去。

（二）古典文献辑佚情况

典籍有散佚就会有人辑佚，普遍认为我国古代辑佚的系列活动主要在宋代。但早在东汉，马融通过辑佚《泰誓》佚文与现行《泰誓》篇相对照，发现并证明现行《泰誓》为伪作，这其实就是借助辑佚进行的文献整理与研究工作。此时这种辑佚活动没有成为自主有意识的自觉行为，但也从侧面体现了辑佚除了留存之功外还有辨伪之用。

西晋永嘉之乱时，众家之书并亡，文籍丧失。皇家所藏图书遭

① 闫晶：《中国文献学的理论认知研究》，吉林出版集团股份有限公司，2019 年版，页 101—102。

到严重损失，欧阳高、大小夏侯三家的《今文尚书》全部丧失，连石经也遭破坏，代而兴起的是豫章内史梅赜所奏献并立于学官、题为孔安国所作的《古文尚书》。此《古文尚书》计有经文五十八篇，其中包括西汉今文二十八篇，但把它析成三十三篇（分《尧典》下半为《舜典》，《皋陶谟》下半为《益稷》，《顾命》下半为《康王之诰》，《盘庚》仍分三篇）。又从百篇《书序》中采十八个篇题，从当时有的一些古籍中搜集文句缀成二十二篇（十八篇中《太甲》《说命》各作三篇），另新撰《泰誓》三篇，这就是伪《古文尚书》二十五篇，用此来凑成刘向、郑玄所说的古文五十八篇之数。全书各篇有标为孔安国作传的注，并有一篇《孔安国序》。故孔氏传五十九篇包括由今文诸篇离析而成的三十三篇（原二十九篇被拆为三十三篇）、新出的二十五篇和书序一篇。此《古文尚书》经宋代吴棫、朱熹，明代梅鷟及清代阎若璩、惠栋等人相继考辨，断定为伪书。此书虽伪，但它积聚了四百年来今古文经师的解说，再加以章栉句比，做到每句都有解释，汇辑一处，故而也被看作是较早的辑佚文献。

章学诚《校雠通义·补郑》篇说："昔王应麟以《易》学独传王弼，《尚书》止存《伪孔传》，乃采郑玄《易注》、《书注》之见于群书者，为郑氏《周易》、郑氏《尚书注》；又以四家之《诗》独《毛传》不亡，乃采三家诗说之见于群书者，为《三家诗考》。"[①]此后学人逐渐开始主动搜求异本并掇拾为一，辑佚由无意变为有意，辑佚成果越来越显著，才使得辑佚成为古籍整理或保存散佚文献的一种重要途径。

以三国魏晋时期文献的辑佚为例，三国魏晋文献的大量亡佚固然是由于这个时期战祸频仍，文献散失严重，但书之亡佚不尽由于兵燹，很多时候是多方面原因综合造成的。除了当时的保存条件有限外，"后出转精"致前述失传也是典籍亡佚的重要原因之一。如范晔《后汉书》修成，而前人所著东汉史书就大多亡佚了，本书所辑佚的《献帝春秋》也极有可能是因此而亡。不过，无论亡于何故，三国

① 章学诚、王重民：《校雠通义通解》，上海古籍出版社，2009 年版，页 34。

魏晋时期是中国古代思想文化激荡并变化发展的重要时期，历代文人、有识之士都很重视对三国魏晋文献的整理与辑佚。

明人程荣所辑《汉魏丛书》是我国第一部以汉魏著作为主，间有晋、梁、陈、隋人著作，专收古经逸史、稗官野乘之类的大型丛书，四部皆备，共计 38 种，开了专门辑佚三国魏晋遗书之先河。此书一出，即有明万历年间何允中辑刻《广汉魏丛书》增广之，所辑汉魏著作计 76 种，较程本范围有所扩大，内容相对丰富和充实。

辑佚在清代最为兴盛，如清乾隆间编修《四库全书》，从《永乐大典》中辑出已亡佚的古代典籍 385 种 4946 卷。嘉庆、道光年间，出现了大规模的专辑古代经史子集四部佚书的宏举，如马国翰《玉函山房辑佚书》所辑佚书达 580 余种，卷帙繁富。对三国魏晋文献的辑佚到清代也达到高峰。清乾隆五十六年（公元 1791 年）王谟辑刻《增订汉魏丛书》，数量较前两版又有所增加，新增 86 种。又有严可均辑《全上古三代秦汉三国六朝文》，此书以文为关注点，辑佚了三国魏晋时期戴邈、闵鸿、盛彦等人未及囊括的文章。还有诸如《四库全书》《辑佚丛刊》等大型丛书收录了不少三国魏晋文献。民国时期，在三国魏晋文献辑佚方面最为人所知的，莫过于鲁迅先生。鲁迅作为现代中国最伟大的思想家、文学家和学者，在古籍整理研究方面也颇有成绩，以辑佚最为突出。鲁迅先生辑有小说《古小说钩沉》《唐宋传奇集》《小说旧闻钞》三种，史书、杂说、文集则有吴谢承《后汉书》，还有《任子》《魏子》《岭表录异》《会稽郡故书杂集》《志林》《广林》《云谷杂记》及《嵇康集》等，在碑刻方面有《寰宇贞石图》《俟堂专文杂集》《汉碑帖》《汉画像目录》《六朝墓志目录》等等①。

现代辑佚工作，在过去的基础上往前推进，尤其是在历来不受重视的集部文献方面，多有所获，如《宋诗话辑佚》《元曲选外编》《永乐大典戏文》等。同时，古文献的不断出土和发现，也为辑佚工作提供了方便的条件。

---

① 李峰：《鲁迅的文献学成就》，《史学史研究》，2004 年第 4 期，页 42—47。

随着如今的电子化技术愈来愈普及，文献辑佚与搜求更为便利，学界多以辑佚唾手可得便忽略其作用，似是而非也。辑佚从来就不仅仅是故纸堆的工作，其考辨之功需更为重视并发扬。

从近年来出版的辑佚方面专著来看，或者是集中于专书辑佚研究，比如《〈永乐大典〉流传与辑佚新考》①，《〈秦州记〉〈凉州记〉辑本整理与研究》②等；或者是断代辑佚研究，比如《清代辑佚研究》（喻春龙）③和《清代辑佚研究》（郭国庆）④等。辑佚的研究类著作相对于古典文献学中的其他门类来说，扛鼎之作多在20世纪或更早的阶段出现，近年的辑佚研究类著作数量偏少，有代表性和一定分量的新作较少，而且新意都相对缺乏。

从论文发表的情况看，以“辑佚”为主题词在中国知网（CNKI）上进行搜索，共检索到2026篇文献，具体情况如图1所示：

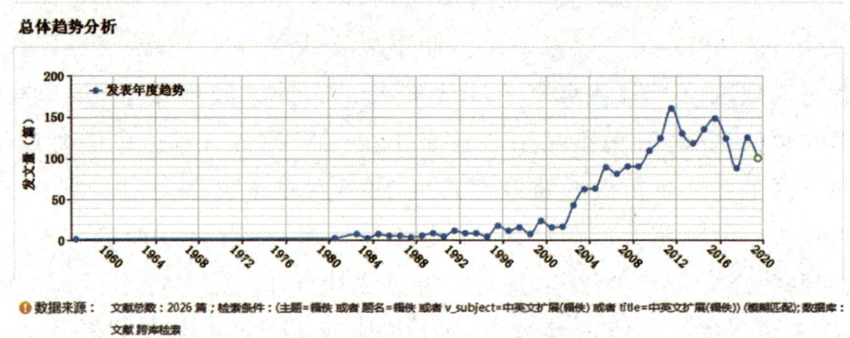

图1　2020年8月24日以“辑佚”为主题CNKI检索结果图

从图1可以看出，在2002—2012这十年间，辑佚文章数量由17篇迅速上升到158篇，增长达到8倍多，上升速度非常惊人。但在2012年后，辑佚研究论文数量开始逐步下降，到2018年降到了2012年之后的最低点，仅73篇，连2012年的一半数量都不到。

① 张升：《〈永乐大典〉流传与辑佚新考》，社会科学文献出版社，2019年版。

② 孟永林、雍际春：《〈秦州记〉〈凉州记〉辑本整理与研究》，三秦出版社，2019年版。

③ 喻春龙：《清代辑佚研究》，上海古籍出版社，2010年版。

④ 郭国庆：《清代辑佚研究》，民族出版社，2011年版。

从辑佚研究的主题分布来看(如图 2),《永乐大典》是辑佚相对热门的主题,以 95 篇文章占到全部文章数量的 9.67%,而且“永乐大典”作为另一个主题词也出现在后(如图 3),总数有 25 篇占比 2.55%,这样以“永乐大典”为主题的文章加起来总计有 120 篇,份额占到了绝对多数。

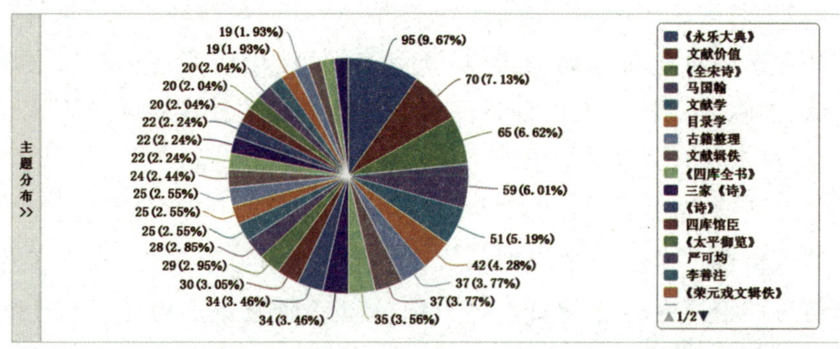

图 2　2020 年 8 月 24 日以“辑佚”为主题在 CNKI 上的检索按主题分类结果图

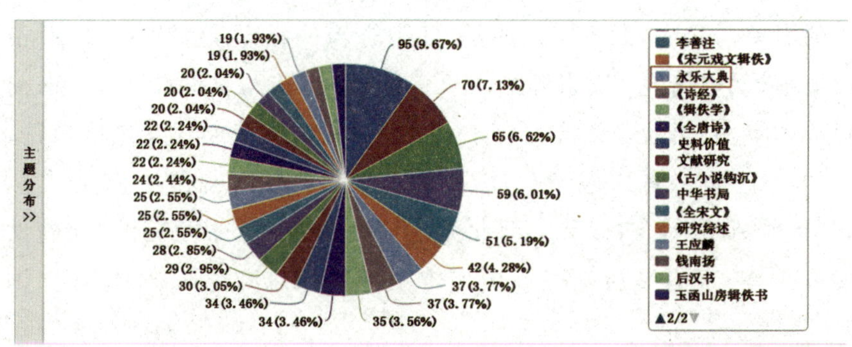

图 3　2020 年 8 月 24 日以“辑佚”为主题在 CNKI 上的检索按主题分类结果图之“永乐大典”

《永乐大典》之所以成为辑佚的“热词”,无疑是因为《永乐大典》是已亡佚的明代集大成的大型类书,对其进行研究是应有之义。同时,《永乐大典》未散失前,经四库馆臣之手已对其中收录的前代佚书进行了辑佚,比如王安石《周官新义》、高氏《春秋义宗》等,辑出经、史、子、集四部书共 300 多种近 5000 卷,许多失传的重要典籍都通过这次辑佚恢复原貌，这也是《永乐大典》会成为辑佚大热门的另一个重要原因。

紧跟其后的是以《全宋诗》为主题的辑佚文章，以 65 篇占 6.62%的份额排名第三，以“马国翰”作为辑佚文章主题的有 59 篇，占比 6.01%，排名第四。此后以具体作品或辑佚名家为研究主题的文章如《四库全书》、《太平御览》、三家《诗》、四库馆臣、严可均等分布和占比相对比较平均，也都榜上有名，关注度较高。还有以文献价值、文献学、目录学、古籍整理等为主题的理论性探讨文章占比也不小，排名比较靠前。

以上这些图表显示的内容和辑佚工作进展、研究实际情况是相符的。辑佚工作主要围绕散佚文献辑佚、辑佚名家名作、辑佚工作总结与理论探究等主题展开。目前的辑佚研究更多地还是限于传统辑佚的体系中开展，创新和开拓的内容较少，从数字人文角度来研究和分析的就更少。专著方面情况也类似，一方面是围绕散佚文献的辑佚与研究，如杨印民的《宋江阴志辑佚》①、丁治民的《邵雍〈击壤集〉辑佚与研究》②、张升的《〈永乐大典〉流传与辑佚新考》③、徐前师的《“字书”辑佚与研究》④等；另一方面是专类或断代文献的辑佚，比如翟金明主编的包含经史子集四部的《历代辑佚文献分类丛刊》⑤、周小艳的《四库著录河北先哲遗书辑存》⑥、朱祖延的《北魏佚书考》⑦等；还有是对断代或历代辑佚情况的总结与归纳，比如郭国

① 杨印民：《宋江阴志辑佚》，天津古籍出版社，2016 年版。

② 丁治民、张茜茜：《邵雍〈击壤集〉辑佚与研究》，苏州大学出版社，2019 年版。

③ 张升：《〈永乐大典〉流传与辑佚新考》，社会科学文献出版社，2019 年版。

④ 徐前师：《“字书”辑佚与研究》，中国社会科学出版社，2011 年版。

⑤ 翟金明：《经学辑佚文献汇编》，国家图书馆出版社，2010 年版；翟金明：《史学辑佚文献汇编》，国家图书馆出版社，2016 年版；翟金明：《子部辑佚文献汇编》，国家图书馆出版社，2018 年版；翟金明：《集部辑佚文献汇编》，国家图书馆出版社，2018 年版。

⑥ 周小艳、张少花：《四库著录河北先哲遗书辑存》，人民出版社，2019 年版。

⑦ 朱祖延：《北魏佚书考》，中州古籍出版社，1985 年版。

庆《清代辑佚研究》①、喻春龙《清代辑佚研究》②、曹书杰《中国古籍辑佚学论稿》③等等。同时，辑佚还有一些新的发展趋势，比如现当代文学研究也开始注重辑佚工作，如凌孟华的《中国现代文学佚文辑校与版本考释》④就是将辑佚的对象拓展到了现代文学的佚文，辑佚也不再局限于古籍。

与此同时，海外汉学中也不乏优秀的辑佚作品，比如著名汉学家高罗佩用整整 7 年时间遍访日本名刹古寺、博物馆院等，辑佚东皋心越禅师遗著遗物，出版《明末义僧东皋禅师集刊》，成为中国佛学史补缺之作。日本也对中国传统典籍进行了一些辑佚工作，比如古田敬一所辑《世说新语佚文》⑤，2012 年燎原书店出版的《五胡十六国霸史辑佚》⑥等。

值得注意的是，在新时代下辑佚的新方法和新手段还缺乏一定的经验总结，只有部分文章提及，比如陈国庆硕士论文《数字技术在古籍整理中的运用初编》专门列出"电子辑佚"章节进行了简要探讨⑦，还有王珏《新中国七十年古文献学的发展、特征、趋势及问题》在文章结尾提到"古籍数字化理论和方法研究亟待深入"⑧，以及李明杰在《简明古籍整理教程》中"余论"部分提到了古籍知识的数据化整理⑨，等等。总的来说，无论是文章还是专著，出于种种原因都没有对数字人文背景下的辑佚工作进行较好地专门总结与归纳，可以看作是目前研究的盲区。

---

① 郭国庆：《清代辑佚研究》，民族出版社，2011 年版。

② 喻春龙：《清代辑佚研究》，上海古籍出版社，2010 年版。

③ 曹书杰：《中国古籍辑佚学论稿》，东北师范大学出版社，1998 年版。

④ 凌孟华：《旧刊有声（中国现代文学佚文辑校与版本考释）》，中国社会科学出版社，2020 年版。

⑤ ［日］古田敬一：《世说新语佚文》，广岛大学文学部中国文学研究室，1954 年版。

⑥ ［日］五胡の会：《五胡十六国霸史辑佚》，燎原书店，2012 年版。

⑦ 陈国庆：《数字技术在古籍整理中的运用初编》，兰州大学 2008 年硕士论文。

⑧ 王珏：《新中国七十年古文献学的发展、特征、趋势及问题》，《郑州大学学报》，2020 年第 2 期，页 104。

⑨ 李明杰：《简明古籍整理教程》，武汉大学出版社，2018 年版，页 375—379。

（三）古籍辑佚传统方法

古典文献辑佚传统方法因师承家法等原因具体实践可能会不完全一致，但基本流程与路径是相似的。基本分为佚书的认定、佚文的搜集和佚文的加工三大步骤。佚书的认定，分为文佚的认定、书佚的认定、调研和相关资料。佚文的搜集包括佚文的来源、佚文的查找、佚文的加工和佚文的编排四方面内容。其中佚文的来源包括类书、古注、史书、方志、字书、杂钞等。佚文的查找需要对佚文可能存在的范围进行仔细地查找，尽可能全面搜集所有佚文，不要有所遗漏，包括但不限于即类以求、旁类以求、因地以求、因家以求、求之公、求之私、因人以求、因代以求。对于查找到的佚文（篇）有一次定成法、签注法、索引法。对于同一佚文多处互见，则可以进行并注法（即一条佚文所有出处均一一注明），也可以进行校注法（只注明其一，余者出注说明）。佚文的加工包括佚文的转录、考辨、校勘和补缀。其中佚文转录又叫移录（迻录），是指将佚文（篇）的信息内容如实地转移到新的纸质载体上的过程，如抄录、复印、粘贴等。佚文的考辨是指要对搜集到的佚文进行辨伪，确保佚文的真实可靠。如佚文内容有出入，需要多方考证，再用按语、注释、备考等方式加以说明。佚文的校勘主要是指互见佚文（从两种以上的图书中搜集到的同一条佚文）与文义不通的佚文或为原文有误，或为抄写有误。[①]

当然，也有的学者认为在辑佚工作开始之前，需要先确定辑佚工作的标准，共分为十大标准。一是辑佚能详考佚书、作者而撰写叙言者为优，否则次之；叙言学术水平高者为优，否则次之。二是辑佚能博取群书，所辑佚文遗漏少者为优，否则次之。三是佚文注明出处者为优，否则为劣；出处详明者为优，简略者次之。四是若对互见佚文加以缀合且方法科学者为优，否则次之。五是所辑佚文能详为校勘者为优，否则次之。六是所辑佚文能详辨其真伪者为优，否

① 李明杰：《简明古籍整理教程》，武汉大学出版社，2018 年版，页 190—197。

则次之。七是于所辑佚文中的史事、典故、文字能详为考辨、注释者为优，否则次之。八是佚书原来体例、篇第可考而能苦心考求排比，尽量还其本来面貌者为优，否则次之。原来体例、篇第不可考而能科学排比佚文者为优，否则次之。九是辑佚综结工作完善者为优，否则次之。十是规模较大的辑佚成果有索引者为优，否则次之。辑佚工作的基本程序则分为准备阶段工作、辑录阶段工作、整理阶段工作和综结阶段的工作。准备阶段工作大致有六项：一是查考认定单位文献之存佚，即首先认定欲辑对象是否为真正佚文，以确定其工作是否有意义。二是尽可能搜集前人有关辑佚对象的一切研究、论述等资料，以便提高效率。三是研究考证辑佚对象的全面情况。四是搜集前人相同或相近的辑佚成果，以便在前人基础上进行并更加完善。五是在前人基础上进一步弄清佚文保存的主要可能途径、范围，拟出查阅书目。六是拟定工作方案，制定问题处理原则等，避免盲目或重复工作。辑录阶段工作是指佚文搜集过程，主要有三项：一是佚文查找要仔细认真，尽可能无遗漏。二是佚文移录（抄录、复印、剪贴等）内容要完整、准确，格式要统一，并详注出处。三是所辑佚文要初步厘定编排，使内容、性质相同或相近的佚文相对集中。整理阶段工作是指对佚文的考究加工过程，大致有四项：一是佚文的校勘，含互见佚文（从两种或以上文献搜集到的同一条佚文）的校勘。二是佚文的补缀，即对不完整的佚文要精审详核，科学补缀，使文意明确。三是佚文内容的辨证，进一步考证佚文文字内容的异同正误，可以“按语”“注释”方式辨明。四是伪篇、虚文的辨识，即对其中伪篇、虚文要删除或淘汰或注明；以确保辑佚文的质量。综结阶段工作是指辑佚成果最后编辑成书，大致有七项：一是最后的调整和综合排列。二是撰写书序或跋。三是撰写全书凡例，编写正文目录。四是编写主要参考的《征引（参考）书目》。五是内容索引的编制。六是附录资料的整理和编排。七是全书内容、资料的终排，并形成全书目录。辑佚的基本方法主要有三点：首先是要对佚文献进行认定，然后是佚文献的搜辑，最后就是辑佚的主要资源和辑本文献的整理。其中，佚文献的搜辑包括佚文检索的方法、佚文查阅的方法和出处标注的方法。佚文检索的方法有四点：一是盲检法，即检索目的、范围明确，但检索对象不清，利用书目、索引查找可能保存之佚文，可有类检法（按部类查找）、区检法（按区域查找）、时检法（按时代查找）等。二是直检法，即有明确、具体检索对象情况下，查找辑佚所需更具体内容、事项的方法，可有人检法（从人名入手）、书检法（从书名入手）等。三是扩展法，即资料查找为一不断扩展之过程，需不断注意发现新的查找线索和途径。四是机检法，即借助计算机对古籍电子文本进行检索，随着计算机和网络时代的到来，机检已成为查找佚文的重要途径。佚文查阅的方法有三点：一是一次定成法，即随见随抄或随见随剪贴。二是签注法，即查到一条便在书中标出，夹以纸条签注，最后统一移录。三是索引法，即查到一条便于书中标出，然后另外记其册、卷、页等检索内容，一书查阅完毕，最后统一移录。出处标注的方法有两种：一是并注法，即一条佚文凡所见征引诸书一并注明。二是校注法，即每条佚文无论见于几处征引，一般只注明一处出处，其余则于校注中说明。①

在闫晶的《中国文献学的理论认知研究》中，将辑佚常见方法归纳为校证文字、摘录佚文、选择底本、恢复篇第这四个步骤，其中校证文字主要是对佚文中一些讹夺等文字问题进行校正，理清文意；摘录佚文主要是从各处辑录残文剩句，再进行整理归纳；选择底本是指选定一部成书较早、记载较详的为主要整理对象，如底本较为简略，还需补缀其他佚文，并加注说明；恢复篇第是指佚文散见各书、东鳞西爪，需要考察体例、分类排比，逐步恢复原书样貌。②

清代辑佚是传统辑佚的高峰。清代辑佚过程包括辑佚的缘起、

---

① 张三夕：《中国古典文献学》，华中师范大学出版社，2003 年版，页 205—213。

② 闫晶：《中国文献学的理论认知研究》，吉林出版集团股份有限公司，2019 年版，页 106—108。

辑佚的准备、佚文的来源、佚文的查检、佚文的取舍、辑本的体例、佚文的整理、辑本的附录这些方面。辑中辑佚的缘起有为学术研究而辑佚、重视某类文献而辑佚、不满已有辑本而辑佚、重应用而辑佚、因师承家学而辑佚。辑佚的准备则是要考查文献流传存佚和参考已有辑佚成果。佚文的查检则包括查检范围的时间限断、考师承家法、分析书名演变、分析同人异称、运用比较法确认佚文、非彼即此推论法、以文辞义例推循、据注补佚文、据佚书通例补佚文、在读书过程中积累佚文等。佚文的取舍包括佚文取舍的原则、明引者直录原文、数书并引择善而从、数书并引注明异同、数书并引缀合为一、数书并引异者并收、数书并引异同兼采。辑本的体例包括还原佚书的体例、自定辑本的体例、还原与自定体例相结合、保持引文的体例和辑佚丛书的体例这几种。佚文的整理包括佚文的出处、校勘、补注和考辨等内容。辑本的附录则有辑本及佚书解题、论佚书的价值、诸书论述、佚文的具体来源、自述辑佚情形、述知见辑佚故事、自述辑本的刊刻情况、自论辑本不足、订误及补遗、引用书目等内容。①

以上这些辑佚方法都是基于文献学的传统研究范式,无论是佚文的检索查找还是佚文的加工与整理,基本是靠个人一己之力,积数年之功,耗费无数时间精力才能完成。传统的辑佚工作耗时耗力,效率不高且产出不定,质量完全靠辑佚者本人来把控,故而水平也参差不齐。

二、《献帝春秋》概论

《献帝春秋》,一名《汉献帝春秋》,书志目录中均有记载,但现已失传,确为佚书。与《三国志》和《后汉书》等相近时代的史书相比,《献帝春秋》所述自有特色。如同样是记载汉灵帝去世、汉献帝即

① 郭国庆:《清代辑佚研究》,民族出版社,2011 年版,页 63—141。

位,《三国志·魏书·董卓传》侧重叙述灵帝崩后董卓所为,《后汉书·孝灵帝纪》客观叙述事件发展进程,而《献帝春秋》则详细记载了汉献帝从董侯走向帝王之位,再将祖先基业拱手禅让的整个过程。可见,《献帝春秋》与正史角度不同,有补史、正史之用,故后世注史多有征引,实为东汉历史研究的重要资料。

(一)《献帝春秋》作者

《隋书·经籍志》有:"《献帝春秋》十卷袁晔撰。"[①]《旧唐书·经籍志》亦有:"《汉献帝春秋》十卷袁晔撰。"[②]《新唐书·艺文志》曰:"袁晔《汉献帝春秋》十卷。"[③]由历代官修书目记载可知,《献帝春秋》作者为袁晔。又有袁暐、袁煜等名,如《说略》卷十三:"袁暐一名晔《献帝春秋》"[④],《玉芝堂谈荟》卷三十:"袁晔一名煜《献帝春秋》"。[⑤]据陈垣先生考证,乃"传写异文"[⑥]。王树民在《廿二史札记校证》里为"袁玮《献帝春秋》"条校证时也提到:"高振铎云,玮为'暐'字之误,而暐更应作'晔'"。[⑦] 另,赵翼在《廿二史札记》里有列"孙思光《献帝春秋》"[⑧],王树民在《廿二史札记校证》中辩证道:"如所列有孙思光《献帝春秋》,考《吴志·陆瑁传》有广陵袁迪,裴注云:'迪孙晔,字思光,作《献帝春秋》',裴氏他卷又称袁暐,无所谓孙思光者,此必因'为迪之孙字思光'以致舛错。且《札记》已列袁暐《献帝春秋》,其意殆分为二书,然孙思光则无是人也。"[⑨]也就是说,猛一看好像《献帝春秋》有两种,一种为袁晔所作,一种为孙思光所作,但其实并没

---

① [唐]魏徵:《隋书》,中华书局,1973年版,页957。

② [后晋]刘昫:《旧唐书》,中华书局,1975年版,页1991。

③ [宋]欧阳修:《新唐书》,中华书局,1975年版,页1459。

④ [明]顾起元:《说略》,《文渊阁四库全书》册964,台湾商务印书馆,1984年版,页584。

⑤ [明]徐应秋:《玉芝堂谈荟》,《文渊阁四库全书》册883,台湾商务印书馆,1984年版,页708。

⑥ 汪智超:《陈垣史源学杂文》,生活·读书·新知三联书店,2007年版,页22。

⑦ [清]赵翼著,王树民校证:《廿二史札记校证》,中华书局,2013年版,页140。

⑧ [清]赵翼著,王树民校证:《廿二史札记校证》,中华书局,2013年版,页135。

⑨ [清]赵翼著,王树民校证:《廿二史札记校证》,中华书局,2013年版,页139。

有撰写《献帝春秋》的孙思光这个人，故而也不存在两种《献帝春秋》。另，沈家本《三国志注所引书目》、王钟翰《三国志裴注考证》皆已考证为袁晔撰《献帝春秋》，陈垣先生也曾得出相同考证结果。则《献帝春秋》为袁晔作无疑。

考袁晔生平，为晋广陵（今扬州）人，字思光。《三国志・陆瑁传》云："陆瑁字子璋，丞相逊弟也。少好学笃义。……广陵袁迪等，皆单贫有志，就瑁游处……"后有裴注曰："迪孙晔，字思光，作《献帝春秋》，云迪与张纮等俱过江，迪父绥为太傅掾，张超之讨董卓，以绥领广陵事。"[①]据裴注知，袁晔曾祖为袁绥，曾讨董卓（张超信任他，委以重任，即"领广陵事"），袁晔祖父袁迪在献帝禅位后自广陵渡江南下，当为自然之事。晔撰《献帝春秋》，当是渊源有自。又《三国志》裴松之注和《后汉书》注及正文均引《献帝春秋》，则其主要活动年代或为献帝即位之永汉元年（公元 189 年）至三国吴亡之咸熙二年（公元 265 年）。

但清代姚振宗在《三国艺文志》中推测："按，晔祖迪，与张纮过江，其时当在献帝初年下至吴亡，凡九十余年。晔生长于吴，未至中国，故所作多传闻异词，其人或未尝入晋。"[②]此说不妥。袁晔曾祖袁绥曾为太傅掾，其祖父袁迪也是有志之人，袁晔或长于吴，但有心撰文，则仍有寻访获得第一手资料的可能，因其成长地点就断言其所作多传闻异词，或受前人评价影响先入为主所致，失之客观。考唐代刘昭、李贤注《后汉书》时引用《献帝春秋》有 22 处，刘宋裴松之为《三国志》作注时引用《献帝春秋》也有 23 处，正是因为其所撰与他人不同，可补史正史，不然大可弃之不用，不必征引其书。

---

① [晋]陈寿：《三国志》，中华书局，1971 年版，页 1337。

② [清]姚振宗：《三国艺文志》，《续修四库全书》册 914，上海古籍出版社，1995 年版，页 475—476。

（二）《献帝春秋》内容

1. 记录东汉末年重大历史事件与重要历史人物

从各史书及类书所引《献帝春秋》条目看，该书记录了汉灵帝熹平二年至汉献帝建安二十五年（公元173—220年）刘家王朝风雨飘摇时期的历史事件，展现了历史兴衰规律下封建王朝的交替和改朝换代过程中人们的命运。如：

袁绍将兵入宫，诛诸黄门，张让等逼迫以尺一诏开大夏门，将帝及陈留王出，不知所如。时昏夜，萤火照道，到盟津河上，传国六玺不及自随，百僚分散。唯河南中部掾闵贡见天子出，率骑追之。比晓，到河上，天子饥渴，贡宰羊进之。厉声谓让曰："今不速死，吾射杀汝。"让等惶怖，叉手再拜，叩头向天子辞曰："臣等死，陛下自爱。"遂投河而死。贡扶辇还宫时，董卓适至（《三国志·魏书·董卓传》卷六注，此句作"先是童谣曰：'侯非侯，王非王，千乘万骑走北芒。'卓时适至"），屯显阳苑，闻帝当至，率兵迎帝于北邙，帝见卓兵，振喜不自胜。群公曰："有诏却兵。"卓曰："卿为大臣，不能匡辅国朝，至令幼主蒙尘播越，何却兵之有?!"遂俱入城。帝幸北宫，改元号曰昭宁。于阁上得六玺失传国玺。[①]（此条《三国志》裴注和《后汉书》注皆有引，且较《太平御览》为早，但失之零散，各述片断。《太平御览》引为一条，使其本为一事，前后连贯，故此条以《太平御览》为准）

这段文字述及三件大事：一为袁绍入宫诛黄门；二为张让等挟持当时的汉少帝刘辩与后来的汉献帝刘协逃亡；三为董卓迎帝还京。这三件事直接影响了东汉末年的政治格局和走向：袁绍力量的由盛而衰，宦官势力的瓦解，董卓的逐渐上位。此后，汉少帝刘辩被

① ［宋］李昉：《太平御览》，中华书局，1966年版，页441。

迫退位，汉献帝刘协成为东汉王朝的最后一位皇帝，两人命运就此改写。

在记录历史格局转变与发展的同时，《献帝春秋》还记录了汉献帝从董侯走向帝王之位，再将祖先基业拱手相让的整个过程，使之既是一部王朝的覆灭史，也是一部帝王兴衰史。如："孝灵皇帝王美人生皇子协，协生十余日，何皇后妒杀美人。灵帝母永乐董太后摄养协，号曰'董侯'。董侯八岁能读诗书。"[①]（《渊鉴类函》卷二百六十一此句作："似灵帝，八岁而读诗书。"）此事在汉灵帝光和四年（公元181年），述汉献帝刘协身世。彼时刘协仅为董侯，幼即失恃。由董太后抚养长大的经历很好地帮助刘协在后来的帝位之争中获得支持，成为一国之君。

又如："帝时召群臣卿士告祠高庙，诏太常张音持节，奉策玺绶，禅位于魏王。乃为坛于繁阳故城，魏王登坛，受皇帝玺绶。"[②]事在汉献帝建安二十五年，本年既是刘协皇帝身份的终结亦是东汉王朝之终结。《后汉书·孝献帝纪》："冬十月乙卯，皇帝逊位，魏王丕称天子。"[③]其述甚简。袁晔所述或为亲历，更为详细，有较高的史料价值。

同样是记载汉灵帝去世、汉献帝即位等历史大事，《三国志·魏书·董卓传》侧重叙述灵帝崩后董卓所为，《后汉书·孝灵帝纪》客观叙述事件发展进程，《献帝春秋》则详细记载了汉献帝从董侯走向帝王之位，再将祖先基业拱手禅让的整个过程。相同的时间，叙述却有不同的角度和立场，才能留给后世更为全面的记录。

再如《三国志·魏书·武帝纪》："三年春正月，公还许，初置军师祭酒。三月，公围张绣于穰。夏五月，刘表遣兵救绣，以绝军后。"裴松之注引《献帝春秋》："袁绍叛卒诣公云：'田丰使绍早袭许，若挟

---

① ［宋］李昉：《太平御览》，中华书局，1966年版，页1830。
② ［南朝宋］范晔：《后汉书》，中华书局，1965年版，页390。
③ ［南朝宋］范晔：《后汉书》，中华书局，1965年版，页390。

天子以令诸侯，四海可指麾而定。'公乃解绣围。"《三国志》述刘表派兵解张绣之围，《献帝春秋》点出曹操退兵未曾言明的关键所在——非独为刘表，亦有袁绍之故。荀彧与曹操就立魏公一事，《三国志》仅述其中的纠葛，《献帝春秋》却将前因后果，明明白白地叙述出来，确有补史正史之功。

该书虽以《献帝春秋》为名，但所记重要历史人物不限汉献帝一人，还记载了汉灵帝刘宏、弘农王刘辩等皇族人物，亦有曹操、吕布、刘备、袁绍、董卓等风云人物粉墨登场。如：

布问太祖："明公何瘦？"太祖曰："君何以识孤？"布曰："昔在洛，会温氏园。"太祖曰："然。孤忘之矣。所以瘦，恨不早相得故也。"布曰："齐桓舍射钩，使管仲相；今使布竭股肱之力，为公前驱，可乎？"布缚急，谓刘备曰："玄德，卿为坐客，我为执虏，不能一言以相宽乎？"太祖笑曰："何不相语，而诉明使君乎？"意欲活之，命使宽缚。主簿王必趋进曰："布，勍虏也。其众近在外，不可宽也。"太祖曰："本欲相缓，主簿复不听，如之何？"①

此事在汉献帝建安三年（公元198年），布即吕布，太祖即曹操，此条还提及刘备和主簿王必等历史人物。虽名《献帝春秋》，然汉末群雄逐鹿，此书是英雄辈出时代的记录，读之可管中窥豹，一睹风云人物的鲜活神采。

2. 记录东汉末年历史细节与被忽略的小人物

《献帝春秋》不仅记载重大历史事件与风云人物，还描写了不少历史细节，为我们留下了珍贵的史料。如：

初卓为前将军，嵩为左将军，俱征边章、韩遂，争雄。及嵩拜车

① [晋]陈寿：《三国志》，中华书局，1971年版，页228。

下，卓曰："可以服未？"嵩曰："安知明公乃至于是？"卓曰："鸿鹄固有远志，但燕雀自不知耳。"(《太平御览》卷二百六与卷五四二、《职官分纪》卷二、《渊鉴类函》卷六十三与卷一百五十四无"自")嵩曰："昔与明公，俱为鸿鹄，但明公今日变为凤皇耳。"[①](《太平御览》卷二百六、《职官分纪》卷二后还有："卓笑曰：'卿早服，何得不拜？'"《渊鉴类函》卷六十三后为："卓笑曰：'卿卑服，何得不拜？'"《太平御览》卷五四二、《渊鉴类函》卷一百五十四后为："卓笑曰：'卿卑服，何得不拜？'")

此事在汉献帝初平二年(公元191年)，据《资治通鉴》卷六十载：初平二年二月丁丑(十二日)，董卓为太师，四月回长安，众公卿迎接。[②]《后汉书·皇甫嵩列传》记为："及卓还长安，公卿百官迎谒道次。卓风令御史中丞已下皆拜以屈嵩，既而抵手言曰：'义真犕未乎？'嵩笑而谢之，卓乃解释。"[③]文辞稍显简略。《献帝春秋》所记则将董卓与皇甫嵩此前种种纠葛揭示出来，并还原了场景中的对话等细节，再现了彼时剑拔弩张、针锋相对的状况。

又如"河南中部掾闵贡见天子出，率骑追之"条，《三国志》《后汉书》均未提闵贡护驾之事，而《献帝春秋》记载："让等惶怖，叉手再拜，叩头向天子辞曰：'臣等死，陛下自爱！'""卓曰：'卿为大臣，不能匡辅国朝，至令幼主蒙尘播越，何却兵之有？！'"袁晔曾祖曾参与讨董卓，知当时情状，故述细节更为丰富。

此外，史书中绝少着墨的小人物，在《献帝春秋》中亦可得见，如：

越骑校尉汝南伍孚忿卓凶毒，志手刃之，乃朝服怀佩刀以见卓。孚语毕辞去，卓起送至阁，以手抚其背，孚因出刀刺之，不中。卓自

① [南朝宋]范晔：《后汉书》，中华书局，1965年版，页2307。
② [宋]司马光：《资治通鉴》，中华书局，1956年版，页1921。
③ [南朝宋]范晔：《后汉书》，中华书局，1965年版，页2307。

奋得免，急呼左右执杀之，而大诟曰："虏欲反耶！"孚大言曰："恨不得车(《后汉书·董卓列传》卷七十二作'磔')。裂奸贼于都市，以谢天地！"言未毕而毙。[①]（"卓起"至"而毙"，《太平御览》卷三四五作"卓至阁执手，孚因引刀刺卓，卓多力，却不中，即杀孚"，《太平御览》卷三五六作"卓送出阁执手告别，孚引刀刺卓，卓多力，却不中，即杀孚，夷其族"，《说郛》本、《子史钩沉》本、《古今说部丛书》本作"卓至阁执手，孚引刀刺卓，卓多力，却不中，即杀孚"。原文未言自《献帝春秋》出，但后有注曰："《献帝春秋》'磔'作'车'。"且《太平御览》卷三四五与三五六亦引此条，《说郛》本、《子史钩沉》本、《古今说部丛书》本均辑此条，大义相同，文字略异，故《后汉书》所言应自《献帝春秋》出）

伍孚其人，裴松之曰："不知孚为琼之别名，为别有伍孚也？盖未详之……"[②]乃以伍孚为伍琼之别名，可见裴氏对伍孚生平亦不甚了解。谢承《后汉书》(谢承所著《后汉书》已佚，内容散见于史书和类书等文献中，此处《三国志·魏书·董卓传》卷六注引谢承《后汉书》)有："伍孚字德瑜，少有大节，为郡门下书佐。其本邑长有罪，太守使孚出教，敕曹下督邮收之。孚不肯受教，伏地仰谏曰：'君虽不君，臣不可不臣，明府奈何令孚受教，敕外收本邑长乎？更乞授他吏。'太守奇而听之。后大将军何进辟为东曹属，稍迁侍中、河南尹、越骑校尉。董卓作乱，百僚震栗。孚着小铠，于朝服里挟佩刀见卓，欲伺便刺杀之。语阕辞去，卓送至合中，孚因出刀刺之。卓多力，退却不中，即收孚。卓曰：'卿欲反邪？'孚大言曰：'汝非吾君，吾非汝臣，何反之有？汝乱国篡主，罪盈恶大，今是吾死日，故来诛奸贼耳，恨不车裂汝于市朝以谢天下。'遂杀孚。"[③]所言与《献帝春秋》相近，可证《献帝春秋》实可补裴氏之失。

① [南朝宋]范晔：《后汉书》，中华书局，1965年版，页2330—2331。

② [晋]陈寿：《三国志》，中华书局，1971年版，页176。

③ [晋]陈寿：《三国志》，中华书局，1971年版，页175。

又如：梁州义从宋建、王国等反，诈金城郡降，求见凉州大人故新安令边允、从事韩约。约不见，太守陈懿劝之，使（王）[往]，国等便劫质约等数十人。金城乱，懿出，国等扶以到护羌营，杀之，而释约、允等。陇西以爱憎露布，冠约、允名以为贼，州购约、允各千户侯，约、允被购，"约"改为"遂"，"允"改为"章"。①

此事在汉灵帝中平元年（公元 184 年），《后汉书·董卓列传》记曰："中平元年，拜东中郎将，持节，代卢植击张角于下曲阳，军败抵罪……伯玉等乃劫致金城人边章、韩遂……"②就边章、韩遂二人事，只称"金城人"，语焉不详，查二人史均无传，读之不知其然。《献帝春秋》详述韩遂、边章二人落草改名之来龙去脉，与《后汉书》史实相联系，二人被劫又反助之，因果缘由，一清二楚。

伍孚及边章、韩遂等人与群雄相较，可谓微不足道，在历史长河中更是沧海一粟，而《献帝春秋》不仅记录了他们，使得他们能够为后世所知晓，也为我们保留了丰富的历史资料，确为沧海遗珠。

（三）《献帝春秋》辑本

《献帝春秋》在《隋书·经籍志》《旧唐书·经籍志》《新唐书·艺文志》皆见著录，宋初《太平御览·经史图书纲目》亦载③，则《太平御览》编纂时（公元 977—984 年）尚存。此书《崇文总目》《直斋书录解题》等公私目录均未著录，考《崇文总目》乃宋仁宗景祐元年至庆历元年（公元 1034—1041 年）所编，则《献帝春秋》亡佚当在北宋庆历元年前后。

《献帝春秋》现有三种辑本：《说郛》宛委山堂本④、清黄奭《子史

① ［南朝宋］范晔：《后汉书》，中华书局，1965 年版，页 2321。
② ［南朝宋］范晔：《后汉书》，中华书局，1965 年版，页 2320。
③ ［宋］李昉：《太平御览》，中华书局，1966 年版，页 6。
④ ［元］陶宗仪、［清］陶珽：《说郛》，上海古籍出版社，1988 年版，页 2726。

钩沉》本[①]、民国间国学扶轮社《古今说部丛书》本[②]。后如《中华野史》《中华历代笔记全集》《中华历史全集》等丛书也有收录，但皆出此三种之一，无版本意义，不一一赘述。

《说郛》宛委山堂本即清顺治年间陶珽重编的一百二十卷本[③]，收录的《献帝春秋》辑本内容简略。作者署“阙名”字样，书中史事自汉灵帝光和四年至汉献帝建安二十年（公元181—215年）。所辑内容依次为“初黄巾贼起”条、“孝灵皇帝何皇后生太子辩”条、“袁绍将兵入宫”条、“献帝都许”条、“自诛黄门后”条、“张辽问吴降人”条、“扬州刺史刘馥”条、“董卓未诛”条、“越骑校尉汝南伍孚”条，末尾重出“张辽问吴降人”条，较前条多出七字，另有一字不同。实共九条，且所辑未注明出处，条目排列随意。

清黄奭《子史钩沉》本收录在《汉学堂知足斋丛书》中，其影印本的书口原题“阙名《献帝春秋》”，墨笔圈改为“袁暐《献帝春秋》”，所辑条目与《说郛》宛委山堂本相同。条目依次为“初黄巾贼起”条、“孝灵皇帝何皇后生太子辩”条、“袁绍将兵入宫”条、“献帝都许”条、“自诛黄门后”条、“张辽问吴降人”条、“扬州刺史刘馥”条、“董卓未诛”条、“越骑校尉汝南伍孚”条，文字略有差异。不过删去了重出条，盖经黄奭亲手校过，稍有改动。

国学扶轮社《古今说部丛书》本与前两本相类，条目依次仍是“初黄巾贼起”条、“孝灵皇帝何皇后生太子辩”条、“袁绍将兵入宫”条、“献帝都许”条、“自诛黄门后”条、“张辽问吴降人”条、“扬州刺史刘馥”条、“董卓未诛”条、“越骑校尉汝南伍孚”条。此本与他本不同之处在于，有另加圈点，将个别用字进行更改，但没有校注，也无出处。从传统辑佚学角度来说，反而增加了新的问题，给新辑工作带来了挑战。

---

① [清]黄奭：《汉学堂知足斋丛书》，书目文献出版社，1992年版。

② 国学扶轮社：《古今说部丛书》，上海文艺出版社，1991年版。

③ [元]陶宗仪、[清]陶珽：《说郛》，上海古籍出版社，1988年版，页2726。

这三种辑本后者重复前者，总计不过区区九条。原十卷之篇幅，今之辑本单薄若此，殊为可惜。后出史书、类书等文献对《献帝春秋》多有征引，如《三国志》《后汉书》《太平御览》《渊鉴类函》等等，尤以《三国志》与《后汉书》为多。诸书中可辑得《献帝春秋》佚文约61条，若辑得一处，详加勘正，应可助史学研究一臂之力。

（四）《献帝春秋》评价

唐代刘昭、李贤注《后汉书》引用《献帝春秋》有22处，裴松之为《三国志》作注时引用《献帝春秋》也有23处。征引虽多，却备受诋责。如被斥“秽杂虚谬”“出自鄙俚”[①]，甚至作者袁晔被视为“虚罔之类”[②]，“史籍之罪人，达学之所不取者”[③]，进而被指为“轻弄翰墨，妄生异端，以行其书”[④]，“诬罔视听，疑误后生”[⑤]等别有用心之徒。后世如侯康《补三国艺文志》卷三这样记载：“袁晔《献帝春秋》十卷（字思光，晔一作暐）/（康）案，晔字见《吴志·陆瑁传》注，裴注作袁暐，所引凡二十余条（范书注亦屡引），深不满其书。如《袁绍传》注云：不知资、暐之徒，竟为何人，未能识别然否，而轻弄翰墨，妄生异端，以行其书。如此之类，正足以诬罔视听，疑误后生矣。实史籍之罪人，达学之所不取者也。《马超传》注云：袁暐、乐资等诸所记载，秽杂虚谬，殆不可胜言也。及《荀彧传》注斥其虚罔，《张纮传》注讥其虚错，皆毁诋之辞。”[⑥]还有姚振宗《三国艺文志》卷二：“按晔祖迪，与张纮过江，其时当在献帝初年下至吴亡，凡九十余年。晔生长于吴

① ［晋］陈寿：《三国志·马超传》，中华书局，1971年版，页947。

② ［晋］陈寿：《三国志·荀彧传》，中华书局，1971年版，页319.

③ ［晋］陈寿：《三国志·袁绍传》，中华书局，1971年版，页206。

④ ［晋］陈寿：《三国志·袁绍传》，中华书局，1971年版，页206。

⑤ ［晋］陈寿：《三国志·袁绍传》，中华书局，1971年版，页206。

⑥ 侯康：《补三国艺文志》，《丛书集成初编》据《史学丛书》排印本，商务印书馆，1937年版，页40。

未至中国，故所作多传闻异词，其人或未尝入晋。"[①]侯康、姚振宗等未加辨证，因袭前说，人云亦云，说法欠妥。

《献帝春秋》是否如裴松之所说"秽杂虚谬，殆不可胜言"呢？试举数例辨之：

1. 卓欲废帝，谓绍曰："皇帝冲暗，非万乘之主，陈留王犹胜，今欲立之。人有少智，大或痴，亦知复何如，为当且尔；卿不见灵帝乎？念此令人愤毒！"绍曰："汉家君天下四百许年，恩泽深渥，兆民戴之来久。今帝虽幼冲，未有不善宣闻天下，公欲废适立庶，恐众不从公议也。"卓谓绍曰："竖子！天下事岂不决我？我今为之，谁敢不从？尔谓董卓刀为不利乎！"绍曰："天下健者，岂唯董公？"引佩刀横揖而出。

此条事在汉献帝永汉元年（公元 189 年），辑自《三国志·袁绍传》卷六注[②]，乃述董卓与袁绍之间就皇帝废立问题引发的争论。所注正文为："董卓呼绍，议欲废帝，立陈留王。是时绍叔父隗为太傅，绍伪许之，曰：'此大事，出当与太傅议。'卓曰：'刘氏种不足复遗。'绍不应，横刀长揖而去。"[③]

裴松之引《献帝春秋》此条作注后，接着写道："臣松之以为绍于时与卓未构嫌隙，故卓与之谘谋。若但以言议不同，便骂为竖子，而有推刃之心，及绍复答，屈强为甚，卓又安能容忍而不加害乎？且如绍此言，进非亮正，退违诡逊，而显其竞爽之旨，以触哮阚之锋，有志功业者，理岂然哉！此语妄之甚矣。"[④]显然，对于《献帝春秋》的此条记载，裴松之另有观点。他认为彼时袁绍与董卓尚无矛盾，袁绍断无可能仅因董卓试探性地询问而大动干戈。他接着反推道，如果真是这样，那董卓如何能容忍袁绍如此放肆而不加害于他。后面他进

① [清]姚振宗：《三国艺文志》，《续修四库全书》册 914，上海古籍出版社，1995 年版，页 475—476。

② [晋]陈寿：《三国志》，中华书局，1971 年版，页 190。

③ [晋]陈寿：《三国志》，中华书局，1971 年版，页 190。

④ [晋]陈寿：《三国志》，中华书局，1971 年版，页 190。

一步推论——袁绍这么做，只会让自己进退维谷，显露锋芒，所以裴松之认为《献帝春秋》所记“妄之甚矣”。

裴松之所言，看起来理无所疑。然《后汉书·袁绍列传》卷七十四曰：“顷之，卓议欲废立，谓绍曰：‘天下之主，宜得贤明，每念灵帝，令人愤毒。董侯似可，今当立之。’绍曰：‘今上富于春秋，未有不善宣于天下。若公违礼任情，废嫡立庶，恐众议未安。’卓案剑叱绍曰：‘竖子敢然！天下之事，岂不在我？我欲为之，谁敢不从！’绍诡对曰：‘此国之大事，请出与太傅议之。’卓复言‘刘氏种不足复遗’。绍勃然曰：‘天下健者，岂惟董公！’横刀长揖径出。”[①]与《献帝春秋》此条大致相类。

范晔所著虽晚于裴松之，然相隔不远，所见史料也不会有太大出入。正史去取，必有根据，若荒诞不经，离奇不可信者，断不会写入；倘若疏忽写入，后世也会出注说明。考范晔此段，后世并无异议。且《后汉书》此段后，李贤又引《英雄记》注曰：“绍揖卓去，坐中惊愕。卓新至，见绍大家，故不敢害。”[②]可见，董卓并非没有加害之心，只是碍于袁绍出自大家族，不敢轻举妄动。则裴松之所言“及绍复答，屈强为甚，卓又安能容忍而不加害乎”的推论不能成立。且《献帝春秋》此条与《后汉书》所述相呼应，可见其说并非无据，裴松之所言“妄之甚矣”，亦不能成立。

2. 袁术议称尊号，邈谓术曰：“汉据火德，绝而复扬，德泽丰流，诞生明公。公居轴处中，入则享于上席，出则为众目之所属，华、霍不能增其高，渊泉不能同其量，可谓巍巍荡荡，无与为贰。何为舍此而欲称制？恐福不盈眦，祸将溢世。庄周之称郊祭牺牛，养饲经年，衣以文绣，宰执鸾刀，以入庙门，当此之时求为孤犊不可得也！”

此条事在汉献帝建安二年(公元 197 年)，辑自《三国志·张邈

① ［南朝宋］范晔：《后汉书》，中华书局，1965 年版，页 2374。

② ［南朝宋］范晔：《后汉书》，中华书局，1965 年版，页 2375。

传》卷七注[①]，是为注引"（张）邈诣袁术请救未至，自为其兵所杀"[②]，裴松之引《献帝春秋》此条后，又曰："按本传，邈诣术，未至而死。而此云谏称尊号，未详孰是。"[③]此处所引乃"参诸书之说以核伪异"[④]，然裴松之亦不知孰是孰非，不敢妄下定论，可见《献帝春秋》所言亦并非其所言"妄之甚矣"[⑤]，有不少内容裴松之还是看重的，至少是不敢随意否定的。

3. 太祖兵入城，审配战于门中，既败，逃于井中，于井获之。

此条事在汉献帝建安九年（公元 204 年），辑自《三国志·袁绍传》卷六注[⑥]，所注正文为："配声气壮烈，终无挠辞，见者莫不叹息。遂斩之。"[⑦]此条虽言自《献帝春秋》出，但未单独引出，文字或与原本有出入。所述与上条同为曹操攻邺城事，《山阳公载记》亦载此条。此条后还有裴松之评论："臣松之以为配一代之烈士，袁氏之死臣，岂当数穷之日，方逃身于井，此之难信，诚为易了。不知资、暐之徒竟为何人，未能识别然否，而轻弄翰墨，妄生异端，以行其书。如此之类，正足以诬罔视听，疑误后生矣。实史籍之罪人，达学之所不取者也。"[⑧]裴松之出言如此严苛，由对材料的怀疑上升到对学识和人格的怀疑，不得不说失之片面。

《献帝春秋》虽有无法证实之事，但大多可与正史互证，绝非凭空捏造以至"轻弄翰墨，妄生异端"，后文有所述及，此不赘言。由事及人的批评方式不仅不够客观，而且有欠公允。就此条所述之事，裴松之认为审配乃气节壮烈之人，断不会做逃入井中求生之事。这种怀疑有一定道理，史料或有互相冲突或逻辑不通之事，能厘清事

① ［晋］陈寿：《三国志》，中华书局，1971 年版，页 222。
② ［晋］陈寿：《三国志》，中华书局，1971 年版，页 222。
③ ［晋］陈寿：《三国志》，中华书局，1971 年版，页 222。
④ ［清］纪昀等：《四库全书总目》，中华书局，1965 年版，页 403。
⑤ ［晋］陈寿：《三国志》，中华书局，1971 年版，页 190。
⑥ ［晋］陈寿：《三国志》，中华书局，1971 年版，页 206。
⑦ ［晋］陈寿：《三国志》，中华书局，1971 年版，页 202。
⑧ ［晋］陈寿：《三国志》，中华书局，1971 年版，页 206。

实更好，若无法证实或证伪，客观记述即可，无须上纲上线。

4. 董承之诛，伏后与父完书，言司空杀董承，帝方为报怨。完得书以示彧，彧恶之，久隐而不言。完以示妻弟樊普，普封以呈太祖，太祖阴为之备。彧后恐事觉，欲自发之，因求使至邺，劝太祖以女配帝。太祖曰："今朝廷有伏后，吾女何得以配上，吾以微功见录，位为宰相，岂复赖女宠乎！"彧曰："伏后无子，性又凶邪，往常与父书，言辞丑恶，可因此废也。"太祖曰："卿昔何不道之？"彧阳惊曰："昔已尝为公言也。"太祖曰："此岂小事而吾忘之！"彧又惊曰："诚未语公邪！昔公在官渡与袁绍相持，恐增内顾之念，故不言尔。"太祖曰："官渡事后何以不言？"彧无对，谢阙而已。太祖以此恨彧，而外含容之，故世莫得知。至董昭建立魏公之议，彧意不同，欲言之于太祖。及赍玺书犒军，饮飨礼毕，彧留请间。太祖知彧欲言封事，揖而遣之，彧遂不得言。彧卒于寿春，寿春亡者告孙权，言太祖使彧杀伏后，彧不从，故自杀。权以露布于蜀，刘备闻之曰："老贼不死，祸乱未已。"①

此条事在汉献帝永汉元年（公元 189 年），辑自《三国志・荀彧传》卷十注②，所注正文为："十七年，董昭等谓太祖宜进爵国公，九锡备物，以彰殊勋，密以谘彧。彧以为太祖本兴义兵以匡朝宁国，秉忠贞之诚，守退让之实；君子爱人以德，不宜如此。太祖由是心不能平。会征孙权，表请彧劳军于谯，因辄留彧，以侍中光禄大夫持节，参丞相军事。太祖军至濡须，彧疾留寿春，以忧薨，时年五十。谥曰敬侯。明年，太祖遂为魏公矣。"③此条述曹操与荀彧之间的种种过节。裴松之在引此条后，接着写道："臣松之案：《献帝春秋》云彧欲发伏后事而求使至邺，而方诬太祖云'昔已尝言'。言既无征，回托

① 《六艺之一录》卷二六一与《通雅》卷三十一从"彧卒于寿春"始，后皆同。《大事记续编》卷二十略作："袁暐《献帝春秋》：董承之诛，伏后与父完书，言司空杀董承，帝方为报怨。完得书以示彧，彧隐而不言，后恐事觉，欲自发之，因求使至邺，劝操以女配帝。本文作太祖，下同。"《东汉文纪》卷四仅录："司空杀董承，帝方为报怨。（《献帝春秋》）"

② ［晋］陈寿：《三国志》，中华书局，1971 年版，页 318。

③ ［晋］陈寿：《三国志》，中华书局，1971 年版，页 317。

以官渡之虞，俯仰之间，辞情顿屈，虽在庸人，犹不至此，何以玷累贤哲哉！凡诸云云，皆出自鄙俚，可谓以吾侪之言而厚诬君子者矣。袁暐虚罔之类，此最为甚也。”①可见，裴松之对《献帝春秋》此条所记荀彧之“昔已尝言”事并不相信，不仅觉得“出自鄙俚”，而且对《献帝春秋》的作者袁晔也产生了相当的成见。历史的真相如何，我们并不能完全知道，但对比史料，应该能得出相对真实的历史概况。

据《后汉书·荀彧列传》卷七十注曰：“《献帝春秋》：董承之诛，伏后与父完书，言司空杀董承，帝方为报怨。完得书以示彧，彧恶之，隐而不言。完以示其妻弟樊普，普封以呈太祖，太祖阴为之备。彧恐事觉，欲自发之，因求使至邺，劝太祖以女配帝。太祖曰：‘今朝廷有伏后，吾女何得配上？’彧曰：‘伏后无子，性又凶邪，往尝与父书，言词丑恶，可因此废也。’太祖曰：‘卿昔何不道之？’彧阳惊曰：‘昔已尝为公言也。’太祖曰：‘此岂小事，而吾忘之！’太祖以此恨彧，而外含容之。至董昭建魏公议，彧意不同，欲言之于太祖，乃赍玺书犒军，饮飨礼毕，彧请间，太祖知彧欲言，揖而遣之，遂不得。留之，卒于寿春。”②文字大致相同，所述也无太大差异，仅比裴松之所引之《献帝春秋》略简。可见，此事并非空穴来风捏造而成。此段所注正文为：“操馈之食，发视，乃空器也，于是饮药而卒。时年五十。”③

裴松之引此条，乃为注荀彧与曹操此前种种过节，而李贤引此段，乃是为注荀彧之死的缘由。虽出发点和落脚点不同，但却都引用了此段。不同的却是对待这段文字的态度。李贤引用但并未着一词，从他引《献帝春秋》此条为注可知，他是相信这条史料的。而裴松之在引用之后，仅因此条所述荀彧诸事与其个性和为人处事风格不符，就认为“凡诸云云，皆出自鄙俚”，进而认为“袁暐虚罔之类，此最为甚也”，未免过于狭隘，反有其自语之“以吾侪之言而厚诬君

① ［晋］陈寿：《三国志》，中华书局，1971年版，页319。

② ［南朝宋］范晔：《后汉书》，中华书局，1965年版，页2291。

③ ［南朝宋］范晔：《后汉书》，中华书局，1965年版，页2290。

子者矣"[①]。

可见，对《三国志》裴注也需要进行辩证分析。后世对裴注的推崇，除其保留了丰富的文献资料外，还因其"备异与惩妄"的特点，有史家之立场与观点。一家之言有其独到之处，但也有其不当之处，这就需要我们对具体问题进行具体分析。对于史料的处理，尤需谨慎与客观，"惩妄"太过则易流于主观。我们转过头来看看，同样是在《三国志》裴注中所引，《献帝春秋》中有据可依的部分不少，这些条目为《三国志》增色不少，有其独特价值所在，仍举数例为证：

1. 袁术表坚假中郎将。坚到南阳，移檄太守请军粮。咨以问纲纪，纲纪曰："坚邻郡二千石，不应调发。"咨遂不与。

此条事在汉献帝初平元年（公元 190 年），辑自《三国志・孙破虏讨逆传》卷四十六注[②]，所注正文为："南阳太守张咨闻军至，晏然自若。"[③]乃述孙坚伐董卓，路经南阳，借粮于太守张咨之事。正文后有述张咨被孙坚所斩，而前无铺垫，略显突兀。《献帝春秋》此条点出了孙坚与张咨此前为军粮即有矛盾，后文的发展便顺理成章。这也很好地体现了《献帝春秋》的史料价值，它保存了正史未存的很多重要信息，使得历史事件的因果逻辑更加清楚。《后汉书・孝献帝纪》卷九亦曰：初平元年冬"孙坚……又杀南阳太守张咨"[④]，可见此条并非空穴来风，乃确有其事。

2. 袁术遣吴景攻昕，未拔，景乃募百姓敢从周昕者死不赦。昕曰："我则不德，百姓何罪？"遂散兵，还本郡。

此条事在汉献帝兴平元年（公元 194 年），辑自《三国志・宗室传之孙静传》卷五十一注[⑤]，述吴景与周昕之战，周昕体恤百姓，散兵还郡。此条所注正文为："朗大惊，遣故丹阳太守周昕等帅兵前战。策

① ［晋］陈寿：《三国志》，中华书局，1971 年版，页 318。

② ［晋］陈寿：《三国志》，中华书局，1971 年版，页 1097。

③ ［晋］陈寿：《三国志》，中华书局，1971 年版，页 1096。

④ ［南朝宋］范晔：《后汉书》，中华书局，1965 年版，页 370。

⑤ ［晋］陈寿：《三国志》，中华书局，1971 年版，页 1206。

破昕等，斩之，遂定会稽。"[①]乃述孙策攻克周昕事，《献帝春秋》此条似与正文无太大联系。然考此注之前有："《会稽典录》曰：昕字大明。少游京师，师事太傅陈蕃，博览群书，明于风角，善推灾异。辟太尉府，举高第，稍迁丹阳太守。曹公起义兵，昕前后遣兵万余人助公征伐。袁术之在淮南也，昕恶其淫虐，绝不与通。"[②]是为注明周昕之身世背景，《献帝春秋》乃续前注，列出与周昕有关诸事。此事他书未见，《献帝春秋》还难得地保留下了历史中的这个细节。《资治通鉴·兴平元年》卷六十一载："丹阳太守会稽周昕与袁术相恶，术上策舅吴景领丹阳太守，攻昕，夺其郡，以策从兄贲为丹阳都尉。"[③]可与《献帝春秋》此条相呼应，足见此条所述不虚。

3. 是岁，繇屯彭泽，又使融助皓讨刘表所用太守诸葛玄。许子将谓繇曰："笮融出军，不顾（命）名义者也。朱文明善推诚以信人，宜使密防之。"融到，果诈杀皓，代领郡事。

此条事在汉献帝兴平二年（公元195年），辑自《三国志·刘繇传》卷四十九[④]，乃述笮融投奔刘繇，刘繇使其助朱皓，刘繇手下许劭疑其有变，后果然。此条所注正文为："笮融先至，笮音壮力反。杀太守朱皓……"[⑤]《献帝春秋》此条弥补了正文中笮融杀朱皓之简略，详述了其中来龙去脉，读之释然。《后汉书·陶谦列传》卷七十三亦有："同郡人笮融，……因以过江，南奔豫章，杀郡守朱皓，入据其城。后为扬州刺史刘繇所破，走入山中，为人所杀。"[⑥]可与《献帝春秋》相佐证。《资治通鉴·兴平二年》卷六十一亦曰："刘繇使豫章太守朱皓攻袁术所用太守诸葛玄，玄退保西城。及繇溯江西上，驻于彭泽，使融助皓攻玄。许劭谓繇曰：'笮融出军，不顾名义者也。朱文明喜

---

① [晋]陈寿：《三国志》，中华书局，1971年版，页1205。

② [晋]陈寿：《三国志》，中华书局，1971年版，页1206。

③ [宋]司马光：《资治通鉴》，中华书局，1956年版，页1957。

④ [晋]陈寿：《三国志》，中华书局，1971年版，页1185。

⑤ [晋]陈寿：《三国志》，中华书局，1971年版，页1184。

⑥ [南朝宋]范晔：《后汉书》，中华书局，1965年版，页2368。

推诚以信人。更使密防之。'融到，果诈杀皓，代领郡事。繇进讨融，融败走，入山，为民所杀。"①亦与《献帝春秋》所述基本一致，可证所述为实。

4. 孙策率军如闽、越讨朗。朗泛舟浮海，欲走交州，为兵所逼，遂诣军降。策令使者诘朗曰："问逆贼故会稽太守王朗：朗受国恩当官，云何不惟报德，而阻兵安忍？大军征讨，幸免枭夷，不自扫屏，复聚党众，屯住郡境。远劳王诛，卒不悟顺。捕得云降，庶以欺诈，用全首领，得尔与不，具以状对。"朗称禽虏，对使者曰："朗以琐才，误窃朝私，受爵不让，以遘罪网。前见征讨，畏死苟免。因治人物，寄命须臾。又迫大兵，惶怖北引。从者疾患。死亡略尽。独与老母，共乘一欐，流矢始交，便弃欐就俘，稽颡自首于征役之中。朗惶惑不达，自称降虏。缘前迷谬，被诘惭惧。朗愚浅驽怯，畏威自惊。又无良介，不早自归。于破亡之中，然后委命下隶。身轻罪重，死有余辜。申脰就羁，蹴足入绊，叱咤听声，东西惟命。"②

此条事在汉献帝建安元年(公元196年)，辑自《三国志・王朗传》卷十三注③，所注正文为："朗自以身为汉吏，宜保城邑，遂举兵与策战，败绩，浮海至东冶。策又追击，大破之。朗乃诣策。策以[朗]儒雅，诘让而不害。"④是为述孙策讨伐王朗，《献帝春秋》此条将其中往来细节，尤其是双方诘问与对答一一展现，与正文之"朗乃诣策。策以[朗]儒雅，诘让而不害"相互呼应。《太平御览》卷四百八十六、《渊鉴类函》卷二百二十、《佩文韵府》卷五十三之二均引，文字略有

---

① [宋]司马光：《资治通鉴》，中华书局，1956年版，页1974。

② 《太平御览》卷四百八十六引此条略作："《汉献帝春秋》曰：王朗降孙策，策令使者诘朗曰：'问逆贼王朗，朗受国恩，当云何报德？'朗对曰：'身轻罪重，死有余辜，申脰就羁，蹴足入绊，叱咤听声，东西唯命。'"《渊鉴类函》卷二百二十亦引，略为："《献帝春秋》曰：朗为会稽太守，兵败降孙策。策使人诘责，朗自称禽虏，对使者云云，又言申脰就羁、蹴足入绊、叱咤听声、东西是命。"《佩文韵府》卷五十三之二作："《献帝春秋》：孙策渡江破王朗，令使者诘朗曰：'朗受国恩当官，云何不报德，而阻兵安忍？大军征讨，幸免枭夷，不自扫屏，复聚党众，屯住郡境。远劳王诛……'"文字皆略。

③ [晋]陈寿：《三国志》，中华书局，1971年版，页407。

④ [晋]陈寿：《三国志》，中华书局，1971年版，页407。

不同。考《后汉纪·孝献帝纪》卷二十九载建安元年六月“是月,孙策入会稽,太守王朗与策战,败绩……”[①],《资治通鉴·建安元年》卷六十二亦述孙策与王朗战[②],均与《献帝春秋》所述相符,可证此条确有其事。

5. 绍耻班在太祖下,怒曰:“曹操当死数矣,我辄救存之,今乃背恩,挟天子以令我乎!”太祖闻,而以大将军让于绍。

此条事在汉献帝建安元年(公元196年),辑自《三国志·袁绍传》卷六注[③],所注正文为“天子以绍为太尉,转为大将军,封邺侯”[④]。裴松之所注,将其中不为人知的周折揭示出来。《献帝春秋》此条,乃是袁绍初为太尉,后转为大将军的幕后故事,袁绍的飞扬跋扈、曹操的隐忍不发,都形象生动地表现出来了,很好地补足了正史所述过简的缺憾,也体现了《献帝春秋》极强的史料价值。另《后汉纪·孝献帝纪》卷二十九之建安元年有述此事,作“冬十月戊辰,右将军袁绍为太尉。绍耻班在操下,不肯受。操乃辞大将军”[⑤];《资治通鉴》卷六十二之建安元年十月亦述此事,作“戊辰,以绍为太尉,封邺侯。绍耻班在曹操下,怒曰:‘曹操当死数矣,我辄救存之,今乃挟天子以令我乎!’”[⑥]未言自《献帝春秋》出,然史实互证,可见《献帝春秋》述之有据。

6. 袁绍叛卒诣公云:“田丰使绍早袭许,若挟天子以令诸侯,四海可指麾而定。”公乃解绣围。

此条事在汉献帝建安三年(公元198年),辑自《三国志·武帝

---

① [晋]袁宏著,李兴和点校:《袁宏〈后汉纪〉集校》,云南大学出版社,2008年版,页362。

② [宋]司马光:《资治通鉴》,中华书局,1956年版,页1986。

③ [晋]陈寿:《三国志》,中华书局,1971年版,页195。

④ [晋]陈寿:《三国志》,中华书局,1971年版,页194。

⑤ [晋]袁宏著,李兴和点校:《袁宏〈后汉纪〉集校》,云南大学出版社,2008年版,页363。

⑥ [宋]司马光:《资治通鉴》,中华书局,1956年版,页1988。

纪》卷一注①，所注正文为："三年春正月，公还许，初置军师祭酒。三月，公围张绣于穰。夏五月，刘表遣兵救绣，以绝军后。"②此条乃述曹操围攻张绣，后袁绍叛兵言及田丰力主袁绍袭击许都"挟天子以令诸侯"的建议，曹操觉得情势急迫，立刻调兵回许都，由此解除了对张绣的围攻。因正文未言及曹操撤军的原因，仅看上下文，会误以为因刘表率兵故绣围得解。《献帝春秋》此条，点出了关键的内在原因，非为刘表，乃因袁绍，亦即贾诩所言："曹公攻将军，既无失策，力未尽而一朝引退，必国内有故也。"③《献帝春秋》这条，既道出了个中原委，也客观点出张绣被围后局势得以解除的内在原因，正乃裴氏所言"传所有之事详其委曲"，亦可看作"传所无之事补其阙佚"。④

7. 太祖军至彭城。陈宫谓布："宜逆击之，以逸击劳，无不克也。"布曰："不如待其来攻，蹙着泗水中。"及太祖军攻之急，布于白门楼上谓军士曰："卿曹无相困，我(自首当)[当自首]明公。"陈宫曰："逆贼曹操，何等明公！今日降之，若卵投石，岂可得全也！"

此条事在汉献帝建安三年(公元 198 年)，辑自《三国志・张邈传》卷七注⑤，所注正文为："布欲降，陈宫等自以负罪深，沮其计。"⑥此条述建安三年曹操攻吕布之战，吕布本有降曹之心，但遭陈宫劝阻。陈寿正文中以陈宫屡与曹操作对，自知无后路可退，故阻止吕布投降。而据《献帝春秋》此条，则吕布不听陈宫计谋，局势被动，揭示了历史事件背后的另一幕。《资治通鉴・建安三年》卷六十二载为："月余，布益困迫，临城谓操军士曰：'卿曹无相困我，我当自首于明公。'陈宫曰：'逆贼曹操，何等明公！今日降之，若卵投石，岂可得全也！'"⑦文字大同小异，未言自《献帝春秋》出，然亦可证其所说

① [晋]陈寿：《三国志》，中华书局，1971 年版，页 16。

② [晋]陈寿：《三国志》，中华书局，1971 年版，页 15。

③ [晋]陈寿：《三国志》，中华书局，1971 年版，页 329。

④ [晋]陈寿：《三国志》，中华书局，1971 年版，页 403。

⑤ [晋]陈寿：《三国志》，中华书局，1971 年版，页 227。

⑥ [晋]陈寿：《三国志》，中华书局，1971 年版，页 226。

⑦ [宋]司马光：《资治通鉴》，中华书局，1956 年版，页 2006。

不诬。

8. 布问太祖："明公何瘦？"太祖曰："君何以识孤？"布曰："昔在洛，会温氏园。"太祖曰："然。孤忘之矣。所以瘦，恨不早相得故也。"[①]布曰："齐桓舍射钩，使管仲相；今使布竭股肱之力，为公前驱，可乎？"布缚急，谓刘备曰："玄德，卿为坐客，我为执虏，不能一言以相宽乎？"太祖笑曰："何不相语，而诉明使君乎？"意欲活之，命使宽缚。主簿王必趋进曰："布，勍虏也。其众近在外，不可宽也。"太祖曰："本欲相缓，主簿复不听，如之何？"

此条事在汉献帝建安三年（公元198年），辑自《三国志·张邈传》卷七注[②]，所注正文为："布与其麾下登白门楼。兵围急，乃下降。遂生缚布，布曰：'缚太急，小缓之。'太祖曰：'缚虎不得不急也。'布请曰：'明公所患不过于布，今已服矣，天下不足忧。明公将步，令布将骑，则天下不足定也。'太祖有疑色。刘备进曰：'明公不见布之事丁建阳及董太师乎！'太祖颔之。布因指备曰：'是儿最叵信者。'"[③]此条与上条皆述曹操围攻吕布事，上条未及降，此条已然被俘于城下，述吕布、曹操与刘备言语来往之细节。裴松之引此条，乃因其与陈寿所述不同。如吕布言"缚太急"一事，陈寿述为吕布语与曹操，然不许；袁晔乃述语与刘备，主簿王必不允。陈寿还有刘备落井下石之举，袁晔未述。由此可看出陈寿行文对曹操多有回护，而袁晔行文则对刘备多有回护。裴松之只是列出两种不同的叙述，并未给

---

① 《太平御览》卷三七八作："《献帝春秋》曰：司空攻吕布于下邳，吕布登西北白楼上，城陷，士擒以诣司空。布曰：'明公何瘦？'司空曰：'所以瘦，不早相得故耳。'司空，曹操也。"《太平御览》卷八二四作："《献帝春秋》曰：吕布问太祖：'明公何瘦？'太祖曰：'君何以识孤？'布曰：'昔在洛，会温氏园。'太祖曰：'然孤忘之矣，所以瘦者，不早相得故也。'"《施注苏诗》卷十六作："《献帝春秋》：吕布问曹公：'明公何瘦？'答曰：'所以瘦，恨不蚤相得故也。'"《卮林》卷一作："《献帝春秋》：司空攻吕布于下邳，布登西北白楼上，城陷，士擒以诣司空。"《天中记》卷二十一作："瘦恨得晚曹操攻吕布于下邳，吕布登西北白门上，城陷，士擒以诸操。布曰：'明公何瘦？'操曰：'君何以识孤？'布曰：'昔在洛，会温氏园。'操曰：'然孤忘之矣。所以瘦，恨不早相故也。'(《献帝春秋》)"

② [晋]陈寿：《三国志》，中华书局，1971年版，页228。

③ [晋]陈寿：《三国志》，中华书局，1971年版，页227。

出自己的见解，存异亦存疑也。相比前列诸种指斥之言，此种态度更为客观可信。

这些例子还有很多，兹不一一列举。由此我们可以看到，历史的真实不是因个人的逻辑推理而存在，历史是一个丰富多面的立体存在。类书的重重转引之证或许说服力不那么强，但《后汉书》《资治通鉴》等信史所述与《献帝春秋》相合，正好说明后者不仅不是"妄之甚矣"，反而是言之有据。

不过正如人无完人，《献帝春秋》中也有一些与他书所记不一致或模糊不清的地方，如："初，豫章太守周术病卒，刘表上诸葛玄为豫章太守，治南昌。汉朝闻周术死，遣朱皓代玄。皓从扬州太守刘繇求兵击玄，玄退屯西城，皓入南昌。建安二年正月，西城民反，杀玄，送首诣繇。"此条事在汉献帝兴平二年（公元 195 年），辑自《三国志·诸葛亮传》卷三十五注[①]，引注此条后裴松之曰："此书所云，与本传不同。"本条所注正文为："亮早孤，从父玄为袁术所署豫章太守，玄将亮及亮弟均之官。会汉朝更选朱皓代玄。玄素与荆州牧刘表有旧，往依之。"[②]裴松之所言之不同或指豫章太守事，《献帝春秋》意为刘表以诸葛玄为豫章太守，陈寿则认为乃袁术任命诸葛玄为豫章太守。

《资治通鉴考异》卷三"繇使朱皓攻诸葛玄"条注曰："袁暐《献帝春秋》云刘表上玄领豫章太守。范书《陶谦传》亦云刘表所用，而陈志《诸葛亮传》云术所用。按：许劭劝繇依表必不攻其所用也，今从亮传。"[③]司马光认为前有许劭劝刘繇依附刘表，那么如果诸葛玄是刘表所用，则刘繇必定不会攻诸葛玄。且《资治通鉴·兴平二年》卷六十一亦曰："刘繇使豫章太守朱皓攻袁术所用太守诸葛玄……"[④]

---

① [晋]陈寿：《三国志》，中华书局，1971 年版，页 911。

② [晋]陈寿：《三国志》，中华书局，1971 年版，页 911。

③ [宋]司马光：《资治通鉴考异》，《文渊阁四库全书》册 311，台湾商务印书馆，1984 年版，页 30—31。

④ [宋]司马光：《资治通鉴》，中华书局，1956 年版，页 1974。

另据《从诸葛玄的葬地看诸葛茅庐之所在》一文分析，亦以陈寿所说为准，并且认为裴松之所言无矫正之意，仅存异而已①。则陈寿《三国志》中所说为确。另《三国志辞典》曰："诸葛玄，东汉末官吏。三国蜀丞相诸葛亮叔父。琅琊阳都(今山东临沂)人。官至豫章太守，诸葛亮及弟均由其抚养成人。后罢归荆州牧刘表家，卒于家。"②此说与《献帝春秋》中被西城民众所杀，首级还被送与刘繇之说大相径庭。

又如："瓒梦蓟城崩，知必败，乃遣间使与续书。绍候者得之，使陈琳更其书曰：'盖闻在昔衰周之世，僵尸流血，以为不然，岂意今日身当其冲！袁氏之攻，似若神鬼，鼓角鸣于地中，梯冲舞吾楼上。日穷月蹴，无所聊赖。汝当碎首于张燕，速致轻骑，到者当起烽火于北，吾当从内出。不然，吾亡之后，天下虽广，汝欲求安足之地，其可得乎！'"此条事在汉献帝建安四年(公元199年)，辑自《三国志·公孙瓒传》卷八注③，述袁绍攻公孙瓒之战，所注正文为："遣人与子书，刻期兵至，举火为应。"④《献帝春秋》此条补充了一些历史细节，如袁绍偷换公孙瓒与其子公孙续书信，要陈琳重写并约定举火为应，设计埋伏。正文行文寥寥数笔代过，而其中原委皆因《献帝春秋》此条得以一一道明。后还有裴松之曰："其余语与《典略》所载同。"⑤因《三国志》所引至"岂意今日身当其冲"止，故今将《典略》部分加入进去，合为完璧。

另《后汉书·公孙瓒列传》卷七十三注亦有："《献帝春秋》：'候者得书，绍使陈琳易其词'，即此书。"⑥其正文为："瓒乃密使行人赍书告续曰：'昔周末丧乱，僵尸蔽地，以意而推，犹为否也。……且厉

① 白万献、张晓刚：《从诸葛玄的葬地看诸葛茅庐之所在》，《史学月刊》，1991年第3期，页19—20。

② 张舜徽：《三国志辞典》，山东教育出版社，1992年版，页613。

③ [晋]陈寿：《三国志》，中华书局，1971年版，页247。

④ [晋]陈寿：《三国志》，中华书局，1971年版，页244。

⑤ [晋]陈寿：《三国志》，中华书局，1971年版，页247。

⑥ [南朝宋]范晔：《后汉书》，中华书局，1965年版，页2365。

五千铁骑于北隰之中，起火为应，吾当自内出，奋扬威武，决命于斯。不然，吾亡之后，天下虽广，不容汝足矣。'绍候得其书，如期举火，瓒以为救至，遂便出战。"[①]这其中范晔仅言"绍候得其书"，李贤等作注时引《献帝春秋》此条，认为所得之书即陈琳更换之书信。然《义门读书记》中有："'遣人与子书，刻期兵至，举火为应。'注采《献帝春秋》云云"[②]，但认为"更其书者，所以谲瓒。'在昔衰周'二十四字，《后汉书》即作'瓒与续书发端者，近之，非琳所更也'"。即袁绍只是得知书信内容，但并没有要陈琳更换。此言有理，陈琳虽文采过人，但父子之间，心有灵犀，旁人仿造，终易察觉。故"更其书"之语，以文采斐然的角度去欣赏可能更贴切。

可见，《献帝春秋》也非事事确凿，条条无误，但这无论是从数量上还是从比例上来看，都只是极小的部分，无伤大雅。

总的说来，《献帝春秋》一书，从现存辑本及他书另引 60 多条看，记述了从汉灵帝熹平二年（公元 173 年）至汉献帝建安二十五年（公元 220 年）近 50 年间发生的历史事件。从黄巾起义、官渡之战、吕布被俘、董卓被杀、献帝都许及逊位等左右时局变化的大事，到边章和韩遂改名缘由、董卓与皇甫嵩之争、浮屠寺浴佛之盛大排场等事件细节，都一一记录下来，具有丰富的史料价值与文献价值。

虽以《献帝春秋》为名，但其所记人物不限汉献帝刘协一人，还记载了汉灵帝刘宏、弘农王刘辩等皇族人物，亦有曹操、袁绍、董卓、刘备等汉末三国风云人物，历史中名不见经传的小人物也有提及。汉末之际，群雄逐鹿、英雄辈出之情状，亦可借此管中窥豹，略览一二。

经逐条比对发现，虽《献帝春秋》所述非百分百真实和正确，亦有无法证实之事，但大多可与正史相合，绝非凭空捏造乃至"轻弄翰墨，妄生异端"。此外，如果我们将历史当作一个鲜活的多维度存在

① [南朝宋]范晔：《后汉书》，中华书局，1965 年版，页 2365。

② [清]何焯：《义门读书记》，中华书局，1991 年版，页 437—438。

的话,《献帝春秋》中的"传闻异词"或许就是被正史忽视的历史的另一面,因此过度苛责,反而会失掉历史的丰富性和多样性。不得不说的是,《献帝春秋》在《隋书·经籍志》中,是与荀悦《汉纪》、袁宏《后汉纪》等信史同列,可见至少在撰《隋书》的魏徵等人看来,《献帝春秋》是可信的,魏徵对此书是持肯定态度的,相比之下,裴松之、姚振宗等所言确有偏颇之处。

《三国志》裴注虽对《献帝春秋》有存佚之功,但用由事及人的批评方式和以己度人的主观推理方法来诋责《献帝春秋》,反而掩盖了此书的真实面貌与价值所在。《献帝春秋》长久以来没有较好的辑本出现,在学术研究方面也乏人问津,不得不说是与裴松之等人的偏见有不小的关系。今对《三国志》裴注所引《献帝春秋》一些条目进行辨证分析,力图还《献帝春秋》本来面目,不苛责亦不隐恶,客观看待即可。

第二章 《献帝春秋》辑佚考论

辑佚并非易事，在开始辑佚《献帝春秋》之前，还是要先了解《献帝春秋》旧辑本的整体情况，新辑出的条目也需要经过校证考辨后才能放入新辑本。

一、《献帝春秋》旧辑本的问题

（一）条目重复，量少无据

《献帝春秋》现有三种辑本中，元陶宗仪《说郛》辑本为清顺治间陶珽重编的一百二十卷本，即通常所称的宛委山堂本，该辑本所辑条目依次为“初黄巾贼起”条、“孝灵皇帝何皇后生太子辩”条、“袁绍将兵入宫”条、“献帝都许”条、“自诛黄门后”条、“张辽问吴降人”条、“扬州刺史刘馥”条、“董卓未诛”条、“越骑校尉汝南伍孚”条，末尾重出“张辽问吴降人”条，较前“张辽”条多出七字，另有一字不同。实共九条，且所辑未注明出处。

清黄奭《子史钩沉》本所辑内容与《说郛》宛委山堂本相同，文字略有差异，如“董卓未诛，有书三尺布幡上，作两口相衔之字，负之于道，歌曰：'布乎。'及吕布杀卓，负布者不复见"条目，"布乎"二字《说郛》本作"布平"。此本并删去重出条，天头地脚均有涂写痕迹，盖经黄奭亲手校过，略有提升，但亦未注明出处。

国学扶轮社《古今说部丛书》本，内容与《说郛》本、《子史钩沉》本同，也未注出处。其中文字及条目排列稍异，如"布乎"，此本改回"布平"二字，其他差异此不赘述，详见书后附录。

这三种辑本后者重复前者，总计不过区区九条。若尽力搜求，实有多于现辑本六倍多的条目可辑。原十卷之篇幅，今之辑本单薄若此，殊为可惜。

（二）作者失考，人云亦云

关于作者，《说郛》宛委山堂本即清顺治间陶珽重编的一百二十卷本，作者"阙名"。清黄奭《子史钩沉》本，书口原题"阙名《献帝春秋》"，墨笔圈改为"袁暐《献帝春秋》"，黄奭手校之成果。国学扶轮社《古今说部丛书》本仍录"阙名"。《献帝春秋》作者其实在史籍中可查证，《说郛》本与《古今说部丛书》人云亦云，不加考证即以"阙名"冠之，非辑佚应有之举。

考《隋书·经籍志》有："《献帝春秋》十卷袁晔撰。"[①]《旧唐书·经籍志》亦有："《汉献帝春秋》十卷袁晔撰。"[②]《新唐书·艺文志》曰："袁晔《汉献帝春秋》十卷。"[③]又有袁暐、袁煜等名，如《骈字类编》卷六十曰"袁暐《献帝春秋》"[④]，《说略》卷十三有"袁暐一名晔《献帝春秋》"[⑤]，《玉芝堂谈荟》卷三十言"袁晔一名煜《献帝春秋》"[⑥]。《资治

---

① [唐]魏徵：《隋书》，中华书局，1973年版，页957。

② [后晋]刘昫：《旧唐书》，中华书局，1975年版，页1991。

③ [宋]欧阳修：《新唐书》，中华书局，1975年版，页1459。

④ [清]吴士玉：《骈字类编》，北京市中国书店，册3，1988年版，页2969。

⑤ [明]顾起元：《说略》，《文渊阁四库全书》册964，台湾商务印书馆，1984年版，页584。

⑥ [明]徐应秋：《玉芝堂谈荟》，《文渊阁四库全书》册883，台湾商务印书馆，1984年版，页708。

通鉴考异》卷三“繇使朱皓攻诸葛玄”条注曰“袁暐《献帝春秋》云……”[①]众说纷纭，难以评判以何为真。

从《三国志·陆瑁传》中查得：“陆瑁字子璋，丞相逊弟也。少好学笃义。……广陵袁迪等，皆单贫有志，就瑁游处……”后有裴注曰：“迪孙晔，字思光，作《献帝春秋》，云迪与张纮等俱过江，迪父绥为太傅掾，张超之讨董卓，以绥领广陵事。”[②]顿时一片清明。曾祖袁绥与讨董卓，祖父袁迪在献帝禅位后自广陵渡江南下，亦自然之事。则《献帝春秋》作者应为袁晔，撰此书当有家学渊源。陈垣先生亦有考证，认为“传写异文”[③]，应为袁晔。袁晔约生活于献帝即位之永汉元年（公元189年）至三国吴亡之咸熙二年（公元265年）。

另，《献帝春秋》见载于《旧唐书·经籍志》《新唐书·艺文志》，宋初《太平御览·经史图书纲目》亦载，则《太平御览》编纂时，即太平兴国二年（公元977年）至太平兴国八年（公元983年）左右尚存。及至《崇文总目》《直斋书录解题》时，公私目录均未著录，《崇文总目》乃宋仁宗景祐元年（公元1034年）至庆历元年（公元1041年）所编，则《献帝春秋》亡佚当在北宋庆历元年前后。

（三）排列失序，无理无据

古史所述以纪传与编年排列为多，如《史记》与《左传》，井然有序。从诸辑本所辑内容来看，条目相对分散，不似以人物为线索的纪传体。从所辑条目的时间分布上来看，记事自汉灵帝熹平二年（公元173年）至汉献帝建安二十五年（公元220年）止，且诸家目录多入编年类，故以编年排列更为合理。

而现存三种辑本，混乱无序，不明所以。如诸辑本之首条“初黄巾贼起”，先述灵帝“建九重华盖，自称无上将军”事，后述造“五铢而

---

① ［宋］司马光：《资治通鉴考异》，《文渊阁四库全书》册311，台湾商务印书馆，1984年版，页30—31。

② ［晋］陈寿：《三国志》，中华书局，1971年版，页1337。

③ 汪智超：《陈垣史源学杂文》，生活·读书·新知三联书店，2007年版，页22。

有四道"之角钱事。考《后汉书·何进列传》卷六十九:"(中平)五年,天下滋乱,望气者以为京师当有大兵,两宫流血。……天子亲出临军,驻大华盖下,进驻小华盖下。礼毕,帝躬擐甲介马,称'无上将军',行陈三匝而还。"①又《后汉书·灵帝纪》卷八:"(五年冬十月)……甲子,帝自称'无上将军',耀兵于平乐观。"②则《献帝春秋》所述确有其事,且应发生在中平五年(公元 188 年)。

首条后即"孝灵皇帝何皇后生太子辩"条,述汉少帝刘辩身世。《后汉书·孝灵帝纪》卷八曰:"丙辰,帝崩于南宫嘉德殿,年三十四。戊午,皇子辩即皇帝位,年十七。"③已知汉灵帝卒于公元 189 年,刘辩此年十七,且以虚岁纪年,则应生于公元 173 年。又《后汉书·灵思何皇后纪》卷十下:"王谓姬曰:'卿王者妃,埶不复为吏民妻。自爱,从此长辞!'遂饮药而死。时年十八。"④刘辩卒于公元 190 年,此年十八,仍以虚岁计,恰与前论合。故此条入熹平二年。则事应在汉灵帝熹平二年(公元 173 年),时间早于首条。

诸辑本中第三条即"袁绍将兵入宫"条,此条乃述诛黄门时张让挟刘辩、刘协出奔,后董卓迎帝还宫之事。《三国志·董卓传》卷六注与《后汉书·孝灵帝纪》卷八注有与此条相类记载,则此条应在汉灵帝中平六年/汉少帝光熹元年/昭宁元年/汉献帝永汉元年(公元 189 年)。

仅以诸辑本前三条时间为例,可见所辑条目排列混乱,所述无条理,其他条目与此相类,《古今说部丛书》本中更是将事在汉献帝建安二十年(公元 215 年)的"张辽问吴降人"条置于事在汉献帝建安五年(公元 200 年)的"扬州刺史刘馥"条前,与其他辑本皆不同,殊为无理。

---

① [南朝宋]范晔:《后汉书》,中华书局,1965 年版,页 2246—2247。
② [南朝宋]范晔:《后汉书》,中华书局,1965 年版,页 356。
③ [南朝宋]范晔:《后汉书》,中华书局,1965 年版,页 357。
④ [南朝宋]范晔:《后汉书》,中华书局,1965 年版,页 451。

(四)文字失查,不加辨证

辑佚若只有搜求之心,而无辨证之功,则事倍而功半。如前述三辑本中“布乎”二字,《说郛》本、《古今说部丛书》本均作“布平”,不通。为何前作“平”字后改为“乎”,为何后出辑本又改回“平”字,皆无辩证,亦无原因。考《后汉书·董卓列传》卷七十二曰:“有人书‘吕’字于布上,负而行于市,歌曰:‘布乎!’有告卓者,卓不悟。”[①]恰与此条相类,可佐证“平”应为“乎”,且“布乎”语气流畅,于文中可通。故“平”应为“乎”,二字形似,或为传写雕版之误。

又如“孝灵皇帝何皇后生太子辩”条中有“号曰史侯”句,《古今说部丛书》本、《说郛》本均作“号曰史佚”。考《后汉书·灵思何皇后纪》卷十下有:“生皇子辩,养于史道人家,号曰史侯。”[②]《子史钩沉》本亦作“史侯”,《子史钩沉》经黄奭手校,亦明辑佚辨证之重要。《献帝春秋》此条,不仅佐证了正史中提及的汉少帝刘辩的身世,也补充了正史中没有提及的细节——养于宫外的原因是汉灵帝刘宏之前的孩子都夭折去世,更解释了“史道人家”即为“道人史子眇家”之意,既证史又补遗还释义,体现了《献帝春秋》价值所在。此条《太平御览》卷九十二亦引[③],《说郛》本、《子史钩沉》本、《古今说部丛书》本均辑,文字略异,已出注。

(五)内容抽象,呈现单一

从目前来看,我国对古代典籍的展示多限于书面文字形式,辑佚之作也限于恢复原貌,内容相对抽象,呈现形式较为单一。但在国外,在对古典文献进行整理的同时也对其进行加工,并有多种展现形式。比如珀尔修斯数字图书馆,其对古代经典著作希罗多德的

---

① [南朝宋]范晔:《后汉书》,中华书局,1965年版,页2331。

② [南朝宋]范晔:《后汉书》,中华书局,1965年版,页449。

③ [宋]李昉:《太平御览》,中华书局,1966年版,页440—441。

《历史》就采用了网页展示自动生成超链接的形式。一方面在网页上提供英文和希腊文两种版本供读者选择阅读，另一方面还在文本阅读页面顶端附上所读章节的进度示意图，在页面右端附上参考文献、词汇工具等各种辅助链接，帮助读者更好地阅读文本。

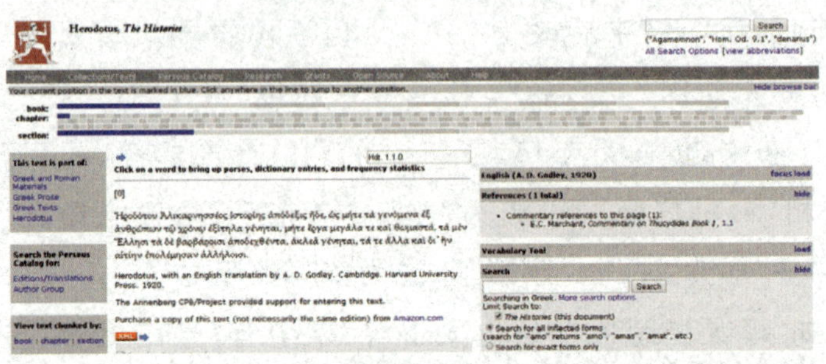

图 4　珀尔修斯数字图书馆西方古典文献

希罗多德著作《历史》的展示网页截图①

从国外对古典文献的整理与展示的案例，我们可以看到，无论是内容呈现还是知识谱系的整理，都可以更进一步，这是目前国内古籍整理尤其是辑佚工作往往忽略的地方，也是可以着力发展的新方向。

二、《献帝春秋》新辑条目考论

《献帝春秋》原十卷之篇幅，旧辑本总计不过区区九条，单薄若此，殊为可惜。今借助数据库检索，披沙拣金，将相关条目辑得一处，详加勘正。现将辑得佚文以时间为序排列如下，并加考论和按语，以期助史学研究一臂之力。

① http://www.perseus.tufts.edu/hopper/text? doc=Perseus%3Atext%3A1999.01.0125%3Abook%3D1%3Achapter%3D1%3Asection%3D0

汉灵帝熹平二年(公元 173 年)

孝灵皇帝何皇后生太子辩,帝数失子①,不敢正名,养道人史子眇②家,号曰史侯③。

考曰:此条出自《后汉书·灵思何皇后纪》卷十下注④,所注正文为:"生皇子辩,养于史道人家,号曰史侯。"⑤此条《太平御览》卷九十二亦引,《说郛》本、《子史钩沉》本、《古今说部丛书》本均辑,文字略异,已出注。此条述汉少帝刘辩身世,然诸书对刘辩出生年份莫衷一是,自公元 173 年至公元 176 年,各年均被指为其生年。《后汉书·孝灵帝纪》卷八曰:"丙辰,帝崩于南宫嘉德殿,年三十四。戊午,皇子辩即皇帝位,年十七。"⑥已知汉灵帝卒于公元 189 年,刘辩此年十七,古人多以虚岁纪年,则应生于公元 173 年。又《后汉书·灵思何皇后纪》卷十下:"王谓姬曰:'卿王者妃,执不复为吏民妻。自爱,从此长辞!'遂饮药而死。时年十八。"⑦刘辩卒于公元 190 年,此年十八,仍以虚岁计,恰与前论合。《中国历代帝王谱系汇编》中世系表也以公元 173 年为其生年,⑧故此条入熹平二年。

按:《后汉书》谓"年十七",而《资治通鉴·卷五十九》:"孝灵皇帝下中平六年(己巳,公元 189 年)……戊午,皇子辩即皇帝位,年十四。"⑨则以此推算,刘辩的生年应为公元 176 年。考《八家后汉书辑

---

① 《太平御览》卷九十二、《说郛》本、《子史钩沉》本、《古今说部丛书》本此句前有"孝灵皇帝何皇后生太子辩",《后汉书》无。

② 《说郛》本作"耿"。

③ 《说郛》本作"佚"。

④ [南朝宋]范晔:《后汉书》,中华书局,1965 年版,页 449。

⑤ [南朝宋]范晔:《后汉书》,中华书局,1965 年版,页 449。

⑥ [南朝宋]范晔:《后汉书》,中华书局,1965 年版,页 357。

⑦ [南朝宋]范晔:《后汉书》,中华书局,1965 年版,页 451。

⑧ 贾虎臣:《中国历代帝王谱系汇编》,正中书局,1974 年版,页 83,作 173 年出生。

⑨ [宋]司马光:《资治通鉴》,中华书局,1956 年版,页 1894。

注·张璠〈后汉纪〉》有:"中平六年……诸黄门既投河死,帝时年十四,陈留王年九岁,兄弟独夜步行欲还宫"[①],《资治通鉴考异》卷二亦有:"戊午,皇子辩即位,年十四(《帝纪》云:年十七。张璠《后汉纪》曰:帝年十四。今从之)。"[②]与前述合,故司马光《资治通鉴》采信张璠的《后汉纪》,而与范晔《后汉书》中"年十七"相抵牾。袁宏《后汉纪自序》言张璠《纪》"言汉末之事差详"[③],而范晔撰《后汉书》剪裁八家《后汉书》,并未采信张璠所撰"帝年十四",且未出注,应有确凿力证,故以《后汉书》所言为是。辞书如《三国志辞典》[④]有其他说法,但无相应史料佐证,也未提及以何为据,故不采信。

汉灵帝光和四年(公元 181 年)

孝灵皇帝王美人生皇子协,协生十余日,何皇后妒杀美人。灵帝母永乐董太后摄养协,号曰"董侯"。董侯八岁能读诗书。[⑤]

考曰:此条出自《太平御览》卷三百九十六[⑥],述汉献帝刘协身世。《渊鉴类函》卷二百六十一亦引[⑦],文字略异,已出注。按《后汉书·灵思何皇后纪》卷十下曰:"四年,生皇子协,后遂酖杀美人。帝大怒,欲废后,诸宦官固请得止。董太后自养协,号曰董侯。"[⑧]此处"四年"即光和四年,《献帝春秋》此条与史实合。《资治通鉴·中平六年》卷五十九亦述:"王美人生子协,董太后自养之,号曰'董

① 周天游:《八家后汉书辑注》,上海古籍出版社,1986 年版,页 710。

② [宋]司马光:《资治通鉴考异》,《文渊阁四库全书》册 311,台湾商务印书馆,1984 年版,页 27。

③ [晋]袁宏著,李兴和点校:《袁宏〈后汉纪〉集校》,云南大学出版社,2008 年版,页 1。

④ 张舜徽:《三国志辞典》,山东教育出版社,1992 年版,页 578,作公元 175 年出生。

⑤ 《渊鉴类函》卷二百六十一此句作:"似灵帝,八岁而读诗书。"

⑥ [宋]李昉:《太平御览》,中华书局,1966 年版,页 1830。

⑦ [清]张英、王士祯:《渊鉴类函》,中国书店据 1887 年上海同文书局影印本页 10 册,1985 年版,页 302。

⑧ [南朝宋]范晔:《后汉书》,中华书局,1965 年版,页 440—459。

侯'。"[①]亦与此条相合。

汉灵帝光和七年/中平元年(公元 184 年)

1. 角称天公将军,角弟宝称地公将军,宝弟梁称人公将军。

考曰:此条出自《三国志·孙破虏讨逆传》卷四十六注[②],所注正文为:"中平元年,黄巾贼帅张角起于魏郡,托有神灵……三月甲子,三十六(万)[方]一旦俱发,天下响应,燔烧郡县,杀害长吏。"[③]裴松之引此条起到了"援他书而补其缺"的作用,补充了正文未提及的细节。另《册府元龟》卷一百八十三亦引此条[④],文字同;《资治通鉴·中平元年》卷五十八亦述:"二月,角自称天公将军,角弟宝称地公将军,宝弟梁称人公将军……"[⑤]可证此事不虚。

2. 梁州义从宋建、王国等反、诈金城郡降,求见凉州大人故新安令边允、从事韩约。约不见,太守陈懿劝之,使(王)[往],国等便劫质约等数十人。金城乱,懿出,国等扶以到护羌营,杀之,而释约、允等。陇西以爱憎露布,冠约、允名以为贼,州购约、允各千户侯,约、允被购,"约"改为"遂","允"改为"章"。

考曰:此条出自《后汉书·董卓列传》卷七十二注[⑥],所注正文为:"中平元年,拜东中郎将,持节,代卢植击张角于下曲阳,军败抵罪……伯玉等乃劫致金城人边章、韩遂……"[⑦]故入中平元年。又《后汉书·灵帝纪》卷八亦曰:"湟中义从胡北宫伯玉与先零羌叛,以金城人边章、韩遂为军帅,攻杀护羌校尉伶征、金城太守陈懿。"[⑧]另

---

① [宋]司马光:《资治通鉴》,中华书局,1956 年版,页 1894。
② [南朝宋]范晔:《后汉书》,中华书局,1965 年版,页 1094。
③ [宋]王钦若:《册府元龟》,中华书局影印宋版,1989 年版,页 458。
④ [宋]司马光:《资治通鉴》,中华书局,1956 年版,页 1865。
⑤ [南朝宋]范晔:《后汉书》,中华书局,1965 年版,页 2321。
⑥ [南朝宋]范晔:《后汉书》,中华书局,1965 年版,页 2321。
⑦ [南朝宋]范晔:《后汉书》,中华书局,1965 年版,页 2320。
⑧ [南朝宋]范晔:《后汉书》,中华书局,1965 年版,页 350。

《同姓名录》卷五亦引此条，略作："后汉梁州义从宋建反，诈降金城，劫质从事韩约等。陇西露布名约为贼，购以千户侯，约改名遂，见《献帝春秋》。"①

汉灵帝中平五年(公元188年)

1. 初黄巾贼起，灵帝建九重华盖，自称无上将军，身被介胄，讲兵京城②。先是造作角钱③，犹五铢而有四道④，连于边轮。百姓各有识者以为妖征⑤，窃言新钱有四道⑥，京城将坏⑦。而此钱四出⑧，散于四方之外乎⑨，遂皆如言⑩。

考曰：此条出自《太平御览》卷九十二⑪。《说郛》本、《子史钩沉》本、《古今说部丛书》本亦辑。《六艺之一录》卷十九⑫、《格致镜原》卷

① [明]余寅，《同姓名录》，《文渊阁四库全书》册964，台湾商务印书馆，1984年版，页132。

② 讲，《说郛》本、《子史钩沉》本、《古今说部丛书》本作"谋"。

③ 《六艺之一录》卷十九、《格致镜原》卷三十五作"灵帝作角钱"，《钦定钱录》卷五亦作"灵帝作角钱"，《太平御览》卷八三五作"灵帝作钱"。

④ 《六艺之一录》卷十九、《格致镜原》卷三十五此句作"钱犹五铢钱"，《钦定钱录》卷五作"犹五铢钱而有四道"。

⑤ 《太平御览》卷八三五此句作"识者以为妖"，《太平御览》卷九十二"各有"作"或有"，《六艺之一录》卷十九此句作"识者以为夭征"，《格致镜原》卷三十五此句作"识者以为妖征"。

⑥ 《太平御览》卷八三五无此句，《六艺之一录》卷十九、《格致镜原》卷三十五此句无"新"字。

⑦ 《太平御览》卷八三五作"破坏"，《六艺之一录》卷十九、《格致镜原》卷三十五亦作"破坏"。

⑧ 《太平御览》卷八三五、《六艺之一录》卷十九、《格致镜原》卷三十五此句无"而"字。《说郛》本、《子史钩沉》本"钱"作"前"，或为音同误。

⑨ 《太平御览》卷八三五、《六艺之一录》卷十九、《格致镜原》卷三十五无"之外"二字，作"散于四方乎"。

⑩ 《太平御览》卷八三五作"还如其言"，后还有双行小字"范晔《后汉书》云：四出钱"，《说郛》本、《子史钩沉》本、《古今说部丛书》本作"遂皆如其言"，《六艺之一录》卷十九、《格致镜原》卷三十五无"皆"字。

⑪ [宋]李昉：《太平御览》，中华书局，1966年版，页440。

⑫ [清]倪涛：《六艺之一录》，《文渊阁四库全书》册830，台湾商务印书馆，1984年版，页308。

三十五[①]均引。另《太平御览》卷八三五[②]、《钦定钱录》卷五引此条后半[③],即自"先是造作角钱"处引。

按:此条先述灵帝"建九重华盖,自称无上将军"事,后述造"五铢而有四道"之角钱事。前一事,考《后汉书·何进列传》卷六十九:"(中平)五年,天下滋乱,望气者以为京师当有大兵,两宫流血。……天子亲出临军,驻大华盖下,进驻小华盖下。礼毕,帝躬擐甲介马,称'无上将军',行陈三匝而还。"[④]又《后汉书·灵帝纪》卷八:"(五年冬十月)……甲子,帝自称'无上将军',耀兵于平乐观。"[⑤]则所述确有其事,且应发生在中平五年(公元 188 年)。

后一事,以五铢钱查考,时间殊难考定。《太平御览》卷八三五引后半条,并缀双行小字"范晔《后汉书》云:四出钱",则以"四出钱"查得《后汉书·孝灵帝纪》卷八曰:中平三年"复修玉堂殿,铸铜人四,黄钟四,及天禄、虾蟆,又铸四出文钱"[⑥],又《后汉书·张让传》卷七十八:灵帝中平三年"又铸四出文钱,钱皆四道。识者窃言侈虐已甚,形象兆见,此钱成,必四道而去。及京师大乱,钱果流布四海"[⑦]。则此事属实,且应为中平三年(公元 186 年)事。

此条所述二事时间不一,但文中有"先是"二字连接,则应以前事为叙述重点,故以此为准,入中平五年。另此条共述二事,皆与灵帝有关,可见《献帝春秋》不仅录献帝诸事,亦录其他。

2. 融敷席方四五里,费以巨万。

考曰:此条出自《后汉书·陶谦列传》卷七十三注[⑧],所注正文

---

① [清]陈元龙:《格致镜原》,《文渊阁四库全书》册 1031,台湾商务印书馆,1984 年版,页 529。

② [宋]李昉:《太平御览》,中华书局,1966 年版,页 3729。

③ [清]梁诗正:《钦定钱录》,天津市古籍书店据商务印书馆 1937 年本影印,1989 年版,页 63。

④ [南朝宋]范晔:《后汉书》,中华书局,1965 年版,页 2246—2247。

⑤ [南朝宋]范晔:《后汉书》,中华书局,1965 年版,页 356。

⑥ [南朝宋]范晔:《后汉书》,中华书局,1965 年版,页 353。

⑦ [南朝宋]范晔:《后汉书》,中华书局,1965 年版,页 2537。

⑧ [南朝宋]范晔:《后汉书》,中华书局,1965 年版,页 2368。

为:"初,同郡人笮融,聚众数百,往依于谦,谦使督广陵、下邳、彭城运粮。遂断三郡委轮,大起浮屠寺。上累金盘,下为重楼,又堂阁周回,可容三千许人,作黄金涂像,衣以锦彩。每浴佛,辄多设饮饭,布席于路,其有就食及观者且万余人。"[①]引《献帝春秋》此条作注,乃为进一步展现浮屠寺浴佛之壮观规模与浩大声势。又《三国志·刘繇传》卷四十九曰:"笮融者,丹杨人,初聚众数百,往依徐州牧陶谦。谦使督广陵、彭城运漕,遂放纵擅杀,坐断三郡委输以自入。乃大起浮图祠,以铜为人,黄金涂身,衣以锦采,垂铜盘九重,下为重楼阁道,可容三千余人,悉课读佛经,令界内及旁郡人有好佛者听受道,复其它役以招致之,由此远近前后至者五千余人户。每浴佛,多设酒饭,布席于路,经数十里,民人来观及就食且万人,费以巨亿计。"[②]与《献帝春秋》所说相类,可证此条属实,也可见《献帝春秋》的内容不仅包括人物,还有如浮屠寺等东汉末年的名胜或风土人情的相关记述。

按:浮屠寺及浴佛事在中平六年(公元 189 年)左右,时陶谦领徐州牧,笮融投奔陶谦并委以三郡督粮之职后所建,然具体时间史籍无载。唐云俊在《东南地区的早期佛教建筑》一文中依据余嘉锡先生《中国人出家第六》中所言"笮融之起浮屠祠,下距黄初不及三十年"[③]一句,定浮屠寺修建时间约为"兴平(公元 194—195)至建安初之际"[④],但笮融约在兴平二年(公元 195 年)左右已被杀,则浮屠寺及浴佛之事断不可能晚至兴平甚至建安年间,此说亦不确。姑定此年。

① [南朝宋]范晔:《后汉书》,中华书局,1965 年版,页 2368。
② [晋]陈寿:《三国志》,中华书局,1971 年版,页 1185。
③ 余嘉锡:《中国人出家第六》,《余嘉锡文史论集》,岳麓书社,1995 年版,页 116。
④ 唐云俊:《东南地区的早期佛教建筑》,《东南文化》,1994 年第 1 期,页 135—143。

汉灵帝中平六年/汉少帝光熹元年/昭宁元年/汉献帝永汉元年(公元189年)

1. 袁绍将兵入宫,诛诸黄门,张让等逼迫以尺一诏开大夏门,将帝及陈留王出,不知所如。时昏夜,萤火照道,到盟津河上,传国六玺不及自随,百僚分散。唯河南中部掾闵贡见天子出,率骑追之。比晓,到河上,天子饥渴,贡宰羊进之。厉声谓让曰:"今不速死,吾射杀汝。"让等惶怖,叉手再拜,叩头向天子辞曰:"臣等死,陛下自爱。"遂投河而死。贡扶辇还宫时,董卓适至[①],屯显阳苑,闻帝当至,率兵迎帝于北邙,帝见卓兵,振喜不自胜。群公曰:"有诏却兵。"卓曰:"卿为大臣,不能匡辅国朝,至令幼主蒙尘播越,何却兵之有?!"遂俱入城。帝幸北宫,改元号曰昭宁。于阁上得六玺失传国玺。

考曰:此条出自《太平御览》卷九十二[②],乃述诛黄门时张让挟刘辩、刘协出奔,后董卓迎帝还宫之事。《三国志·董卓传》卷六注与《后汉书·孝灵帝纪》卷八注有与此条相类记载,但文字差异较大。其中,《三国志·董卓传》卷六注曰:"《献帝春秋》曰:先是童谣曰:'侯非侯,王非王,千乘万骑走北芒。'卓时适至,屯显阳苑。闻帝当还,率众迎帝。"[③]裴松之节录《献帝春秋》此条注"中常侍段珪等劫帝走小平津,卓遂将其众迎帝于北芒,还宫"[④],既揭示了董卓是侯非侯,少帝是王非王的境地,又为后文董卓把持朝政,拥兵自重,乃至北面称王做好了铺垫。

按:《后汉书·孝灵帝纪》卷八注曰:"《献帝春秋》曰:'河南中部掾闵贡见天子出,率骑追之,(北)[比晓]到河上。天子饥渴,贡宰羊进之,厉声责让等曰:"君以阉宦之隶,刀锯之残,越从洿泥,扶侍日

① 《三国志·董卓传》卷六注此句作"先是童谣曰:'侯非侯,王非王,千乘万骑走北芒。'卓时适至"。

② [宋]李昉:《太平御览》,中华书局,1966年版,页441。

③ [晋]陈寿:《三国志》,中华书局,1971年版,页173。

④ [晋]陈寿:《三国志》,中华书局,1971年版,页172。

月，卖弄国恩，阶贱为贵，劫迫帝主，荡覆王室，假息漏刻，游魂河津。自亡新以来，奸臣贼子未有如君者。今不速死，吾射杀汝。"让等惶怖，叉手再拜叩头，向天子辞曰："臣等死，陛下自爱。"遂投河而死。'"①所注正文为："尚书卢植追让、珪等，斩数人，其余投河而死"②，意为卢植追张让等，而《献帝春秋》却为闵贡率骑追出，此乃列出异同却不轻易褒贬，以示客观。值得注意的是，《后汉书》所引《献帝春秋》中刘辩责张让所说，文辞斐然，有较明显的后期加工痕迹，排比铺陈，不似当时紧急情状。此条《后汉书》有校勘曰："(北)[比晓]到河上，《集解》谓：《御览》引《献帝春秋》作'比晓到河上'，注脱'晓'字，复误'比'为'北'也。今据改。"③可见是以《太平御览》为校本参照而言，则《太平御览》所引，应更贴近事实。虽《三国志》注和《后汉书》注所引，较《太平御览》为早，但失之零散，各述片断。《太平御览》引为一条，使其本为一事，前后连贯，较正史所引更为完整和客观，故此条以《太平御览》为准。《说郛》本、《子史钩沉》本、《古今说部丛书》本亦辑此条，然仅至"不知所如"，更为简略。

2. 卓欲废帝，谓绍曰："皇帝冲暗，非万乘之主，陈留王犹胜，今欲立之。人有少智，大或痴，亦知复何如，为当且尔；卿不见灵帝乎？念此令人愤毒！"绍曰："汉家君天下四百许年，恩泽深渥，兆民戴之来久。今帝虽幼冲，未有不善宣闻天下，公欲废适立庶，恐众不从公议也。"卓谓绍曰："竖子！天下事岂不决我？我今为之，谁敢不从？尔谓董卓刀为不利乎！"绍曰："天下健者，岂唯董公？"引佩刀横揖而出。

考曰：此条出自《三国志·袁绍传》卷六注④，所注正文为："董卓呼绍，议欲废帝，立陈留王。是时绍叔父隗为太傅，绍伪许之，曰：'此大事，出当与太傅议。'卓曰：'刘氏种不足复遗。'绍不应，横刀长

---

① [南朝宋]范晔：《后汉书》，中华书局，1965年版，页359。
② [南朝宋]范晔：《后汉书》，中华书局，1965年版，页358。
③ [南朝宋]范晔：《后汉书》，中华书局，1965年版，页366。
④ [晋]陈寿：《三国志》，中华书局，1971年版，页190。

揖而去。”[①]此条乃述董卓与袁绍之间就皇帝废立问题引发的争论。

按:《渊鉴类函》卷一百五十四、《佩文韵府》卷六十三之八均节引此条。《渊鉴类函》卷一百五十四作:“《献帝春秋》:董卓欲废帝,袁绍曰:‘天下健者,岂惟董公?’引佩刀横揖而出。”[②]《佩文韵府》卷六十三之八作:“《献帝春秋》:董卓欲废帝,绍阻之。卓曰:‘天下事决我,谁敢不从?尔谓董卓刀不利乎!’绍曰:‘天下健者,岂唯董公?’引佩刀横揖而出。”[③]皆节略部分。

3. 颍川张资[④]为南阳太守。

考曰:此条出自《后汉书·董卓列传》卷七十二[⑤],原文未言自《献帝春秋》出,但后有注曰:“《献帝春秋》‘咨’作‘资’。后为孙坚所杀。”[⑥]可知《献帝春秋》应有此条,故从正文摘入,《献帝春秋》原文应更丰富,但无从得考,姑依《后汉书》所著。

按:《三国志·许靖传》卷三十八作:“颍川张咨为南阳太守”[⑦],《资治通鉴·中平六年》卷五十九曰:“卓又以尚书韩为冀州牧,侍中刘岱为兖州刺史,陈留孔为豫州刺史,东平张邈为陈留太守,颍川张咨为南阳太守。”[⑧]均作“咨”,《献帝春秋》误,为存其原貌,未加改动。此条乃述董卓不以亲信为官,反任命各方才俊为官之事。张咨出任南阳太守具体时间已不可考,今暂以《资治通鉴》之中平六年为准。

---

① [晋]陈寿:《三国志》,中华书局,1971年版,页190。

② [清]张英、王士祯:《渊鉴类函》,中国书店据1887年上海同文书局影印本第7册,1985年版,页21。

③ [清]张玉书、陈廷敬:《佩文韵府》,上海古籍书店,1983年版,页2376上。

④ 《后汉书·董卓列传》卷七十二作“咨”。

⑤ [南朝宋]范晔:《后汉书》,中华书局,1965年版,页2326。

⑥ [南朝宋]范晔:《后汉书》,中华书局,1965年版,页2327。

⑦ [晋]陈寿:《三国志》,中华书局,1971年版,页963。

⑧ [宋]司马光:《资治通鉴》,中华书局,1956年版,页1906。

汉献帝初平元年(公元190年)

1. 绍合冀州十郡守相,众数十万,登坛歃血,盟曰:"贼臣董卓,承汉室之微,负兵甲①之众,陵越帝城,跨蹈王朝,幽鸩太后,戮杀弘农,提挈幼主,越迁秦地,残害②朝臣,斩刈忠良,焚烧宫室,蒸乱宫人,发掘陵墓,虐及鬼神,过恶烝皇天,浊秽薰后土。神祇怨恫,无所凭恃,兆人泣血,无所控告,仁贤之士,痛心疾首,义士奋发,云兴雾合,咸欲奉辞伐罪,躬行天诛。凡我同盟之后,毕力致命,以伐凶丑,同奖王室,翼戴天子。有渝此盟,神明是殛,俾坠其师,无克祚国。

考曰:此条出自《后汉书·袁绍列传》卷七十四上注③,所注正文为:"然臣愚所守,志无倾夺,故遂引会英雄,兴师百万,饮马孟津,歃血漳河。"④乃述建安元年天子都许,诏责袁绍,袁绍上献帝书中述其会盟讨董卓事,此条还原了当年歃血为盟的场景,起到了援他书补其缺的作用。

按:《东汉文纪》卷二十六亦引⑤,作《讨董卓盟文》,文字略异,已出注。据《后汉书》卷七十四知,此条出自建安元年(公元196年)袁绍上书,然袁绍会盟群雄讨董卓事在初平元年,故入此年。

2. 太傅袁隗,太仆袁基,术之母兄,卓使司隶宣璠(尺)[尽]口收之,母及姊妹婴孩以上五十余人下狱死。

考曰:此条出自《后汉书·袁绍列传》卷七十四注⑥,所注正文为:"董卓闻绍起山东,乃诛绍叔父隗,及宗族在京师者,尽灭之。"⑦乃述袁绍起兵讨董卓,卓于是灭绍之亲族。《献帝春秋》此条,用数

---

① 《东汉文纪》卷二十六作"甲兵"。

② 《东汉文纪》卷二十六作"虐"。

③ [南朝宋]范晔:《后汉书》,中华书局,1965年版,页2386。

④ [南朝宋]范晔:《后汉书》,中华书局,1965年版,页2385。

⑤ [明]梅鼎祚:《东汉文纪》,《文渊阁四库全书》册1397,台湾商务印书馆,1984年版,页535。

⑥ [南朝宋]范晔:《后汉书》,中华书局,1965年版,页2376。

⑦ [南朝宋]范晔:《后汉书》,中华书局,1965年版,页2376。

据补充说明了“尽灭之”的惨状。

按:《后汉书·董卓传》卷九曰:“戊午,董卓杀太傅袁隗、太仆袁基,夷其族。”[①]注曰:“《献帝春秋》曰:‘尺口以上男女五十余人,皆下狱死。’”[②]二说相近,今并为一条。《册府元龟》卷九百四十一亦引此条[③],文字同。《资治通鉴》卷五十九初平元年三月戊午(十八日)亦有:“董卓以袁绍之故,戊午,杀太傅袁隗、太仆袁基,及其家尺口以上五十余人。”[④]未言出自《献帝春秋》,但内容相同,可见其说不诬。

3. 袁术表坚假中郎将。坚到南阳,移檄太守请军粮。咨以问纲纪,纲纪曰:“坚邻郡二千石,不应调发。”咨遂不与。

考曰:此条出自《三国志·孙破虏讨逆传》卷四十六注[⑤],所注正文为:“南阳太守张咨闻军至,晏然自若。”[⑥]《后汉书·孝献帝纪》卷九亦曰:初平元年冬“孙坚……又杀南阳太守张咨”[⑦],可见此条应在初平元年。

4. 自诛黄门后,侍中侍郎出入禁中,机事颇露,由是王允乃奏侍中黄门不得出入。不通宾客,自此始也。

考曰:此条出自《说郛》本[⑧]。《子史钩沉》本、《古今说部丛书》本亦辑,文字同。此条发生的具体时间不详,考“诛黄门”应即公元189年董卓诛宫中内侍等事,则此条事应在此年之后。

按:据《后汉书·王允传》卷六十六曰:“初平元年,代杨彪为司徒,守尚书令如故。及董卓迁都关中,允悉收敛兰台、石室图书秘纬要者以从。既至长安,皆分别条上。又集汉朝旧事所当施用者,一皆奏之。经籍具存,允有力焉。时董卓尚留洛阳,朝政大小,悉委之

---

① [南朝宋]范晔:《后汉书》,中华书局,1965年版,页370。
② [南朝宋]范晔:《后汉书》,中华书局,1965年版,页370。
③ [宋]王钦若:《册府元龟》,中华书局影印宋版,1989年版,页3751。
④ [宋]司马光:《资治通鉴》,中华书局,1956年版,页1912。
⑤ [晋]陈寿:《三国志》,中华书局,1971年版,页1097。
⑥ [晋]陈寿:《三国志》,中华书局,1971年版,页1096。
⑦ [南朝宋]范晔:《后汉书》,中华书局,1965年版,页370。
⑧ [元]陶宗仪、[清]陶珽:《说郛》,上海古籍出版社,1988年版,页2726—2727。

于允。”[①]则此年王允掌宫内大小事,《献帝春秋》中所述令侍中、黄门不得出入禁中之事,或在此年间,故推为初平元年。

汉献帝初平二年(公元 191 年)

1. 初卓为前将军,嵩为左将军,俱征边章、韩遂,争雄。及嵩拜车下[②],卓曰:“可以服未?”嵩曰:“安知明公乃至于是?”卓曰:“鸿鹄固有远志,但燕雀自不知耳[③]。”嵩曰:“昔与明公,俱为鸿鹄,但明公今日变为凤皇耳[④]。”

考曰:此条出自《后汉书·皇甫嵩列传》卷七十一注[⑤],所注正文为:“及卓还长安,公卿百官迎谒道次。卓风令御史中丞以下皆拜以屈嵩,既而抵手言曰:‘义真犕未乎?’嵩笑而谢之,卓乃解释。”[⑥]正文行文简略,《献帝春秋》此条述及董卓与皇甫嵩此前种种纠葛,还详细描述了当时场景中的对话等细节,弥补了正史行文中无法展开叙述的遗憾。

按:《太平御览》卷二百六与卷五四二[⑦]、《职官分纪》卷二[⑧]、《渊

---

① [南朝宋]范晔:《后汉书》,中华书局,1965 年版,页 2174。

② “初卓为”至“车下”,《太平御览》卷二百六、《职官分纪》卷二、《渊鉴类函》卷六十三作:“董卓自号太师,御史中丞以下皆拜。皇甫嵩与卓争权,后嵩为中丞,见卓拜。”《太平御览》卷五四二、《渊鉴类函》卷一百五十四作:“董卓自号太师,御史中丞以下皆拜。初皇甫嵩与卓争雄,后嵩为中丞,见卓拜车下。”

③ 《太平御览》卷二百六与卷五四二、《职官分纪》卷二、《渊鉴类函》卷六十三与卷一百五十四无“自”。

④ 《太平御览》卷二百六、《职官分纪》卷二后还有:“卓笑曰:卿早服,何得不拜?”《渊鉴类函》卷六十三后为:“卓笑曰:卿卑服,何得不拜?”《太平御览》卷五四二、《渊鉴类函》卷一百五十四后为:“卓笑曰:卿卑服,何得不拜?”

⑤ [南朝宋]范晔:《后汉书》,中华书局,1965 年版,页 2307。

⑥ [南朝宋]范晔:《后汉书》,中华书局,1965 年版,页 2307。

⑦ [宋]李昉:《太平御览》,中华书局,1966 年版,页 988,页 2458。

⑧ [宋]孙逢吉:《职官分纪》,《文渊阁四库全书》册 923,台湾商务印书馆,1984 年版,页 20。

鉴类函》卷六十三与卷一百五十四[1]均引此条，文字略异，已出注。据《资治通鉴》卷六十载：初平二年二月丁丑，董卓为太师，四月回长安，众公卿迎接[2]。则此条当入初平二年。

2. 孙坚屯梁东[3]，为董卓所攻，众少而不敌，与其骁骑溃围得出，常著赤罽帻[4]，卓骑追坚，坚脱罽帻，令亲近将祖茂著之，坚从间道得去。

考曰：此条出自《太平御览》卷六百八十七[5]。《渊鉴类函》卷三百七十[6]、《韵府拾遗》卷一百下亦引[7]，文字略异，已出注。

按：《三国志·孙坚传》卷四十六曰："坚移屯梁东，大为卓军所攻，坚与数十骑溃围而出。坚常著赤罽帻，乃脱帻令亲近将祖茂著之。卓骑争逐茂，故坚从间道得免。"[8]虽未言自《献帝春秋》出，但亦可证《献帝春秋》乃有的放矢，非空穴来风。《资治通鉴》卷六十有载初平二年二月孙坚屯梁东[9]，则当入此年。

3. 初平二年，地震。董卓问蔡邕，邕曰："天为阳，故转运于上；地为阴，故安靖于下。而震[10]是失其性，以阴而为阳也。明公车不当青盖，宜改之以应变。"卓改为绿盖。

考曰：此条出自《太平御览》卷八百八十[11]。《三国志补注》卷二亦引[12]，文字同。据《资治通鉴》卷六十记载，初平二年六月丙戌日地

---

① [清]张英、王士祯等：《渊鉴类函》，中国书店据1887年上海同文书局影印本第4册，1985年版，页33；册7，页22。

② [宋]司马光：《资治通鉴》，中华书局，1956年版，页1921。

③ 《渊鉴类函》卷三百七十、《韵府拾遗》卷一百下作："孙坚屯七梁东"。

④ 《渊鉴类函》卷三百七十、《韵府拾遗》卷一百下作："坚常著赤罽帻"。

⑤ [宋]李昉：《太平御览》，中华书局，1966年版，页3064。

⑥ [清]张英、王士祯：《渊鉴类函》，中国书店据1887年上海同文书局影印本第7册，1985年版，页310。

⑦ [清]张玉书：《韵府拾遗》，《文渊阁四库全书》册1030，台湾商务印书馆，1984年版，页664。

⑧ [晋]陈寿：《三国志》，中华书局，1971年版，页1096。

⑨ [宋]司马光：《资治通鉴》，中华书局，1956年版，页1919。

⑩ 《三国志补注》卷二作"无故而震"。

⑪ [宋]李昉：《太平御览》，中华书局，1966年版，页3909。

⑫ [清]杭世骏：《三国志补注》，《丛书集成初编》，商务印书馆，1937年版，页20。

震[①],则《献帝春秋》此条所述事出有因,不为无据。

4. 越骑校尉汝南伍孚忿卓凶毒[②],志手刃之[③],乃朝服怀佩刀以见卓[④]。孚语毕辞去[⑤],卓起送至阁,以手抚其背,孚因出刀刺之,不中。卓自奋得免,急呼左右执杀之,而大诟曰:"虏欲反耶!"孚大言曰:"恨不得车[⑥]裂奸贼于都市,以谢天地!"言未毕而毙[⑦]。

考曰:此条出自《后汉书·董卓列传》卷七十二[⑧],原文未言自《献帝春秋》出,但后有注曰:"《献帝春秋》'磔'作'车'。"[⑨]且《太平御览》卷三四五与三五六亦引此条[⑩],《说郛》本、《子史钩沉》本、《古今说部丛书》本均辑此条,大义相同,文字略异,故《后汉书》所言应自《献帝春秋》出。

按:《三国志·董卓传》卷六注引谢承《后汉书》中伍孚生平:"伍孚字德瑜,少有大节,……后大将军何进辟为东曹属,稍迁侍中、河南尹、越骑校尉。董卓作乱,百僚震栗。孚着小铠,于朝服里挟佩刀见卓,欲伺便刺杀之。语阕辞去,卓送至合中,孚因出刀刺之。卓多力,退却不中,即收孚。卓曰:'卿欲反邪?'孚大言曰:'汝非吾君,吾非汝臣,何反之有?汝乱国篡主,罪盈恶大,今是吾死日,故来诛奸

---

① [宋]司马光:《资治通鉴》,中华书局,1956年版,页1922。

② 《太平御览》卷三四五、《说郛》本、《子史钩沉》本、《古今说部丛书》本"忿卓凶毒"作"忿董卓无道",《太平御览》卷三五六无"汝南","忿卓凶毒"作"以董卓无道"。

③ 《太平御览》卷三四五与三五六、《说郛》本、《子史钩沉》本、《古今说部丛书》本此句作"欲身自杀之"。

④ 《太平御览》卷三四五、《说郛》本、《子史钩沉》本、《古今说部丛书》本此句作"挟佩刀诣卓",《太平御览》卷三五六作"内贯小铠挍佩刀诣卓"。

⑤ 《太平御览》卷三五六无此句,《说郛》本、《子史钩沉》本、《古今说部丛书》本此句作"孚语毕辟出"。

⑥ 《后汉书·董卓列传》卷七十二作"磔"。

⑦ "卓起"至"而毙",《太平御览》卷三四五作"卓至阁执手,孚因引刀刺卓,卓多力,却不中,即杀孚",《太平御览》卷三五六作"卓送出阁执手告别,孚引刀刺卓,卓多力,却不中,即杀孚,夷其族",《说郛》本、《子史钩沉》本、《古今说部丛书》本作"卓至阁执手,孚引刀刺卓,卓多力,却不中,即杀孚"。

⑧ [南朝宋]范晔:《后汉书》,中华书局,1965年版,页2330—2331。

⑨ [南朝宋]范晔:《后汉书》,中华书局,1965年版,页2331。

⑩ [宋]李昉:《太平御览》,中华书局,1966年版,页1586,页1635。

贼耳,恨不车裂汝于市朝以谢天下。'遂杀孚。"[1]则伍孚生平据此可略知一二,所言亦与《献帝春秋》此条相近,惜未言伍孚之卒年,则此条时间难以考定。《后汉书》中所言伍孚事,亦无确切时间,然应在董卓被杀前,约为公元191年左右。另,张舜徽先生所著《三国志辞典》"伍孚"条卒年作"约191"[2],故入此年。

汉献帝初平三年(公元192年)

董卓未诛,有书三尺布幡上,作两口相衔之字,负之于道,歌曰:"布乎[3]。"及吕布杀董卓[4],负布者不复见。

考曰:此条出自《太平御览》卷三四一[5],《说郛》本、《子史钩沉》本、《古今说部丛书》本亦辑,文字小异,已出注。《后汉书·董卓列传》卷七十二曰:"有人书'吕'字于布上,负而行于市,歌曰:'布乎!'有告卓者,卓不悟。"[6]未言自《献帝春秋》出,但内容与《献帝春秋》相近。

按:此条虽似民间小道之言,但亦体现了民风及民心之向背,且其言不可谓无据,故《后汉书》亦写入正文。然具体时间不详,以初平三年董卓被杀为限,故入此年。

汉献帝初平四年(公元193年)

1. 绍劝督引满[7]投壶,言笑容貌自若。

考曰:此条出自《后汉书·袁绍列传》卷七十四注[8],所注正文

---

① [晋]陈寿:《三国志》,中华书局,1971年版,页175。
② 张舜徽:《三国志辞典》,山东教育出版社,1992年版,页144。
③ 《说郛》本作"平"。
④ 《太平御览》卷三四一无"董"字。
⑤ [宋]李昉:《太平御览》,中华书局,1966年版,页1564。
⑥ [南朝宋]范晔:《后汉书》,中华书局,1965年版,页2331。
⑦ 《天中记》卷四作"投",误。
⑧ [南朝宋]范晔:《后汉书》,中华书局,1965年版,页2382。

为:“三月上巳,大会宾徒于薄落津。闻魏郡兵反,与黑山贼干毒等数万人共覆邺城,杀郡守。坐中客家在邺者,皆忧怖失色,或起而啼泣,绍容貌自若,不改常度。”[①]乃为进一步说明袁绍临危不乱,处变不惊。其中“引满投壶”一词,亦为典故,后世流传。

按:《天中记》卷四亦引[②],文字小异,已出注。《太平御览》卷七百五十三引此条作:“《献帝春秋》曰:袁绍闻魏郡兵反,与黑山贼等数万人共覆邺城,杀郡守,坐中家在邺者,忧怖失色,或起而啼泣,绍观督引满投壶,言笑容旨自若。”[③]《渊鉴类函》卷三百三十引作:“《献帝春秋》:袁绍闻魏郡兵反,与黑山贼等数万人共覆邺,引满投壶,言笑自若。”[④]此二处应与《后汉书》正文混淆,不采。

2. 司空赵温免,乙巳,卫尉张嘉[⑤]为司空。

考曰:此条出自《后汉书·孝献帝纪》卷九[⑥],原文未言自《献帝春秋》出,但后有注:“《献帝春秋》(曰)‘喜’作‘嘉’。”[⑦]可知《献帝春秋》应有此条,故从正文摘入,原文与此条应有出入。

按:《后汉书·孝献帝纪》卷九后有:“九月,太尉杨彪、司空张喜罢。”[⑧]又《后汉书·董卓列传》卷七十二有:“帝使杨彪与司空张喜等十余人和傕、汜,汜不从,遂质留公卿。”[⑨]另《后汉书辞典》亦有张喜无张嘉条,此条末有“《献帝春秋》喜作嘉”[⑩],则应为张喜,为存《献帝春秋》原貌,只出注但不改张嘉之误。此条事在初平四年,故入此年。

3. 初平四年六月,流星起织女,东南行天市中。蛇行有尾,长七

---

① [南朝宋]范晔:《后汉书》,中华书局,1965年版,页2381。

② [明]陈耀文:《天中记》,光绪四年(1878年)听雨山房重刻本,册4,页77。

③ [宋]李昉:《太平御览》,中华书局,1966年版,页3344。

④ [清]张英、王士祯等:《渊鉴类函》,中国书店据1887年上海同文书局影印本第13册,1985年版,页281。

⑤ 应为“喜”,《后汉书·孝献帝纪》卷九等均作“喜”。

⑥ [南朝宋]范晔:《后汉书》,中华书局,1965年版,页375。

⑦ [南朝宋]范晔:《后汉书》,中华书局,1965年版,页375。

⑧ [南朝宋]范晔:《后汉书》,中华书局,1965年版,页375。

⑨ [南朝宋]范晔:《后汉书》,中华书局,1965年版,页375。

⑩ 张舜徽等:《三国志辞典》,山东教育出版社,1994年版,页456。

八丈，色赤照地。又流星如斛，长六七丈，小者六七枚随之，光照地。又流星西北行，有声如雷，望之如火，又照地，是曰天狗。

考曰：此条出自《太平御览》卷八百七十五[①]。《后汉书·孝献帝纪》卷九记载此年六月有大风及冰雹，六月辛丑“天狗西北行”[②]。

按：《后汉书·天文志》卷一百一述“七年正月戊子，流星大如杯，从织女西行，光照地。织女，天之真女，流星出之，女主忧。其月癸卯，光烈皇后崩。”[③]所述似与此条不完全吻合，仅见于《太平御览》。

汉献帝兴平元年（公元194年）

1. 兴平元年，蝗虫起，百姓饥，谷一斛，五六万钱。帝敕主者尽卖厩马二百余匹及御府杂缯二万匹，赐公卿已下及贫民。车骑将军李傕不人听，尽取以置其邸。李傕、郭汜有隙，傕使兄子副车中郎将李进勒兵数千，统宫使虎贲王曹等三百人，以轺车三乘，载帝及伏后幸傕营，又迎宫人公卿家属入坞，移御府诸署缯彩珍宝。上方在马厩，车马、乘舆、器物尽置其邸，放兵烧府库及居民，被害者不可胜数。五月或欲转乘舆幸黄白城，帝不肯。司徒赵温以帝当东归，而傕等方乱。以忠节责傕，傕怒欲斩温，傕从弟上军校尉维故温掾请谏乃止。于是閇温与帝同门设反，关校尉以监察之。十一月[④]，车驾东幸到黄卷亭。庚午乘舆到弘农，张济欲与董承、杨奉交质而留乘舆，承、奉不肯白帝东行。到涧中济，郭汜放兵欲留车驾，承、奉力战，乘舆得过。公卿、妇女衣服悉见钞夺，不解带便斫刺，寒冻死者不可胜计。天子得过，路次曹阳，乘舆到安邑。十二月使侍中史跱（直里切），太仆韩融奉诏，诏张济悉遣宫人公卿以下妇女及乘舆、服

① [宋]李昉：《太平御览》，中华书局，1966年版，页3883。
② [南朝宋]范晔：《后汉书》，中华书局，1965年版，页374。
③ [南朝宋]范晔：《后汉书》，中华书局，1965年版，页3230。
④ 《文选注·西征赋》卷十作“兴平二年十一月丙寅”。

物、车马诸见略者，皆诣安邑。建安元年七月乘舆到洛，幸城西故中常侍赵忠宅[①]，百官被荆棘，依故丘墟，间侍郎以下皆出葬，采四方州郡，各拥强兵，莫有至者。曹操白帝迁都许，庚申车驾出洛，轘辕而东，杨奉、韩暹引军追之，轻骑既至，曹操设伏兵要于阳城山峡中，大败之。九月车驾到许，幸曹操营，设有司营宗庙社稷。自帝西迁，朝廷倾覆，王制节度于是始建。

考曰：此条出自《太平御览》卷九十二[②]，时间跨度较大。先述兴平元年饥荒献帝赈济灾民事，后述李傕挟持汉献帝事直至建安元年返回洛阳后迁许都事。前一事《后汉书·孝献帝纪》卷九有述如下："三辅大旱，自四月至于是月。……是时谷一斛五十万，豆麦一斛二十万，人相食啖，白骨委积。"[③]《资治通鉴·兴平元年》卷六十一亦曰："自四月不雨至于是月，谷一斛直钱五十万，长安中人相食。帝令侍御史侯汶出太仓米豆为贫人作糜，饿死者如故。"[④]后一事《三国志·武帝纪》卷一注与《后汉书·董卓列传》卷七十二注有与此条相类记载，但文字差异较大。《三国志·武帝纪》卷一注曰："《献帝春秋》曰：天子初至洛阳，幸城西故中常侍赵忠宅。使张杨缮治宫室，名殿曰扬安殿，八月，帝乃迁居。"[⑤]所注正文为："秋七月，杨奉、韩暹以天子还洛阳，奉别屯梁。"[⑥]裴松之节录《献帝春秋》此条表现了献帝还都后的曲折，因宫殿早已被烧毁，暂住旧臣赵忠之宅，等待新的宫殿修建完毕命名后才迁入。正文将献帝返回洛阳一笔带过，如果没有裴松之的注释，根本无从得知献帝遭遇的种种，所引的《献帝春秋》此条，较好地弥补了正史有时行文过简的缺憾。而《后汉书·董卓列传》卷七十二注曰："《献帝春秋》曰：车驾出洛阳，自轘辕而东，

---

① 《三国志》卷一后作"使张杨缮治宫室，名殿曰扬安殿，八月，帝乃迁居"。

② [宋]李昉：《太平御览》，中华书局，1966年版，页440。

③ [南朝宋]范晔：《后汉书》，中华书局，1965年版，页376。

④ [宋]司马光：《资治通鉴》，中华书局，1956年版，页1954。

⑤ [晋]陈寿：《三国志》，中华书局，1971年版，页13。

⑥ [晋]陈寿：《三国志》，中华书局，1971年版，页13。

杨奉、韩暹引军追之。轻骑既至，操设伏兵要于阳城山峡中，大败之。"[①]所注正文为："曹操以洛阳残荒，遂移帝幸许。杨奉、韩暹欲要遮车驾，不及，曹操击之……"[②]将曹操击败杨奉、韩暹的细节通过注释的形式揭示出来，起到了丰富史实的作用。

此外，《文选注·西征赋》卷十有："《献帝春秋》曰：兴平二年十一月丙寅，车驾东行到黄巷亭，庚午到弘农。"[③]李善节录《献帝春秋》此条是为了解释赋中"愬黄巷以济潼"之"黄巷"一词，同时也为我们保留了《献帝春秋》的另一种面貌。另《北堂书钞》卷四十一有："质唱乘舆[《献帝春秋》〇今案《御览》九十二引《献帝春秋》'唱'误'留']载帝幸营[春秋〇今案《御览》九十二引《献帝春秋》]珍宝车马乘舆器物尽入其邸[〇今案本钞及陈本珍误注俞本改珠亦非也，考《御览》九十二引《献帝春秋》有此文'入'作'置']星流矢激前萤火照道[并《献帝春秋》〇今案陈俞本删'前'字，《御览》九十二引《献帝春秋》有'萤火照道'四字]"[④]，《渊鉴类函》卷一百三十一有"火烧宫府四方州郡拥强兵《献帝春秋》"[⑤]，《古欢堂集》卷七有释正文"轘辕关放歌"引"《献帝春秋》曰：车驾出洛阳，自轘辕而东，杨奉、韩暹引车追之"[⑥]等，均与此条相关，但也为残片断章。

按：各书所引以《太平御览》卷九十二所录最全，虽《三国志》注和《后汉书》注所引较《太平御览》为早，但失之零散，各述片断。《太平御览》引为一条，乃因本为一事，前后连贯，且前因后果交代有序，较正史所引更为完整和客观，更贴近原文。故此条以《太平御览》为准。此条所述之事，自兴平元年（公元194年）始，至建安元年（公元

① [南朝宋]范晔：《后汉书》，中华书局，1965年版，页2342。

② [南朝宋]范晔：《后汉书》，中华书局，1965年版，页2342。

③ [梁]萧统、[唐]李善：《文选》，中华书局，1977年版，页152。

④ [隋]虞世南：《北堂书钞》，中国书店，1989年版，页50。

⑤ [清]张英、王士祯等：《渊鉴类函》，中国书店据1887年上海同文书局影印本第6册，页267。

⑥ [清]田雯：《古欢堂集》，《文渊阁四库全书》册1324，台湾商务印书馆，1984年版，页84。

196年)九月讫。今入事起之年份。

2. 太祖围濮阳,濮阳大姓田氏为反间,太祖得入城。烧其东门,示无反意。及战,军败。布骑得太祖而不知是,问曰:"曹操何在?"太祖曰:"乘黄马走者是也。"布骑乃释太祖而追黄马者。门火犹盛,太祖突火而出。

考曰:此条出自《三国志·武帝纪》卷一注[①],所注正文为"布出兵战,先以骑犯青州兵。青州兵奔,太祖陈乱,驰突火出,坠马,烧左手掌。司马楼异扶太祖上马,遂引去。"[②]《献帝春秋》此条乃为释"驰突火出"之细节,交代了事件的前因后果,使前后文更加通畅。

按:《骈字类编》卷六十"门火"亦引《献帝春秋》此条,文字同,出处注曰"袁暐《献帝春秋》"[③]。《太平御览》卷八百九十四[④]、《古今事文类聚》后集卷三十八[⑤]、《古今合璧事类备要》别集卷八十一[⑥]均引此条,文字略异,作:"曹操与吕布军战败,布得操骑而不知是操。问曰:'曹使君何在?'答曰:'骑黄马者是也。'因得免。"又《事类赋》卷二十一亦引[⑦],亦节录,仅"布得操骑而不知是操"作"布骑得操而不知是",余皆同。值得注意的是,此条除《三国志》裴注及《骈字类编》称曹操为太祖外,其余皆直呼其名,可见《骈字类编》所引必来自《三国志》裴注。而《太平御览》所引则有可能参见《献帝春秋》原书,后又被《事类赋》《古今事文类聚》《古今合璧事类备要》等辗转引出,那么《献帝春秋》一书至宋初有可能还未亡佚。

此条据《三国志》卷一引为兴平元年事,另《资治通鉴·兴平元

① [晋]陈寿:《三国志》,中华书局,1971年版,页12。

② [晋]陈寿:《三国志》,中华书局,1971年版,页11。

③ [清]吴士玉:《骈字类编》册3,北京市中国书店,1988年版,页2969。

④ [宋]李昉:《太平御览》,中华书局,1966年版,页3970。

⑤ [宋]祝穆:《古今事文类聚》,中文出版社影印明万历十二年(1584年)金溪唐富春精校补遗重刻本,1989年版,页1044。

⑥ [宋]谢维新:《古今合璧事类备要》,《文渊阁四库全书》册941,台湾商务印书馆,1984年版,页385。

⑦ [宋]吴淑:《事类赋》,中华书局,1989年版,页422—423。

年》卷六十一亦载："濮阳大姓男氏为反间，操得入城，烧其东门，示无反意。及战，军败，布骑得操而不识，问曰：'曹操何在？'操曰：'乘黄马走者是也。'布骑乃释操而追黄马者。操突火而出……"[①]故入此年。

3. 陈登等遣使诣袁绍曰："天降灾殄，祸臻鄙州，州将殂殒，生民无主，恐惧奸雄，一旦承隙，以贻盟主日昃之忧，辄共奉故平原相刘备府君以为宗主，永使百姓知有依归。方今寇难纵横，不遑释甲，谨遣下吏奔告于执事。"绍答曰："刘玄德弘雅有信义，今徐州乐戴之，诚副所望也。"

考曰：此条出自《三国志·先主传》卷三十二注[②]，正文为："谦表先主为豫州刺史，屯小沛。谦病笃，谓别驾麋竺曰：'非刘备不能安此州也。'谦死，竺率州人迎先主，先主未敢当。下邳陈登谓先主曰：'今汉室陵迟，海内倾覆，立功立事，在于今日。彼州殷富，户口百万，欲屈使君抚临州事。'先主曰：'袁公路近在寿春，此君四世五公，海内所归，君可以州与之。'登曰：'公路骄豪，非治乱之主。今欲为使君合步骑十万，上可以匡主济民，成五霸之业，下可以割地守境，书功于竹帛。若使君不见听许，登亦未敢听使君也。'……先主遂领徐州。"[③]《献帝春秋》此条，展现了陈登在说服刘备出任徐州牧的同时，亦将此事报知袁绍，袁绍亦以刘备为最佳人选，表现了刘备出任徐州牧乃众望所归，补充了正文行文中无法兼顾的细节。

按：《诸葛忠武书》卷三亦引此条[④]，文字同。《东汉文纪》卷二十六节录此条为："袁绍答陈登等：'刘玄德弘雅有信义，今徐州乐戴

① [宋]司马光：《资治通鉴》，中华书局，1956年版，页1955。

② [晋]陈寿：《三国志》，中华书局，1971年版，页874。

③ [晋]陈寿：《三国志》，中华书局，1971年版，页873。

④ [明]杨时伟：《诸葛忠武书》，《文渊阁四库全书》册447，台湾商务印书馆，1984年版，页146。

之,诚副所望也。'"[①]《资治通鉴·兴平元年》卷六十一亦载此条事[②],与《三国志》正文同。

4. 术从日磾借节观之,因夺不还,备军中千余人,使促辟之。日磾谓术曰:"卿家先世诸公,辟士云何,而言促之,谓公府掾可劫得乎!"从术求去,而术留之不遣;既以失节屈辱,忧恚而死。

考曰:此条出自《三国志·袁术传》卷六注[③],述马日磾失节而死,裴松之引注是为承接正文"术夺日磾节,拘留不遣"[④]一句,同时借《献帝春秋》此条道出后事如何。又《后汉书·袁绍列传》卷七十四注曰:"《献帝春秋》曰:'日磾假节东征,循抚州郡。术在寿春,不肃王命,侮慢日磾,借节观之,因夺不还,从术求去,而术不遣,既以失节屈辱,忧恚而死。'"[⑤]与《三国志》所引事同而述异。然《后汉书·孔融列传》卷七十注有:"《献帝春秋》曰:'术从日磾借节观之,因夺不还,条军中十余人使促辟之。日磾谓术曰:'卿先代诸公辟士云何?而言促之,谓公府掾可劫得乎?'从术求去,而术不遣,既以失节屈辱忧恚。'"[⑥]此述与前引不同,反与《三国志》所引相近。同为一事,皆为《后汉书》所引,均出自《献帝春秋》,所述却各不相同。考《后汉书·袁绍列传》卷七十四所注的正文为:"太傅日磾位为师保,任配东征,而耗乱王命"[⑦],《后汉书·孔融列传》卷七十注所注的正文为:"初,太傅马日磾奉使山东,及至淮南,数有意于袁术。术轻侮之,遂夺取其节,求去又不听,因欲逼为军帅。日磾深自恨,遂呕血而毙。"[⑧]或前者所述较简,故所引侧重马日磾失节而亡之前因后果;

---

① [明]梅鼎祚:《东汉文纪》,《文渊阁四库全书》册1397,台湾商务印书馆,1984年版,页541。

② [宋]司马光:《资治通鉴》,中华书局,1956年版,页9156—1957。

③ [晋]陈寿:《三国志》,中华书局,1971年版,页208。

④ [晋]陈寿:《三国志》,中华书局,1971年版,页208。

⑤ [南朝宋]范晔:《后汉书》,中华书局,1965年版,页2389。

⑥ [南朝宋]范晔:《后汉书》,中华书局,1965年版,页2265。

⑦ [南朝宋]范晔:《后汉书》,中华书局,1965年版,页2388。

⑧ [南朝宋]范晔:《后汉书》,中华书局,1965年版,页2265。

后者已述因由，故侧重事件之细节。

按：《艺文类聚》卷六十八、《太平御览》卷六百八十一、《渊鉴类函》卷三百六十七亦引此条，作"《献帝春秋》曰：太傅马日磾，假节循抚州郡，袁术在寿春，借节观之，因夺不还，日磾失节，忧恚而死"。[①]《佩文韵府》卷六十三之二十二则引为"《献帝春秋》曰：马日磾从术求去，而术留之不遣；既以失节屈辱，忧恚而死"[②]。考《后汉书·孝献帝纪》卷九载："太傅马日磾薨于寿春"[③]，其时为兴平元年。《资治通鉴》卷六十一亦有述及此事[④]，在兴平元年，综上入此年。

5. 袁术遣吴景攻昕，未拔，景乃募百姓敢从周昕者死不赦。昕曰："我则不德，百姓何罪？"遂散兵，还本郡。

考曰：此条出自《三国志·宗室传之孙静传》卷五十一注[⑤]，述吴景与周昕之战，周昕体恤百姓，散兵还郡。此条所注正文为："朗大惊，遣故丹阳太守周昕等帅兵前战。策破昕等，斩之，遂定会稽。"[⑥]考《资治通鉴·兴平元年》卷六十一载："丹阳太守会稽周昕与袁术相恶，术上策舅吴景领丹阳太守，攻昕，夺其郡，以策从兄贲为丹阳都尉。"[⑦]则吴景攻周昕丹阳之战应在此年。

汉献帝兴平二年（公元195年）

1. 臧洪报袁绍书曰：每登城勒兵，望主人之旗鼓，感故交之绸

---

① [唐]欧阳询：《艺文类聚》，上海古籍出版社，1982年版，页1194；[宋]李昉：《太平御览》，中华书局，1966年版，页3040；[清]张英、王士祯等：《渊鉴类函》，中国书店据1887年上海同文书局影印本第15册，1985年版，页231。

② [清]张玉书、陈廷敬：《佩文韵府》，上海古籍书店，1983年版，页2503。

③ [南朝宋]范晔：《后汉书》，中华书局，1965年版，页377。

④ [宋]司马光：《资治通鉴》，中华书局，1956年版，页1957。

⑤ [晋]陈寿：《三国志》，中华书局，1971年版，页1206。

⑥ [晋]陈寿：《三国志》，中华书局，1971年版，页1205。

⑦ [宋]司马光：《资治通鉴》，中华书局，1956年版，页1957。

缪[①],抚弦搦矢,不觉涕流之覆面也。

考曰:此条出自《文选注·与陈伯之书》卷四十三[②],为《臧洪报袁绍书》之节录。考《臧洪报袁绍书》多书皆引,如《三国志·臧洪传》卷七[③]、《后汉书·臧洪列传》卷五十八[④]、《后汉纪》卷二十八[⑤]、《册府元龟》卷七百六十四[⑥]等等,且篇幅较大,未言自《献帝春秋》出。仅《文选注》言自《献帝春秋》出,曰"袁宏《汉献帝春秋》",恐将袁宏所撰之《后汉纪》与袁晔之《献帝春秋》混为一书。然无旁证可考,且事在献帝兴平年间,与《献帝春秋》内容吻合,姑列于此。

2. 绍使琳为书八条,责以恩义,告喻使降。

考曰:此条出自《后汉书·臧洪列传》卷五十八注[⑦],所注正文为"绍兴兵围之,历年不下,使洪邑人陈琳以书譬洪,示其祸福,责以恩义。"[⑧]此条述袁绍与臧洪战中,袁绍命陈琳修书劝降事。《献帝春秋》此条与《后汉书》正文所述相差无几,只是增加了"为书八条"及"告喻使降",补充了细节,也起到了互相印证的作用。

按:《太平御览》卷三二三作"《献帝春秋》:候者得书,绍使陈琳易其辞,即此书"[⑨]。《三国志补注》卷二所引文字同[⑩]。《三国志·臧洪传》卷七亦曰:"绍令洪邑人陈琳书与洪,喻以祸福,责以恩义"[⑪],未言自《献帝春秋》出,然亦可资佐证。此条与上条皆为兴平二年秋

---

① 《三国志·臧洪传》卷七、《后汉书·臧洪列传》卷五十八、《后汉纪》卷二十八、《册府元龟》卷七六四等作"感故交之周旋"。

② [梁]萧统、[唐]李善:《文选》,中华书局,1977年版,页152。

③ [晋]陈寿:《三国志》,中华书局,1971年版,页233—235。

④ [南朝宋]范晔:《后汉书》,中华书局,1965年版,页1887—1891。

⑤ [晋]袁宏著,李兴和点校:《袁宏〈后汉纪〉集校》,云南大学出版社,2008年版,页354—355。

⑥ [宋]王钦若:《册府元龟》,中华书局影印宋版,1989年版,页2726。

⑦ [南朝宋]范晔:《后汉书》,中华书局,1965年版,页1887。

⑧ [南朝宋]范晔:《后汉书》,中华书局,1965年版,页1887。

⑨ [宋]李昉:《太平御览》,中华书局,1966年版,页1485。

⑩ [清]杭世骏:《三国志补注》,《丛书集成初编》,商务印书馆,1937年版,页25。

⑪ [晋]陈寿:《三国志》,中华书局,1971年版,页233。

七月袁绍攻臧洪之事。

3. 赤气广六七尺，东至寅，西至戌地。

考曰：此条出自《后汉书·孝献帝纪》卷九注[①]，所注正文为“壬寅，幸华阴，露次道南。是夜，有赤气贯紫宫”[②]。考“赤气”在《汉语大词典》中被释为“红色的云气”与“炎暑之气”，时在兴平二年冬十月壬寅，则不应为“炎暑之气”。而释为“红色的云气”时，有两意，一为古代以二至（夏至、冬至）、二分（春分、秋分）之日观云色，谓赤色者主兵荒；一为传说中的帝王祥瑞，如旧史稗说中每载帝王降生或所处之地有赤气出现[③]。结合《后汉书》上下文内容，此条乃述献帝东归过程中，到达华阴，露宿路边，出现此兆，故释为帝王之气更合。不过也应客观看到，自然现象穿插到人物传记中，多少有些牵强附会的因素。《献帝春秋》此段，或是为印证范晔所言之赤气有旁证可佐之意。

4. 十一月庚午，李傕、郭汜等追乘舆，战于东涧，王师败绩，杀光禄勋邓泉、卫尉士孙瑞、廷尉宣璠[④]、大长秋苗祀、步兵校尉魏桀、侍中朱展、射声校尉沮儁。

考曰：此条出自《后汉书·孝献帝纪》卷九[⑤]，原文未言自《献帝春秋》出，但后有注曰：“《献帝春秋》‘播’作‘璠’。”[⑥]可知《献帝春秋》应有此条，故从正文摘入，文字或与原文有出入，但《三国志》及《资治通鉴》等皆无相关记载，无从考校。《献帝春秋》之初平元年第二条有“司隶宣璠”事，且《后汉书辞典》亦有“宣璠”条[⑦]，则当作宣璠也。

---

① ［南朝宋］范晔：《后汉书》，中华书局，1965年版，页379。
② ［南朝宋］范晔：《后汉书》，中华书局，1965年版，页378。
③ 《汉语大词典》，汉语大词典出版社，1997年版，页5796。
④ 《后汉书·孝献帝纪》卷九作“播”。
⑤ ［晋］陈寿：《三国志》，中华书局，1971年版，页378。
⑥ ［晋］陈寿：《三国志》，中华书局，1971年版，页379。
⑦ 张舜徽：《三国志辞典》，山东教育出版社，1994年版，页331—332。

按:《后汉书·董卓列传》卷七十二有:“而张济与杨奉、董承不相平,乃反合傕、汜,共追乘舆,大战于弘农东涧。承、奉军败,百官士卒死者不可胜数,皆弃其妇女辎重,御物符策典籍,略无所遗。射声校尉沮儁被创坠马。李傕谓左右曰:‘尚可活不?’儁骂之曰:‘汝等凶逆,逼迫天子,乱臣贼子,未有如汝者!’傕使杀之。”①内容相近,可资佐证。

5. 献帝东归至陕,议者欲浮河东下。太尉杨彪曰:“从此以东有三十六滩,非万乘所当御也。”乃止。

考曰:此条出自《山西通志》卷三十四②,储大文引《献帝春秋》此条,是为释“陕州黄河南去州二里”时,以书证佐之。另《资治通鉴》卷六十一之兴平二年冬十二月有:“李乐惧,欲令车驾御船过砥柱,出孟津,杨彪以为河道险难,非万乘所宜乘;乃使李乐夜渡,潜具船,举火为应。”③《后汉纪·孝献帝纪》卷二十八之兴平二年亦曰:“李乐惧,欲令车驾御船过砥柱,出孟津。诏曰:‘千金之子,坐不垂堂。孔子慎冯河之危,岂所谓安居之道乎?’太尉杨彪曰:‘臣弘农人也,自此东有三十六滩,非万乘所〔当〕登也。’”④均与此条相关,所述与《献帝春秋》相近,但更详细,均未言自《献帝春秋》出,不过亦可证《献帝春秋》所言不虚。

6. 初,豫章太守周术病卒,刘表上诸葛玄为豫章太守,治南昌。汉朝闻周术死,遣朱皓代玄。皓从扬州太守刘繇求兵击玄,玄退屯西城,皓入南昌。建安二年正月,西城民反,杀玄,送首诣繇。

考曰:此条出自《三国志·诸葛亮传》卷三十五注⑤,引注此条后裴松之曰:“此书所云,与本传不同。”前已有考辨,此不再赘述。《通

① [南朝宋]范晔:《后汉书》,中华书局,1965年版,页2339—2340。

② [清]储大文:《山西通志》,《文渊阁四库全书》册543,台湾商务印书馆,1984年版,页171。

③ [宋]司马光:《资治通鉴》,中华书局,1956年版,页1968。

④ [晋]袁宏著,李兴和点校:《袁宏〈后汉纪〉集校》,云南大学出版社,2008年版,页357。

⑤ [晋]陈寿:《三国志》,中华书局,1971年版,页911。

鉴考异》卷三节引《献帝春秋》事在兴平二年(公元195年),而此条文中又有建安二年正月之时限,可见此条所涉时间较长,乃自兴平二年起至建安二年讫,今入事起之年份。

7. 是岁,繇屯彭泽,又使融助皓讨刘表所用太守诸葛玄。许子将谓繇曰:"笮融出军,不顾(命)名义者也。朱文明善推诚以信人,宜使密防之。"融到,果诈杀皓,代领郡事。

考曰:此条出自《三国志·刘繇传》卷四十九注[①],此条所注正文为:"笮融先至,笮音壮力反。杀太守朱皓……"[②]乃述笮融投奔刘繇,刘繇使其助朱皓,刘繇手下许劭疑其有变,后果然。考《后汉书·陶谦列传》卷七十三亦有:"同郡人笮融,……因以过江,南奔豫章,杀郡守朱皓,入据其城。后为扬州刺史刘繇所破,走入山中,为人所杀。"[③]可与此条相佐证。《资治通鉴·兴平二年》卷六十一亦有记载,故入兴平二年。

汉献帝建安元年(公元196年)

1. 孙策率军如闽、越讨朗。朗泛舟浮海,欲走交州,为兵所逼,遂诣军降。策令使者诘朗曰:"问逆贼故会稽太守王朗:朗受国恩当官,云何不惟报德,而阻兵安忍?大军征讨,幸免枭夷,不自扫屏,复聚党众,屯住郡境。远劳王诛,卒不悟顺。捕得云降,庶以欺诈,用全首领,得尔与不,具以状对。"朗称禽虏,对使者曰:"朗以琐才,误窃朝私,受爵不让,以遘罪网。前见征讨,畏死苟免。因治人物,寄命须臾。又迫大兵,惶怖北引。从者疾患,死亡略尽。独与老母,共乘一欐。流矢始交,便弃欐就俘,稽颡自首于征役之中。朗惶惑不达,自称降虏。缘前迷谬,被诘惭惧。朗愚浅驽怯,畏威自惊。又无良介,不早自归。于破亡之中,然后委命下隶。身轻罪重,死有余

---

① [晋]陈寿:《三国志》,中华书局,1971年版,页1185。
② [晋]陈寿:《三国志》,中华书局,1971年版,页1184。
③ [南朝宋]范晔:《后汉书》,中华书局,1965年版,页2368。

辜。申脰就羁，蹴足入绊，叱咤听声，东西惟命。”

考曰：此条出自《三国志·王朗传》卷十三注①，所注正文为“朗自以身为汉吏，宜保城邑，遂举兵与策战，败绩，浮海至东冶。策又追击，大破之。朗乃诣策。策以[朗]儒雅，诘让而不害。”②是为述孙策讨伐王朗，《太平御览》③《渊鉴类函》④《佩文韵府》⑤亦引，文字皆略。考《后汉纪·孝献帝纪》卷二十九载建安元年六月“是月，孙策入会稽，太守王朗与策战，败绩”⑥，《资治通鉴·建安元年》卷六十二亦述孙策与王朗战⑦，故入此年。

2. 绍耻班在太祖下，怒曰：“曹操当死数矣，我辄救存之，今乃背恩，挟天子以令我乎！”太祖闻，而以大将军让于绍。

考曰：此条出自《三国志·袁绍传》卷六注⑧，所注正文为“天子以绍为太尉，转为大将军，封邺侯”⑨。《后汉纪·孝献帝纪》卷二十九之建安元年有述此事，作“冬十月戊辰，右将军袁绍为太尉。绍耻班在操下，不肯受。操乃辞大将军”⑩；《资治通鉴》卷六十二之建安元年十月亦述此事，作“戊辰，以绍为太尉，封邺侯。绍耻班在曹操下，怒曰：‘曹操当死数矣，我辄救存之，今乃挟天子以令我乎！’”⑪故入此年。

3. 济引众入荆州，贾诩随之归刘表。襄阳城守不受，济因攻之，

---

① [晋]陈寿：《三国志》，中华书局，1971年版，页407。

② [晋]陈寿：《三国志》，中华书局，1971年版，页407。

③ [宋]李昉：《太平御览》，中华书局，1966年版，页2224。

④ [清]张英、王士祯等：《渊鉴类函》，中国书店据1887年上海同文书局影印本页10册，1985年版，页262。

⑤ [清]张玉书、陈廷敬：《佩文韵府》，上海古籍书店，1983年版，页2125。

⑥ [晋]袁宏著，李兴和点校：《袁宏〈后汉纪〉集校》，云南大学出版社，2008年版，页362。

⑦ [宋]司马光：《资治通鉴》，中华书局，1956年版，页1986。

⑧ [晋]陈寿：《三国志》，中华书局，1971年版，页195。

⑨ [晋]陈寿：《三国志》，中华书局，1971年版，页194。

⑩ [晋]袁宏著，李兴和点校：《袁宏〈后汉纪〉集校》，云南大学出版社，2008年版，页363。

⑪ [宋]司马光：《资治通鉴》，中华书局，1956年版，页1988。

为流矢所中。济从子绣收众而退。刘表自责，以为己无宾主礼，遣使招绣，绣遂屯襄阳，为表北藩。

考曰：此条出自《后汉书·袁绍列传》卷七十四下注[①]，所注正文为："建安元年，骠骑将军张济自关中走南阳，因攻穰城，中飞矢而死。荆州官属皆贺。表曰：'济以穷来，主人无礼，至于交锋，此非牧意，牧受吊不受贺也。'使人纳其众，众闻之喜，遂皆服从。"[②]此条述建安元年张济中流箭而亡，刘表收其官兵之事。引《献帝春秋》此条交代了事情前因后果，也提到了正文中没有提到的细节。如张济死后，张济侄子张绣接收了其父之官兵，刘表其实是收服了张绣，并让其屯驻襄阳。

按：《献帝春秋》此条言张济乃攻襄阳城后为流矢所中，而《后汉书》中则为攻穰城后中飞矢亡。考穰城为今南阳邓州，毗邻今湖北襄阳，但穰城与襄阳仍为二地，且其他出处皆为穰城，如《三国志·武帝纪》卷一曰："张济自关中走南阳。济死，从子绣领其众。"[③]又《三国志·刘表传》卷六："张济引兵入荆州界，攻穰城，为流矢所中死。荆州官属皆贺，表曰：'济以穷来，主人无礼，至于交锋，此非牧意，牧受吊，不受贺也。'使人纳其众；众闻之喜，遂服从。"[④]再如《资治通鉴·建安元年》卷六十二："张济自关中引兵入荆州界，攻穰城，为流矢所中死。荆州官属皆贺，刘表曰：'济以穷来，主人无礼，至于交锋，此非牧意，牧受吊，不受贺也。'使人纳其众；众闻之喜，皆归心焉。济族子建忠将军绣代领其众，屯宛。"[⑤]则《献帝春秋》所载有误。

---

① [南朝宋]范晔：《后汉书》，中华书局，1965年版，页2421。

② [南朝宋]范晔：《后汉书》，中华书局，1965年版，页2421。

③ [晋]陈寿：《三国志》，中华书局，1971年版，页14。

④ [晋]陈寿：《三国志》，中华书局，1971年版，页211。

⑤ [宋]司马光：《资治通鉴》，中华书局，1956年版，页1992。

汉献帝建安二年(公元197年)

1. 袁术议称尊号,邈谓术曰:"汉据火德,绝而复扬,德泽丰流,诞生明公。公居轴处中,入则享于上席,出则为众目之所属,华、霍不能增其高,渊泉不能同其量,可谓巍巍荡荡,无与为贰。何为舍此而欲称制?恐福不盈眦,祸将溢世。庄周之称郊祭牺牛,养饲经年,衣以文绣,宰执鸾刀,以入庙门,当此之时求为孤犊不可得也!

考曰:此条出自《三国志·张邈传》卷七注[①],是为注引建安二年"邈诣袁术请救未至,自为其兵所杀"[②],据《后汉书·吕布列传》卷七十五:"邈诣袁术求救,留超将家属屯雍丘。操围超数月,屠之,灭其三族。邈未至寿春,为其兵所害。"[③]则张邈应是未及见到袁术已亡。其他史料亦未见《献帝春秋》所述事,故或有袁晔可见而后世已亡佚之史料所载,或为坊间小道之言。另袁术在此年称帝,《资治通鉴·建安二年》卷六十二亦有袁术寿春称帝事[④],故入此年。

2. [融见]操[曰]:"刑之不滥,君之明也。杨彪获罪,惧者甚众。"

考曰:此条出自《后汉书·杨震列传》卷五十四注[⑤],乃曹操诬杨彪下狱,孔融为杨彪陈情之言。所注正文为:"将作大匠孔融闻之,不及朝服,往见操曰……"[⑥]此条乃补范晔正文所撰孔融谏言不全之处,起到了传所无之事补其阙佚的作用。据《后汉书》所载,事在建安元年,然《资治通鉴》卷六十二载曹操诬杨彪下狱事为建安二年[⑦],今以正史为准。

---

① [晋]陈寿:《三国志》,中华书局,1971年版,页222。
② [晋]陈寿:《三国志》,中华书局,1971年版,页222。
③ [南朝宋]范晔:《后汉书》,中华书局,1965年版,页2446。
④ [宋]司马光:《资治通鉴》,中华书局,1956年版,页1996。
⑤ [南朝宋]范晔:《后汉书》,中华书局,1965年版,页1788。
⑥ [南朝宋]范晔:《后汉书》,中华书局,1965年版,页1788。
⑦ [宋]司马光:《资治通鉴》,中华书局,1956年版,页2000—2001。

3. 收彪下狱考实，遂以策罢。

考曰：此条出自《后汉书·袁绍列传》卷七十四上注[①]，所注正文为："故太尉杨彪，历典二司，元纲极位。操因睚眦必报，被以非罪，榜楚并兼，五毒俱至……"[②]此条与上条皆为杨彪入狱之事，不过上条所述重点在孔融，此条乃袁绍讨曹操之檄文中之注引，故重点在陈述曹操罪状之一——诬陷太尉杨彪下狱事。引《献帝春秋》此条，点出了正文未提之杨彪下狱终得免的结局，起到了弥补正文之缺憾的作用。

4. 使将作大匠孔融持节之邺，拜太尉绍为大将军，改封邺侯。

考曰：此条出自《后汉书·袁绍列传》卷七十四上注[③]，所注正文为："于是以绍为太尉，封邺侯。时曹操自为大将军，绍耻为之下，伪表辞不受。操大惧，乃让位于绍。二年，使将作大匠孔融持节拜绍大将军。"[④]乃述建安元年袁绍初为太尉后为大将军一事。据此知袁绍于建安元年为太尉封邺侯，曹操封为大将军；后建安二年孔融持节改封袁绍为大将军。若以大将军事则此条应在建安二年，若以邺侯事，则此条应在建安元年。持节与改封大将军均在建安二年，邺侯事恐为窜乱之误，故入此年。

按：此事《三国志·袁绍传》卷六有"天子以绍为太尉，转为大将军，封邺侯"[⑤]，又《资治通鉴·建安二年》卷六十二曰："三月，诏将作大匠孔融持节拜袁绍大将军，兼督冀、青、幽、并四州。"[⑥]皆未言自《献帝春秋》出，然史实互证，可见《献帝春秋》述之有据。

---

① [南朝宋]范晔：《后汉书》，中华书局，1965年版，页2397。
② [南朝宋]范晔：《后汉书》，中华书局，1965年版，页2396。
③ [南朝宋]范晔：《后汉书》，中华书局，1965年版，页2389。
④ [南朝宋]范晔：《后汉书》，中华书局，1965年版，页2389。
⑤ [晋]陈寿：《三国志》，中华书局，1971年版，页194。
⑥ [宋]司马光：《资治通鉴》，中华书局，1956年版，页1996。

汉献帝建安三年(公元 198 年)

1. 袁绍叛卒诣公云:"田丰使绍早袭许,若挟天子以令诸侯,四海可指麾而定。"公乃解绣围。

考曰:此条出自《三国志·武帝纪》卷一注[①],所注正文为:"三年春正月,公还许,初置军师祭酒。三月,公围张绣于穰。夏五月,刘表遣兵救绣,以绝军后。"[②]此条乃述曹操围攻张绣,后袁绍叛兵言及田丰有让袁绍袭击许都来"挟天子以令诸侯"的建议,曹操觉得情势急迫,立刻调兵回许都,由此解除了对张绣的围攻。

2. 太祖军至彭城。陈宫谓布:"宜逆击之,以逸击劳,无不克也。"布曰:"不如待其来攻,蹙着泗水中。"及太祖军攻之急,布于白门楼上谓军士曰:"卿曹无相困,我(自首当)[当自首]明公。"陈宫曰:"逆贼曹操,何等明公!今日降之,若卵投石,岂可得全也!"

考曰:此条出自《三国志·张邈传》卷七注[③],所注正文为:"布欲降,陈宫等自以负罪深,沮其计。"[④]此条述建安三年曹操攻吕布之战,吕布本有降曹之心,但遭陈宫劝阻。考《资治通鉴·建安三年》卷六十二载为:"月余,布益困迫,临城谓操军士曰:'卿曹无相困我,我当自首于明公。'陈宫曰:'逆贼曹操,何等明公!今日降之,若卵投石,岂可得全也!'"[⑤]故入此年。

3. 布问太祖:"明公何瘦?"太祖曰:"君何以识孤?"布曰:"昔在洛,会温氏园。"太祖曰:"然。孤忘之矣。所以瘦,恨不早相得故也。"布曰:"齐桓舍射钩,使管仲相;今使布竭股肱之力,为公前驱,可乎?"布缚急,谓刘备曰:"玄德,卿为坐客,我为执虏,不能一言以相宽乎?"太祖笑曰:"何不相语,而诉明使君乎?"意欲活之,命使宽缚。

---

① [晋]陈寿:《三国志》,中华书局,1971 年版,页 16。

② [晋]陈寿:《三国志》,中华书局,1971 年版,页 15。

③ [晋]陈寿:《三国志》,中华书局,1971 年版,页 227。

④ [晋]陈寿:《三国志》,中华书局,1971 年版,页 226。

⑤ [宋]司马光:《资治通鉴》,中华书局,1956 年版,页 2006。

主簿王必趋进曰:“布,勍虏也。其众近在外,不可宽也。”太祖曰:“本欲相缓,主簿复不听,如之何?”

考曰:此条出自《三国志·张邈传》卷七注[①],《太平御览》卷三七八与卷八二四、《施注苏诗》卷十六、《卮林》卷一、《天中记》卷二十一均引此条。《太平御览》卷三七八作:“《献帝春秋》曰:司空攻吕布于下邳,吕布登西北白楼上,城陷,士擒以诣司空。布曰:‘明公何瘦?’司空曰:‘所以瘦,不早相得故耳。’(司空,曹操也)”[②]《太平御览》卷八二四作:“《献帝春秋》曰:吕布问太祖:‘明公何瘦?’太祖曰:‘君何以识孤?’布曰:‘昔在洛,会浸氏园。’太祖曰:‘然孤忘之矣,所以瘦者,不早相得故也。’”[③]《施注苏诗》卷十六作:“《献帝春秋》:吕布问曹公:‘明公何瘦?’答曰:‘所以瘦,恨不蚤相得故也。’”[④]《卮林》卷一作:“《献帝春秋》:司空攻吕布于下邳,布登西北白楼上,城陷,士擒以诣司空。”[⑤]《天中记》卷二十一作:“瘦恨得晚 曹操攻吕布于下邳,吕布登西北白门上,城陷,士擒以诸操。布曰:‘明公何瘦?’操曰:‘君何以识孤?’布曰:‘昔在洛,会温氏园。’操曰:‘然孤忘之矣。所以瘦,恨不早相故也。’《献帝春秋》”[⑥]以上不同出处文字或有差异,但所述均为一事。

按:《资治通鉴·建安三年》卷六十二作:“布与麾下登白门楼。兵围之急,布令左右取其首诣操,左右不忍,乃下降。布见操曰:‘今日已往,天下定矣。’操曰:‘何以言之?’布曰:‘明公之所患不过于布,今已服矣。若令布将骑,明公将步,天下不足定也。’顾谓刘备曰:‘玄德,卿为坐上客,我为降虏,绳缚我急,独不可一言邪!’操笑曰:‘缚虎不得不急。’乃命缓布缚,刘备曰:‘不可。明公不见吕布事

① [晋]陈寿:《三国志》,中华书局,1971 年版,页 228。

② [宋]李昉:《太平御览》,中华书局,1966 年版,页 1748。

③ [宋]李昉:《太平御览》,中华书局,1966 年版,页 3671。

④ [宋]苏轼撰,[宋]施元之注:《施注苏诗》,《文渊阁四库全书》册 1110,台湾商务印书馆,1984 年版,页 639。

⑤ [明]周婴:《卮林》,嘉庆二十年(1815 年)湖海楼丛书本。

⑥ [明]陈耀文:《天中记》,光绪四年(1878 年)听雨山房重刻本,册 4,页 75。

丁建阳、董太师乎！’操颔之。布目备曰：‘大耳儿，最叵信！’”[①]故入此年。

4. 孙策获太史慈，谓曰：“昔与卿神亭之役，若为卿先如何？”慈对曰：“不敢面欺。若兜鍪带不断，未可量也。”

考曰：此条出自《太平御览》卷三百五十六[②]，述建安三年孙策伐祖郎之战中俘太史慈事。另《四六标准》卷十笺注曰：“《献帝春秋》：太史慈与孙策战于神亭，策得慈兜鍪。”[③]《渊鉴类函》卷二百二十八、《三国志补注》卷六均作：“策获太史慈，谓曰：‘孤昔与卿神亭之役，若为卿先如何？’慈谓曰：‘不敢面欺，若兜鍪带不断，未可量也。’”[④]《资治通鉴·建安三年》卷六十二载：“又讨太史慈于勇里，禽之，解缚，捉其手曰：‘宁识神亭时邪？若卿尔时得我云何？’慈曰：‘未可量也。’”[⑤]未言自《献帝春秋》出，然可证此事不虚。

5. 孙策获太史慈，乃出教曰：“龙欲腾翥，先阶尺木。且今署慈为门下督，须军还当更议。”

考曰：此条出自《初学记》卷三十[⑥]，与上条同为一事，但出处不同，故分列之。《绀珠集》卷十三、《龙筋凤髓判》卷一、《渊鉴类函》卷四百三十八、《佩文韵府》卷九之一、《格致镜原》卷九十均引此条。其中《绀珠集》卷十三、《格致镜原》卷九十仅录“龙欲腾翥，先阶尺木”[⑦]；《龙筋凤髓判》卷一注曰：“赵煜《献帝春秋》：龙欲腾翥先阶尺

---

① ［宋］司马光：《资治通鉴》，中华书局，1956年版，页2006—2007。

② ［宋］李昉：《太平御览》，中华书局，1966年版，页1637。

③ ［宋］李刘撰，［明］孙云翼笺注：《四六标准》，《文渊阁四库全书》册1177，台湾商务印书馆，1984年版，页265。

④ ［清］张英、王士祯等：《渊鉴类函》，中国书店据1887年上海同文书局影印本第9册，1985年版，页399。

⑤ ［清］杭世骏：《三国志补注》，《丛书集成初编》，商务印书馆，1937年版，页2009。

⑥ ［唐］徐坚：《初学记》，中华书局，1962年版，页937。

⑦ ［宋］朱胜非：《绀珠集》，《文渊阁四库全书》册872，台湾商务印书馆，1984年版，页530；［清］陈元龙：《格致镜原》，《文渊阁四库全书》册1032，台湾商务印书馆，1984年版，页640。

木”[①];《渊鉴类函》卷四百三十八[②]、《佩文韵府》卷九之一[③]与《初学记》所引同。

汉献帝建安四年(公元199年)

1. 瓒梦蓟城崩,知必败,乃遣间使与续书。绍候者得之,使陈琳更其书曰:“盖闻在昔衰周之世,僵尸流血,以为不然,岂意今日身当其冲!袁氏之攻,似若神鬼,鼓角鸣于地中,梯冲舞吾楼上。日穷月蹴,无所聊赖。汝当碎首于张燕,速致轻骑,到者当起烽火于北,吾当从内出。不然,吾亡之后,天下虽广,汝欲求安足之地,其可得乎!”

考曰:此条出自《三国志·公孙瓒传》卷八注[④],述袁绍攻公孙瓒之战,所注正文为:“遣人与子书,刻期兵至,举火为应。”[⑤]后还有裴松之曰:“其余语与《典略》所载同。”[⑥]因《三国志》所引至“岂意今日身当其冲”止,故将《典略》部分加入进去,合为完璧。此条以《三国志》所引较早且较完整,故录之。又公孙瓒灭于建安四年春,故入此年。

2. 操引军造[⑦]河,托言助绍实欲袭邺,以为瓒援,会瓒破灭,绍亦觉之,以军退,屯于敖仓。

考曰:此条出自《后汉书·袁绍列传》卷七十四注[⑧],所注正文为“往岁伐鼓北征,讨公孙瓒,强御桀逆,拒围一年。操因其未破,阴交书命,欲托助王师,以见掩袭,故引兵造河,方舟北济。会行人发露,

---

① [唐]张鷟:《龙筋凤髓判》,商务印书馆,民国十一年(1922年)版,页12。

② [清]张英、王士祯等:《渊鉴类函》,中国书店据1887年上海同文书局影印本第10册,1985年版,页191。

③ [清]张玉书、陈廷敬等:《佩文韵府》,上海古籍书店,1983年版,页380。

④ [晋]陈寿:《三国志》,中华书局,1971年版,页247。

⑤ [晋]陈寿:《三国志》,中华书局,1971年版,页244。

⑥ [晋]陈寿:《三国志》,中华书局,1971年版,页247。

⑦ 《义门读书记》卷四十九作“渡”。

⑧ [南朝宋]范晔:《后汉书》,中华书局,1965年版,页2398。

瓒亦枭夷，故使锋芒挫缩，厥图不果。屯据敖仓，阻河为固”[①]，乃袁绍伐曹操檄文之部分。《献帝春秋》此条与正文所说互证，同时详其细节，揭示个中缘由。《义门读书记》卷四十九亦曰：“《后汉书》注引《献帝春秋》云：操引军渡河，托言助绍实欲袭邺，以为瓒援，会瓒破灭，绍亦觉之，以军退，屯于敖仓。”[②]此条虽出自袁绍讨曹操之檄文，但事乃袁绍攻公孙瓒之事，故时间与上条相类。

3. 张杨大将睦[③]固屯于射犬，巫戒[④]之曰：“将军本名白兔，兔见犬必惊，不宜屯[⑤]此。”固不从，司空[⑥]曰：“兔入犬城，但当取[⑦]。”遂[⑧]进军击平之。

考曰：此条出自《太平御览》卷九百七[⑨]，述建安四年曹操灭眭固射犬之战。《事类赋》卷二十三亦引[⑩]，文字略异，已出注。按《资治通鉴·建安四年》卷六十三述为：“眭固屯射犬，夏，四月，曹操进军临河，使将军史涣、曹仁渡河击之。仁，操从弟也。固自将兵北诣袁绍求救，与涣、仁遇于犬城，涣、仁击斩之。操遂济河，围射犬；射犬降，操还军敖仓。”[⑪]《献帝春秋》此条所述更加详尽，补充了不少细节。

4. 袁，舜后。黄应代赤，故包有此言。

考曰：此条出自《后汉书·袁绍列传》卷七十四上注[⑫]，所注正文为：“绍既并四州之地，众数十万，而骄心转盛，贡御稀简。主簿耿包

---

① [南朝宋]范晔：《后汉书》，中华书局，1965年版，页2398。

② [清]何焯：《义门读书记》，中华书局，1991年版，页959。

③ 《事类赋》卷二十三作“张杨将眭”。

④ 《事类赋》卷二十三作“诫”。

⑤ 《事类赋》卷二十三作“居”。

⑥ 《事类赋》卷二十三作“曹公”。

⑦ 《事类赋》卷二十三无此句。

⑧ 《事类赋》卷二十三无此字。

⑨ [宋]李昉：《太平御览》，中华书局，1966年版，页4022。

⑩ [宋]吴淑：《事类赋》，中华书局，1989年版，页468。

⑪ [宋]司马光：《资治通鉴》，中华书局，1956年版，页2013。

⑫ [南朝宋]范晔：《后汉书》，中华书局，1965年版，页2391。

密白绍曰：'赤德衰尽，袁为黄胤，宜顺天意'……"[①]乃耿包劝袁绍称尊号事。《献帝春秋》此条应为节略，但在此处，很好地解释了耿包所言之逻辑，是将舜做幌子，以舜之黄代替刘汉之赤来为袁绍称尊号找充分的理由。《资治通鉴·建安四年》卷六十三亦曰："主簿耿包密白绍，宜应天人，称尊号。"[②]则此条当入此年。

5. 备谓岱等曰："使汝百人来，其无如我何；曹公自来，未可知耳！"

考曰：此条出自《三国志·武帝纪》卷一注[③]，所注正文为："备之未东也，阴与董承等谋反，至下邳，遂杀徐州刺史车胄，举兵屯沛。遣刘岱、王忠击之，不克。"[④]乃述曹操遣刘备击袁术，后刘备屯沛，曹操遣刘岱等讨刘备之事。《献帝春秋》此条补充了细节，表现了当时刘备志得意满之态。

按：《资治通鉴·建安四年》卷六十三亦有："备众数万人，遣使与袁绍连兵，操遣空长史沛国刘岱、中郎将扶风王忠击之，不克。备谓岱等曰：'使汝百人来，无如我何；曹公自来，未可知耳！'"[⑤]未言自《献帝春秋》出，然亦可资佐证。

6. 秦朗父为张飞所杀，太祖[⑥]纳其母，爱朗。谓人曰："岂有爱假子如孤者？"

考曰：此条出自《白孔六帖》卷十八[⑦]，《渊鉴类函》卷二百四十三亦引[⑧]，但事在何时已无可考。仅知秦朗父秦宜禄于建安四年左右亡，故列于此。另《魏氏春秋》《三国志》等皆言秦宜禄为张飞所杀，

---

① [南朝宋]范晔：《后汉书》，中华书局，1965 年版，页 2390。

② [宋]司马光：《资治通鉴》，中华书局，1956 年版，页 2014。

③ [晋]陈寿：《三国志》，中华书局，1971 年版，页 18。

④ [晋]陈寿：《三国志》，中华书局，1971 年版，页 18。

⑤ [宋]司马光：《资治通鉴》，中华书局，1956 年版，页 2024。

⑥ 《渊鉴类函》卷二百四十三作"子"，误，乃曹操纳秦朗母。

⑦ [唐]白居易、[宋]孔传：《白孔六帖》，《文渊阁四库全书》册 891，台湾商务印书馆，1984 年版，页 300。

⑧ [清]张英、王士祯等：《渊鉴类函》，中国书店据 1887 年上海同文书局影印本第 10 册，1985 年版，页 24。

然又有言乃关羽杀之,正史所言更可信。

汉献帝建安五年(公元200年)

1. 绍令军中各持三尺绳,曹操诚禽,但当缚之。

考曰:此条出自《后汉书·袁绍列传》卷七十四上注[①],所注正文为:"绍为高橹,起土山,射营中,[营中]皆蒙楯而行。"[②]述曹操袁绍大战,袁绍誓擒曹操。《献帝春秋》此条,从细节处表现了袁绍对曹操的愤恨之情。

2. 扬[③]州刺史刘馥上言,荆州牧刘表[④]与会稽太守孙权谋袭京城,遂堑[⑤]许,设鹿角砦。

考曰:此条出自《说郛》本,《子史钩沉》本、《古今说部丛书》本亦辑,《太平御览》卷三百三十七[⑥]亦引此条。时间不确,且无从考定。据史料,刘馥建安五年任扬州刺史,卒于建安十三年(公元208年),且孙权于建安五年任会稽太守,则此条时间上下限可定。然刘表与江东政权关系紧张,且刘备曾劝刘表攻许昌,刘表未允,则与孙权同讨许昌不可信。时间不确,内容不可考,姑以上限为准,列于此年。

汉献帝建安六年(公元201年)

汉朝闻益州乱,遣五官中郎将牛亶为益州刺史;征璋为卿,不至。

---

① [南朝宋]范晔:《后汉书》,中华书局,1965年版,页2400。

② [南朝宋]范晔:《后汉书》,中华书局,1965年版,页2400。

③ 《古今说部丛书》本作"扬",《说郛》本、《太平御览》卷三百三十七此条作"杨"。

④ 《说郛》《古今说部丛书》均作"来",《太平御览》卷三百三十七作"表"。荆州牧应为刘表,故径改。

⑤ 《太平御览》卷三百三十七作"壍"。

⑥ [宋]李昉:《太平御览》,中华书局,1966年版,页1547。

考曰：此条出自《三国志·刘璋传》卷三十一注[①]，所注正文为："后羲与璋情好携隙，赵韪称兵内向，众散见杀，皆由璋明断少而外言入故也。"[②]裴松之此处所引，不甚明了。或因正文提及刘璋、庞羲与赵韪三人关系，刘璋性"暗弱""不武"，而庞羲与赵韪因手握重权，顿生反心，故引此条，其中"益州乱"或即指此。《资治通鉴·建安六年》卷六十四亦引，作："朝廷闻益州乱，以五官中郎将牛亶为益州刺史；征璋为卿，不至。"[③]未言自《献帝春秋》出，亦可证此事不虚。

汉献帝建安七年（公元202年）

1. 绍为人政宽，百姓德之。河北士女莫不伤怨，市巷挥泪，如或丧亲。

考曰：此条出自《后汉书·袁绍列传》卷七十四上注[④]，所注正文为："自军败后发病，七年夏，薨。"[⑤]乃述平民百姓对袁绍的看法和评价，展现了袁绍的另一面。此条为建安七年袁绍去世后之注引，故入此年。

2. 建安七年，五色大鸟集魏郡，众鸟数千随之。

考曰：此条出自《后汉书·五行志二》卷一百四志第十四注[⑥]，所注正文为："天戒若曰：诸怀爵禄而尊厚者，还自相害至灭亡也。"[⑦]此处注引《献帝春秋》，或以天之异象来与人世之异动相应和。《文献通考》卷三百十二亦引此条[⑧]，文字同。

---

① [晋]陈寿：《三国志》，中华书局，1971年版，页869。
② [晋]陈寿：《三国志》，中华书局，1971年版，页868。
③ [宋]司马光：《资治通鉴》，中华书局，1956年版，页2043。
④ [宋]司马光：《资治通鉴》，中华书局，1956年版，页2403。
⑤ [宋]司马光：《资治通鉴》，中华书局，1956年版，页2403。
⑥ [南朝宋]范晔：《后汉书》，中华书局，1965年版，页3302。
⑦ [南朝宋]范晔：《后汉书》，中华书局，1965年版，页2401。
⑧ [元]马端临：《文献通考》，中华书局，1986年版，页2446。

汉献帝建安八年（公元 203 年）

谭、尚遂寻干戈，以相征讨。谭军不利，保于平原，尚乃军于馆陶。谭击之败，尚走保险。谭追攻之，尚设奇伏大破谭军，僵尸流血不可胜计，谭走还平原。

考曰：此条出自《后汉书·袁绍列传》卷七十四下注[①]，所注正文为："诚拱默以听执事之图，则惧违春秋死命之节，诒太夫人不测之患，损先公不世之业。我将军辞不获命，以及馆陶之役。"[②]乃袁尚手下审配献与袁谭书信之部分，此处引《献帝春秋》，揭示了此前袁谭、袁尚互攻之事。审配献此信在建安九年，而《献帝春秋》所言袁谭、袁尚相攻之事，当在建安八年，《后汉书·袁绍列传》卷七十四下有载，故入此年。

汉献帝建安九年（公元 204 年）

1. 司空邺城围周四十里，初浅而狭，如或可越，审配不出争利[③]，望而笑之，司空一夜增修，广深二丈，引漳水以注之，遂拔邺。

考曰：此条出自《水经注》卷十[④]，述曹操攻邺城事。郦道元引《献帝春秋》此条是为释漳水。《佩文韵府》卷一百零六亦引此条[⑤]，文字略异，已出注。《资治通鉴·建安九年》卷六十四亦述此事，作："五月，操毁土山、地道，凿堑围城，周回四十里，初令浅，示若可越。配望见，笑之，不出争利。操一夜浚之，广深二丈，引漳水以灌之；城中饿死者过半。"[⑥]虽未言自《献帝春秋》出，然可见所言不虚。

---

① ［南朝宋］范晔：《后汉书》，中华书局，1965 年版，页 2416。

② ［南朝宋］范晔：《后汉书》，中华书局，1965 年版，页 2415。

③ 《佩文韵府》卷一百零六无"不出争利"四字。

④ ［北魏］郦道元：《水经注校证》卷十，中华书局，2007 年版，页 258。

⑤ ［清］张玉书、陈廷敬等：《佩文韵府》，上海古籍书店，1983 年版，页 4209。

⑥ ［宋］司马光：《资治通鉴》，中华书局，1956 年版，页 2053。

2. 太祖兵入城，审配战于门中，既败，逃于井中，于井获之。

考曰：此条出自《三国志·袁绍传》卷六注①，所注正文为："配声气壮烈，终无挠辞，见者莫不叹息。遂斩之。"②此条虽言自《献帝春秋》出，但未单独引出，文字或与原本有出入。所述与上条同为曹操攻邺城事，《山阳公载记》亦载此条。

汉献帝建安十年（公元205年）

太祖平邺，谓陈琳曰："君昔为本初作檄书，但罪孤而已，何乃以及父祖耶？"琳谢曰："矢在弦上，不得不发也。"

考曰：此条出自《北堂书钞》卷一百三③，述曹操收邺城后责陈琳事。《渊鉴类函》卷一百九十七亦引此条④，文字同。《资治通鉴·建安十年》卷六十四亦有："及袁氏败，琳归操，操曰：'卿昔为本初移书，但可罪状孤身，何乃上及父祖邪！'琳谢罪，操释之，使与陈留阮俱管记室。"⑤虽未言自《献帝春秋》出，然亦可资佐证。

汉献帝建安十五年（公元210年）

孙权以步骘行交州刺史。

考曰：此条出自《后汉书·百官五》志第二十八注⑥，所注正文为："建武十八年，复为刺史，十二人各主一州，其一州属司隶校尉。"⑦乃述东汉时职官制度，引《献帝春秋》此条为说明各州刺史之具体任命情况。又《三国志·士燮传》卷四十九曰："建安十五年，孙

---

① [晋]陈寿：《三国志》，中华书局，1971年版，页206。

② [晋]陈寿：《三国志》，中华书局，1971年版，页202。

③ [隋]虞世南：《北堂书钞》，中国书店，1989年版，页395。

④ [清]张英、王士祯等：《渊鉴类函》，中国书店据1887年上海同文书局影印本第8册，1985年版，页298。

⑤ [宋]司马光：《资治通鉴》，中华书局，1956年版，页2060。

⑥ [南朝宋]范晔：《后汉书》，中华书局，1965年版，页3618。

⑦ [南朝宋]范晔：《后汉书》，中华书局，1965年版，页3617。

权遣步骘为交州刺史。"[①]故入此年,亦可证此条所说为实。

汉献帝建安十七年(公元212年)

1. 刘备至京,谓孙权曰:"吴去此数百里,即有警急,赴救为难,将军有意屯京乎?"权曰:"秣陵有小江百余里,可以安大船。吾方理水军,当移据之。"备曰[②]:"芜湖近濡须,亦佳。"权曰:"吾欲图徐州,宜近下也。"

考曰:此条出自《三国志·张纮传》卷五十三注[③],所注正文为:"纮建计宜出都秣陵,权从之。"[④]可见,陈寿认为是张纮建议都秣陵,《献帝春秋》此条则言乃刘备提议。刘备是否与孙权有此对话,且何时进行的,颇难考定。《资治通鉴·建安十七年》卷六十六有:"初,张纮以秣陵山川形胜,劝孙权以为治所;及刘备东过秣陵,亦劝权居之。权于是作石头城,徒治秣陵,改秣陵为建业。"[⑤]似为调和二说,即张纮与刘备皆属意秣陵为都,只不过张纮在先,刘备在后。据此及建安十七年孙权都秣陵,此条列入此年。

按:《景定建康志》卷十五[⑥]、《至正金陵新志》卷四均引[⑦],文字同。《大事记续编》卷二十九亦引,作:"《献帝春秋》:备劝孙权据芜湖,曰:'芜湖近濡须,亦佳。'后陆逊亦尝屯焉。"[⑧]

2. 董承之诛,伏后与父完书,言司空杀董承,帝方为报怨。完得

---

① [晋]陈寿:《三国志》,中华书局,1971年版,页1192。

② 《大事记续编》卷二十九此条"曰"字前只略作"备劝孙权据芜湖"。

③ [晋]陈寿:《三国志》,中华书局,1971年版,页1246。

④ [晋]陈寿:《三国志》,中华书局,1971年版,页1245。

⑤ [宋]司马光:《资治通鉴》,中华书局,1956年版,页2113—2114。

⑥ [宋]马光祖、周应合:《景定建康志》,《宋元地方志丛书》册2,(台北)中国地志研究会,1978年版,页878。

⑦ [元]张铉:《至正金陵新志》,《宋元地方志丛书》册3,(台北)中国地志研究会,1978年版,页5502。

⑧ [明]王袆:《大事记续编》,《文渊阁四库全书》册333,台湾商务印书馆,1984年版,页408。

书以示彧，彧恶之，久隐而不言。完以示妻弟樊普，普封以呈太祖，太祖阴为之备。彧后恐事觉，欲自发之，因求使至邺，劝太祖以女配帝。太祖曰："今朝廷有伏后，吾女何得以配上，吾以微功见录，位为宰相，岂复赖女宠乎！"彧曰："伏后无子，性又凶邪，往常与父书，言辞丑恶，可因此废也。"太祖曰："卿昔何不道之？"彧阳惊曰："昔已尝为公言也。"太祖曰："此岂小事而吾忘之！"彧又惊曰："诚未语公邪！昔公在官渡与袁绍相持，恐增内顾之念，故不言尔。"太祖曰："官渡事后何以不言？"彧无对，谢阙而已。太祖以此恨彧，而外含容之，故世莫得知。至董昭建立魏公之议，彧意不同，欲言之于太祖。及赍玺书犒军，饮飨礼毕，彧留请间。太祖知彧欲言封事，揖而遣之，彧遂不得言。彧卒于寿春，寿春亡者告孙权，言太祖使彧杀伏后，彧不从，故自杀。权以露布于蜀，刘备闻之曰："老贼不死，祸乱未已。"

考曰：此条出自《三国志·荀彧传》卷十注①，所注正文为："十七年，董昭等谓太祖宜进爵国公，九锡备物，以彰殊勋，密以谘彧。彧以为太祖本兴义兵以匡朝宁国，秉忠贞之诚，守退让之实；君子爱人以德，不宜如此。太祖由是心不能平。会征孙权，表请彧劳军于谯，因辄留彧，以侍中光禄大夫持节，参丞相军事。太祖军至濡须，彧疾留寿春，以忧薨，时年五十。谥曰敬侯。明年，太祖遂为魏公矣。"②此条述曹操与荀彧之间的种种过节，因述荀彧与曹操过节，历经数年之久，不知入何年为确。考董昭立魏公之议招荀彧反对及荀彧去世，皆在建安十七年，故入此年。

按：《大事记续编》卷二十、《东汉文纪》卷四、《六艺之一录》卷二六一、《通雅》卷三十一均引此条。《六艺之一录》卷二六一与《通雅》卷三十一从"彧卒于寿春"始③，后皆同。《大事记续编》卷二十略作："袁暐《献帝春秋》：董承之诛，伏后与父完书，言司空杀董承，帝方为

① [晋]陈寿：《三国志》，中华书局，1971年版，页318。

② [晋]陈寿：《三国志》，中华书局，1971年版，页317。

③ [清]倪涛：《六艺之一录》，《文渊阁四库全书》册835，台湾商务印书馆，1984年版，页566；[明]方以智：《通雅》，中国书店据清康熙姚文燮浮山此藏轩本影印，1980年版，页370。

报怨。完得书以示彧，彧隐而不言，后恐事觉，欲自发之，因求使至邺，劝操以女配帝。本文作太祖，下同。”[①]与《东汉文纪》卷四仅录：“司空杀董承，帝方为报怨。(《献帝春秋》)”[②]

3. 昭与列侯诸将议，以丞相宜进爵国公，九锡备物，以彰殊勋。书与荀彧曰：“昔周旦、吕望，当姬氏之盛，因二圣之业，辅翼成王之幼，功勋若彼，犹受上爵，锡土开宇。末世田单，驱强齐之众，报弱燕之怨，收城七十，迎复襄王；襄王加赏于单，使东有掖邑之封，西有淄上之虞。前世录功，浓厚如此。今曹公遭海内倾覆，宗庙焚灭，躬擐甲胄，周旋征伐，栉风沐雨，且三十年，芟夷群凶，为百姓除害，使汉室复存，刘氏奉祀。方之曩者数公，若太山之与丘垤，岂同日而论乎？今徒与列将功臣，并侯一县，此岂天下所望哉！”

考曰：此条出自《三国志·荀彧传》卷十四注[③]，述董昭欲立曹操为国公，写给荀彧的信。所注正文为：“昭曰：‘自古以来，人臣匡世，未有今日之功。……昭受恩非凡，不敢不陈。’”[④]《献帝春秋》此条体现了董昭在立国公一事上进行的种种努力，不仅面谏曹操，还积极游说群臣。

按：《资治通鉴》卷六十六之建安十七年十月亦载：“董昭言于曹操曰：‘自古以来，人臣匡世，未有今日之功；有今日之功，未有久处人臣之势者也。今明公耻有惭德，乐保名节；然外大臣之势，使人以大事疑已，诚不可不重虑也。’乃与列侯诸将议，以丞相宜进爵国公，九锡备物，以彰殊勋。”[⑤]故入此年。

---

① [明]王祎：《大事记续编》，《文渊阁四库全书》册 333，台湾商务印书馆，1984 年版，页 293。

② [明]梅鼎祚：《东汉文纪》，《文渊阁四库全书》册 1397，台湾商务印书馆，1984 年版，页 81。

③ [晋]陈寿：《三国志》，中华书局，1971 年版，页 440。

④ [晋]陈寿：《三国志》，中华书局，1971 年版，页 439—440。

⑤ [宋]司马光：《资治通鉴》，中华书局，1956 年版，页 2114—2115。

汉献帝建安十八年(公元213年)

时省幽、并州,以其郡国并于冀州;省司隶校尉及凉州,以其郡国并为雍州;省交州并为荆州、益州[①]。于是有兖、豫、青、徐、荆、扬、冀、益、雍也。九数虽同,而《禹贡》无益州有梁州,然梁、益均此地也。

考曰:此条出自《后汉书·孝献帝纪》卷九注[②],所注正文为:"十八年春正月庚寅,复《禹贡》九州"[③],述九州志省并情况,补充了正史中未述及的细节。《太平御览》卷一百五十七[④]、《禹贡指南》卷二[⑤]、《山西通志》卷一百七十六[⑥]、《渊鉴类函》卷三百三十四[⑦]等均引此条,文字略异,已出注。

汉献帝建安十九年(公元214年)

献帝都许,守位而已。宿卫近侍,莫非曹氏党。旧恩戚议郎赵彦尝为帝陈言时策,曹操恶而杀之,其余内外多见诛。操后以事入见殿中,帝不任其忿,因曰:"君能相辅则厚,不尔,幸垂恩相舍。"操失色俯仰求出。旧仪三公辅兵入庙[⑧],令虎贲执刃挟之,操顾左右,汗流洽[⑨]背,自后不敢复朝请。

考曰:此条出自《说郛》本[⑩],《子史钩沉》本、《古今说部丛书》本均辑。献帝都许在建安元年,但献帝与曹操殿中此事不知何时发

---

① 《山西通志》卷一百七十六此句作"省梁州,并荆州、益州",《太平御览》卷一百五十七作"省交州并荆州、益州",《渊鉴类函》卷三百三十四"省交州荆益州"。

② [南朝宋]范晔:《后汉书》,中华书局,1965年版,页387。

③ [南朝宋]范晔:《后汉书》,中华书局,1965年版,页387。

④ [宋]李昉:《太平御览》,中华书局,1966年版,页761。

⑤ [宋]毛晃:《禹贡指南》,《丛书集成初编》,商务印书馆,1936年版,页36。

⑥ [清]储大文:《山西通志》,《文渊阁四库全书》册548,台湾商务印书馆,1984年版,页455。

⑦ [清]张英、王士祯等:《渊鉴类函》,中国书店据1887年上海同文书局影印本第14册,1985年版,页4。

⑧ 《古今说部丛书》本无"辅兵"二字。

⑨ 《古今说部丛书》本作"浃"。

⑩ [元]陶宗仪、[清]陶珽:《说郛》,上海古籍出版社,1988年版,页2726。

生，考《资治通鉴·建安十九年》卷六十七有："帝自都许以来，守位而已，左右侍卫莫非曹氏之人者。议郎赵彦常为帝陈言时策，魏公操恶而杀之。操后以事入见殿中，帝不任其惧，因曰：'君若能相辅，则厚；不尔，幸垂恩相舍。'操失色，俯仰求出。旧仪：三公领兵，朝见，令虎贲执刃挟之。操出，顾左右，汗流浃背；自后不复朝请。"[①]文字略异，然可资佐证，故入此年。

汉献帝建安二十年（公元 215 年）

1. 孙权欲与备共取蜀，遣使报备曰："米贼张鲁据王巴、汉，为曹操耳目，规图益州。刘璋不武，不能自守。若操得蜀，则荆州危矣。今欲先攻取璋，进讨张鲁，首尾相连，一统吴、楚，虽有十操，无所忧也。"备欲自图蜀，拒答不听，曰："益州民富强，土地险阻，刘璋虽弱，足以自守。张鲁虚伪，未必尽忠于操。今暴师于蜀、汉，转运于万里，欲使战克攻取，举不失利，此吴起不能定其规，孙武不能善其事也。曹操虽有无君之心，而有奉主之名，议者见操失利于赤壁，谓其力屈，无复远志也。今操三分天下已有其二，将欲饮马于沧海，观兵于吴会，何肯守此坐须老乎？今同盟无故自相攻伐，借枢于操，使敌承其隙，非长计也。"权不听，遣孙瑜率水军住夏口。备不听军过，谓瑜曰："汝欲取蜀，吾当被发入山，不失信于天下也。"使关羽屯江陵，张飞屯秭归，诸葛亮据南郡，备自住孱陵。权知备意，因召瑜还。

考曰：此条出自《三国志·先主传》卷三十二注[②]，所注正文为："权遣使云欲共取蜀，或以为宜报听许，吴终不能越荆有蜀，蜀地可为己有。荆州主簿殷观进曰：'若为吴先驱，进未能克蜀，退为吴所乘，即事去矣。今但可然赞其伐蜀，而自说新据诸郡，未可兴动，吴必不敢越我而独取蜀。如此进退之计，可以收吴、蜀之利。'先主从

① ［晋］陈寿：《三国志》，中华书局，1971 年版，页 2133。

② ［晋］陈寿：《三国志》，中华书局，1971 年版，页 880。

之，权果辍计。迁观为别驾从事。”[①]裴松之引此条乃述孙权与刘备之间围绕占领蜀地的诸种纠葛，尤其是其中往来细节，从侧面体现了刘备之取蜀中的曲折。此条《三国志》中无确切时间，《资治通鉴·建安二十年》卷六十七作：“初，刘备在荆州，周瑜、甘宁等数劝孙权取蜀。权遣使谓备曰：‘刘璋不武，不能自守，若使曹操得蜀，则荆州危矣。今欲先攻取璋，次取张鲁，一统南方，虽有十操，无所忧也。’备报曰：‘益州民富地险，刘璋虽弱，足以自守。今暴师于蜀、汉，转运于万里，欲使战克攻取，举不失利，此孙、吴所难也。议者见曹操失利于赤壁，谓其力屈，无复远念；今操三分天下已有其二，将欲饮马于沧海，观兵于吴会，何肯守此坐须老乎！而同盟无故自相攻伐，借枢于操，使敌乘其隙，非长计也。且备与璋托为宗室，冀凭威灵以匡汉朝。今璋得罪于左右，备独悚惧，非所敢闻，愿加宽贷。’权不听，遣孙瑜率水军住夏口。备不听军过，谓瑜曰：‘汝欲取蜀，吾当被发入山，不失信于天下也。’使关羽屯江陵，张飞屯秭归，诸葛亮据南郡，备自住孱陵，权不得已召瑜还。”[②]所述事同而文字略异，未言自《献帝春秋》出，然可资佐证，故入此年。

按：《佩文韵府》卷七上引作：“坐须　《献帝春秋》：孙权欲与备共取蜀，遣使报备。备欲自图蜀，拒答不听，曰：‘今操三分天下已有其二，将欲饮马于沧海，观兵于吴会，何肯守此坐须老乎？今同盟无故自相攻伐，借枢于操，使敌乘其隙，非长计也。’”[③]《佩文韵府》卷四十九之二亦引，作：“坐须老　《献帝春秋》孙权遣使欲与刘备共取蜀，备欲自取，答之曰：‘曹操三分天下已有其二，将欲饮马于沧海，何肯守此坐须老乎？今同盟无故自相攻伐，借枢于操，使敌乘其隙，非长计也。’”[④]文字略异。

① [晋]陈寿：《三国志》，中华书局，1971年版，页880。
② [晋]陈寿：《三国志》，中华书局，1971年版，页2135—2136。
③ [清]张玉书、陈廷敬等：《佩文韵府》，上海古籍书店，1983年版，页263。
④ [清]张玉书、陈廷敬等：《佩文韵府》，上海古籍书店，1983年版，页1972。

2. 张辽问吴降人[1]："向有紫髯将军[2]，长上短下，便马善射[3]，是谁？"降人[4]答曰："是孙会稽[5]。"辽及乐进相遇，言不早知之，急追自得，举军叹恨。

考曰：此条出自《三国志·吴主传》卷四十七注[6]，所注正文为："兵皆就路，权与凌统、甘宁等在津北为魏将张辽所袭，统等以死捍权，权乘骏马越津桥得去。"[7]裴松之引此条，乃从侧面体现此战之艰苦，孙权从张辽手上逃脱之不易。

按：《太平御览》卷一百十八引此条[8]，文字同。《太平御览》卷二七六、卷三七四亦引[9]，《说郛》本（此条重出，文字略异）、《子史钩沉》本、《古今说部丛书》本亦辑，《渊鉴类函》卷二百六十亦引[10]，文字之异已出注。此条时间为建安二十年八月左右，此年张辽与孙权大战于合肥，后孙权战败，背景相符。《资治通鉴·建安二十年》卷第六十七亦有张辽与孙权大战的记载[11]。

汉献帝建安二十三年（公元218年）

收纪、晃等，将斩之，纪呼魏王名曰："恨吾不自生意，竟为群儿所误耳！"晃顿首搏颊，以至于死。

---

① 《太平御览》卷二七六作"张辽问吴降人曰"。

② 《太平御览》卷一百十八无"有"字，卷三七四此条有此字。《古今说部丛书》本无"向有"二字。

③ 《太平御览》卷三七四有此四字，《渊鉴类函》卷二百六十、《古今说部丛书》本无此四字。

④ 《太平御览》二七六、《古今说部丛书》本无"降人"二字。

⑤ 《太平御览》卷一百十八作"耶"，后还有"张辽、乐进相谓言：'早知之，急追即获。'举军叹恨。"卷三七四此句无。《渊鉴类函》卷三百二十四与此条同，《古今说部丛书》本无"也"。

⑥ ［晋］陈寿：《三国志》，中华书局，1971年版，页1120。

⑦ ［晋］陈寿：《三国志》，中华书局，1971年版，页1120。

⑧ ［宋］李昉：《太平御览》，中华书局，1966年版，页571。

⑨ ［宋］李昉：《太平御览》，中华书局，1966年版，页1289，页1725。

⑩ ［清］张英、王士祯等：《渊鉴类函》，中国书店据1887年上海同文书局影印本第10册，1985年版，页280。

⑪ ［宋］司马光：《资治通鉴》，中华书局，1956年版，页2141—2142。

考曰：此条出自《三国志·武帝纪》卷一注[①]，正文为："二十三年春正月，汉太医令吉本与少府耿纪、司直韦晃等反，攻许，烧丞相长史王必营，必与颍川典农中郎将严匡讨斩之。"[②]《献帝春秋》此条，补充了正文行文中无法顾及的细节，还原了当时鲜活的场景。

按：《史通通释》卷七亦引，略作"《献帝春秋》曰：收纪等将斩之，纪呼魏王名曰：'恨吾不自主意，竟为群儿所误耳！'"[③]

汉献帝建安二十五年（公元220年）

帝时召群臣卿士告祠高庙，诏太常张音持节，奉策玺绶，禅位于魏王。乃为坛于繁阳故城，魏王登坛，受皇帝玺绶。

考曰：此条出自《后汉书·孝献帝纪》卷九注[④]，所注正文为："冬十月乙卯，皇帝逊位，魏王丕称天子。"[⑤]《献帝春秋》此条详述了献帝逊位之细节，弥补正文"为尊者讳"而未述之憾。建安二十五年献帝逊位，故入此年。

以上所辑条目之外，《后汉书·盖勋列传》裴注有："《续汉书》曰：'是时，汉阳叛人王国，众十余万，攻陈仓，三辅震动。勋领郡兵五千人，自请满万人，因表用处士扶风[士]孙瑞为鹰鹞都尉，桂阳魏杰为破敌都尉，京兆杜楷为威虏都尉，弘农杨儒为鸟击都尉，长陵第五儁为清寇都尉。凡五都尉，皆素有名，悉领属勋。每有密事，灵帝手诏问之。'"其中"桂阳魏杰"有校勘记："张森楷校勘记谓：案太尉刘宽碑阴有'右扶风杜阳魏杰'，献帝春秋同，而桂阳则荆州郡，不在三辅矣，盖'桂'字是'杜'字之误。"则《献帝春秋》应有杜阳魏杰条，

---

① [晋]陈寿：《三国志》，中华书局，1971年版，页50。
② [晋]陈寿：《三国志》，中华书局，1971年版，页50。
③ [唐]刘知几著，[清]浦起龙释：《史通通释》，上海古籍出版社，1978年版，页203。
④ [南朝宋]范晔：《后汉书》，中华书局，1965年版，页390。
⑤ [南朝宋]范晔：《后汉书》，中华书局，1965年版，页390。

然查考不得，不知张森楷先生所见录有此条之《献帝春秋》为何本，今无从考究，亦无法辑佚，留此备查。

《献帝春秋》十卷的篇幅，至今只留存下六十一条，从时间跨度和人物出现频次来看，所辑仍缺失颇多。辑佚往往就是这样，尽己所能去努力还原，却不无遗憾地发现，只能贴近原貌却无法完全重现，但值得欣慰的是，至少在前人的基础上，我们多多少少又进步了些许，或许对后世有所裨益。

第三章　数字人文背景下的古籍辑佚

数字人文这个概念是进入21世纪后被不断提及的新词和热词，随着5G网络、云端、“互联网+”、大数据、人工智能等数字化形式逐渐进入大众视野，数字人文渐成浪潮之势袭来。据中国互联网信息中心(http://www.cnnic.net.cn/hlwfzyj/)2020年4月28日发布的第45次《中国互联网络发展状况统计报告》显示，截至2020年3月，我国网民规模达9.04亿，互联网普及率达64.5%。[①] 对比1997年第一次发布《中国互联网络发展状况统计报告》时的62万用户数、29.9万台上网计算机数，可谓改天换地。[②] 我国手机网民在2019年规模就达8.47亿，并建成全球最大规模光纤和移动通信网络，行政村通光纤和4G比例均超过98%，固定互联网宽带用户接入超过4.5亿户。2019年12月，我国已经建成5G基站超过13万个，5G产业链推动人工智能与物联网结合发展到智联网。[③] 2020年，虽受新冠肺炎疫情影响，全球经济和科技发展都有不同程度的放缓，但我

---

① 中国互联网络信息中心(CNNIC):《第45次中国互联网络发展现状统计报告》，2020年4月28日。

② 中国互联网络信息中心(CNNIC):《第1次中国互联网络发展现状统计报告》，1997年12月1日。

③ 中国互联网络信息中心(CNNIC):《第45次中国互联网络发展现状统计报告》，2020年4月28日。

国区块链、IPV6、5G、人工智能、大数据等核心技术领域依然保持发展的态势。在互联网发展日新月异的今天，我们确有必要来展望数字人文背景下古籍辑佚发展的未来。

一、数字人文

（一）数字人文浪潮的袭来

数字人文，顾名思义，是在数字基础上进行人文研究。早在这个概念出现之前，人文研究已经随着时代的进步，开始借助计算机提高工作效率。从文字以数据形式输入到数据存储、检索、统计和分类计算等，人文研究在时代进步变化的背景下也开始不断地发展，定量研究开始走入人文研究领域，人文计算（Humanities Computing）也在一段时间里成为人文研究的新兴事物。

人文学科领域采用计算方式进行研究，标志性事件是1949年意大利罗伯特·布萨（Roberto Busa）神父为托马斯·阿奎那（Thomas Aquinas）及相关作者的著作编制语词索引。当时布萨用IBM计算机为中世纪经院哲学家托马斯·阿奎那的全部著作及相关文献制作语词索引，建立以托马斯·阿奎纳为中心的拉丁文神学著作语料库。此时，人文计算主要是使用大型计算机进行文字检索、分类、计数、词表生成等自动化操作，学者们因此能够处理、分析超乎想象的大量文本信息，规模远远超出之前依赖手写或打字机打出的索引卡处理技术所能达到的水平。

进入21世纪后，计算机的性能飞速发展，数字对世界的界定能力也迅速增强。小到细菌微粒，大到浩瀚宇宙，万事万物几乎都可以被数字定义和模拟，也都不同程度地以数字的形式被记录下来和呈现出来。计算的领域也不再单单专注于语言学领域，而是扩展到历史、音乐、艺术等多个领域。计算面对的对象也不仅仅停留在电子文本，而是逐步扩展到超文本、图像、视频、音频、数字地图、网页、虚拟现实、3D、多媒体等多种形式，“人文计算”也随之扩展为“数字人文”，由原来较为浅层的计算机技术辅助传统人文研究，进阶为新技术与人文研究的深度融合。以数字人文作标题的研究成果 *A Companion to Digital Humanities* 出版于 2004 年 11 月。2006 年，美国国家人文研究基金（NEH）启动了首个以“数字人文”冠名的项目——数字人文先导计划（Digital Humanity Initiative），如同数字图书馆先导计划一样，成为数字人文兴起的一个标志性事件。①

数字人文不再止步于计算，在原有的初级检索、统计的功能之外，还拓展到了统计处理（计算机语言学）、运用链接（超文本）、建模（包含结构构建与视觉呈现）、创造结构化数据（可扩展标记语言）、开展循环反复编辑并采用版本控制等，再加以可视化的功能，随着数据的变动进行自我更新展示。以西方字母型文献的不断数字化为前导，方块型汉字也逐步通过技术升级，由数字化向数据化不断完善。

尽管“数字人文”的概念晚至 2001 年才被首次提出，但在短短十多年的时间内即受到全球人文学者的瞩目，数字人文在全球的实践已有较丰富的成果。据国际数字人文组织联盟（The Alliance of Digital Humanities Organizations，ADHO）的统计，目前全球有超过 183 个冠以“数字人文”的中心、项目、实验室、团队或圈子，各数字人文项目的性质和类型从小型实验室、虚拟技术支持中心到包括硬件设施，甚至是要建设可授予学位的学术部门，范围越来越广，而且在持续增长中。数字人文在全球，特别是欧美已经有了相当长时间的发展。全球范围内知名的数字人文研究中心、资助基金有：斯坦福大学人文中心旗下的数个机构、麻省理工学院 HyperStudio、加州大学洛杉矶分校数字人文研究中心、英国伦敦国王学院人文艺术学院

① 王顺箐：《数字人文的发展进程及未来展望》，《全球信息社会发展报告（2019—2020）》，社会科学文献出版社，2020 年版，页 272。

数字人文系、日本立命馆大学京都文艺数字人文研究中心、台湾大学数位人文研究中心、美国国家人文基金会等和一些数字人文组织联盟，如前身为文学与语言学计算协会(Association for Literary and Linguistic Computing，ALLC)的欧洲数字人文协会（European Association for Digital Humanities，EADH)、人文领域计算机应用联合会(Association for Computers in the Humanities， ACH)、加拿大数字人文学会(Canadian Society for Digital Humanities / Société Canadienne des Humanités Numériques，CSDN/SCHN)。在国际学术会议和学术刊物方面，有国际数字人文组织联盟(ADHO)及每年一次、旨在探讨全球数字人文领域的新实践和新动向的“数字人文国际会议”。此外，还有一些向全球传播数字人文研究的理念、方法和成果的学术刊物和在线出版物，如《文学和语言计算》(*Literacy and Linguistic Computing*)、《文本技术》(*Text Technology*)、《人文领域计算机应用工作论文》(*Computers in the Humanities Working Papers*)、《数字人文季刊》(*Digital Humanities Quarterly*)和持续讨论数字人文相关主题的《数字人文指南》(*Companion to Digital Humanities*)等著作。

数字人文研究，概而言之有四个层面的内容。

第一层面是人文数据库或数据集的建设。这一层面主要表现为两个方面：其一是将非数字的人文资料加工转化为数字内容，典型的例子如谷歌数字图书项目(Google Books)、中国学术期刊CNKI项目、西文过刊全文库JSTOR等数字化项目；其二是对非结构化的数字文本内容按照某种使用目的进行规范化标注著录的数据集(dataset)建设，典型的例子如美国哈佛大学费正清研究中心、台湾“中央研究院”历史语言研究所、北京大学中国古代史研究中心发起的中国历代人物资料库项目(CBDB，China Biographical Database)。

第二层面是人文数字工具的开发使用。这一层次主要表现为两个方面：其一是使用或设计数字工具和平台解决传统人文问题。数字工具和平台在其中所起的作用，主要是处理低水平重复的工作，如资料查找、文本比对、文本标记等，将人文学者从“体力活”中解放出来，让其将精力放在目前人工智能无法解决的更深层次人文问题研究中。典型的例子，如中国哲学电子书计划(CTEXT)平台上的文本比对工具、MARKUS 文本标记工具、图书馆使用的 SUMMON 等检索工具。其二是使用或设计非人文领域研究方法的数字工具来理解和分析数据集。典型的例子包括：使用可视化社会网络分析工具 Gephi 来分析处理历史人物的亲属关系或社会关系；使用地理信息软件工具 QGIS 来展示历史人物的分布或变迁；卫星影像记录河流改道、岩壁壁画褪色等大时间尺度的记录与呈现。人文学者使用或设计这种非人文领域研究方法的数字工具，可以用来解决传统人文领域无法解决的问题，也可以发现新问题。

第三层面是创新人文研究方法和研究范式，将人文学者较多采用的定性研究转变为定性研究与定量研究相辅助的形式，前已述及，不再赘述。

第四层面是人文领域的创造性破坏与建设，通过数字技术切入人文领域，为人类文化遗产的传承、传播、全球化和创新提供新的方法。典型的例子如中国 2010 年上海世界博览会期间所展示的全息《清明上河图》，以全息视频的形式将静态的人、物进行动态展示，引起世界关注，推动了古代中国绘画、中国古代文化的全球化传播。①

国内的数字人文研究也呈迅速增长的趋势。以“数字人文”为关键词在 CNKI 上检索，得出结果如下页图 5 所示：

① 朱本军、聂华：《跨界与融合：全球视野下的数字人文会议综述》，《大学图书馆学报》2016 年第 5 期，页 16—21。

总体趋势分析

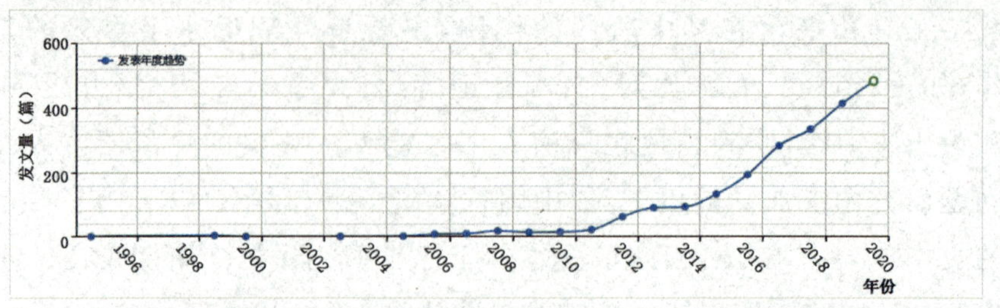

数据来源： 文献总数：1957 篇；检索条件：(主题=数字人文 或者 题名=数字人文 或者 v_subject=中英文扩展(数字人文) 或者 title=中英文扩展(数字人文))(模糊匹配)；数据库：文献 跨库检索

图 5　2020 年 8 月 24 日 CNKI“数字人文”检索结果图

可以看到，从 1995 年的第一篇“数字人文”文章到 2019 年的 410 篇(据此预测 2020 年“数字人文”文献数量将达到 479 篇)，24 年间文献数量激增。其中 1995 年后直到 1999 年才有第二篇文献出现，不过 1999 年一下出现 4 篇文献，2000 年就又回到了一篇文章一枝独秀的局面。直到 2003 年才有第 7 篇文献的出现，之后又是时隔两年的 2005 年才有第 8 和第 9 篇文献的出现。到 2006 年后，“数字人文”呈现逐年缓慢增长的趋势。2007 年文献数量突破两位数，增长势头一直持续到 2011 年，这一年文献数量达到了 22 篇。到 2012 年文献数量实现了井喷式增长，一夕之间达到了 61 篇，到 2015 年达到了 133 篇之多，2017 年达到了 282 篇。之后基本都是百位数的增长，说明相关研究已经渐渐成为学术热点，也渐渐走向学术主流。

如果我们按照文献的主题来进行分类的话(如图 6 所示)，“数字人文”这个主题毫无疑问是重中之重，占到了 32.24%，其次是 digital humanities 以 482 篇占比 22.92%，排名第三的是图书馆，有 138 篇，占 6.56%。依次相关的主题还有高校图书馆、数字人文教育、人文学科、humanities、the digital、人文计算、人文学者等等。

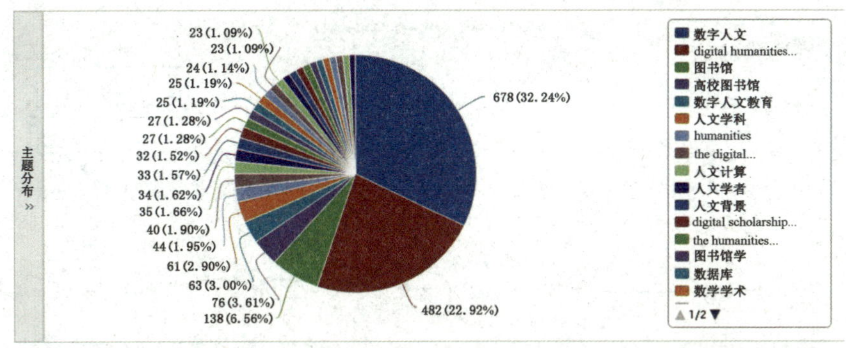

图 6 2020 年 8 月 24 日 CNKI“数字人文”检索结果主题分类图

如果从学科分类来看(如图 7 所示),我们目前的数字人文研究更多地是偏向图书情报数字图书馆与计算机,一个占到了 49.94%,一个是 23.78%,占比加起来几乎席卷了半壁江山。其次是档案及博物馆,紧跟其后的是文艺理论、新闻与传媒、高等教育、世界文学,而文化、中国文学和出版,只占到了前十的最后三位。

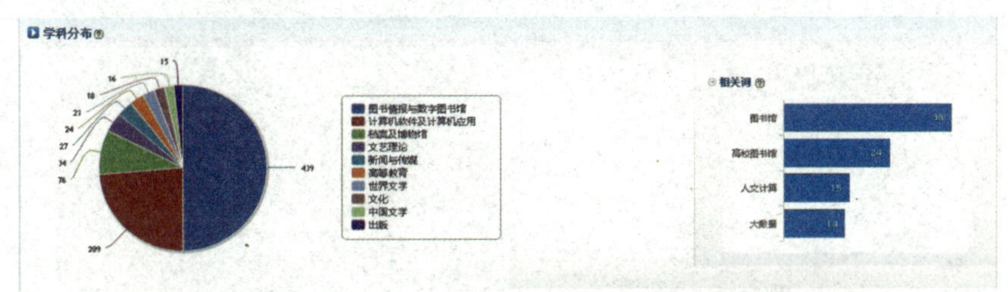

图 7 CNKI“数字人文”检索结果学科分类图

如果我们从相关词角度进行分析的话,可以看到图书馆、高校图书馆这两个排名一、二的相关词是与图书情报数字图书馆占比第一的学科方向一致的,而排名三、四的人文计算和大数据这两个相关词是与占比第二的计算机软件及计算机应用相对应的。

从篇名包含“数字人文”关键词的报纸文献发文量趋势统计的媒体关注度来看(如图 8 所示),2011 年到 2019 年之中,2017 年和 2019 年是数字人文媒体关注度增长幅度较高的两个年份。媒体关注度整体也是呈不断上升的趋势,也从侧面体现了数字人文浪潮的袭来。

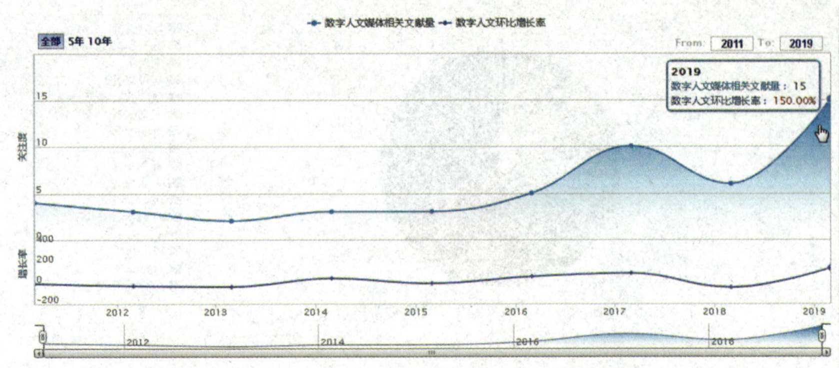

图 8　2020 年 CNKI“数字人文”媒体相关文献数量检索图

2016 年数字人文论坛对中国数字人文研究热点进行了探讨，其知识图谱如图 9 所示：

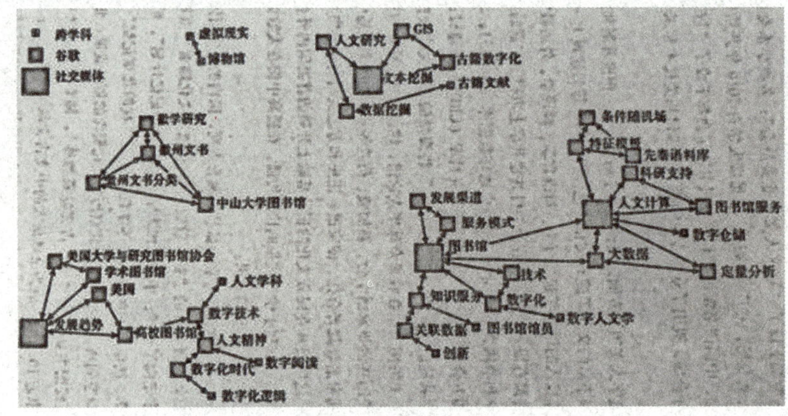

图 9　中国数字人文研究热点知识图谱①

从图 9 可以看到，数字人文研究热点主要分为四大类：一为与图书馆和人文计算等相关的主题为核心讨论对象，兼及数字人文学、大数据等热词；二为以数字人文发展趋势、数字化时代等为主题的系列研究；三为以文本挖掘、古籍数字化等为研究内容的部分；四为以中山大学图书馆和徽州文书、徽学研究相关的研究热点。当然，

① 王顺箐：《数字人文的发展进程及未来展望》，《全球信息社会发展报告（2019—2020）》，社会科学文献出版社，2020 年版，页 278。

不可忽视的是，还有博物馆和虚拟现实等跨学科性质的人文研究是非常引人注意的，它们虽然没有那么热门，却在技术上走得比较靠前，想法比较新颖，具有较大的创新性。

2019 年 7 月 9—12 日，在荷兰乌特勒支大学举办的“2019 数字人文年会”共有 9 个分主题，分别是：(1)文化遗产、艺术(品)与机构；(2)文化、文学与文本；(3)空间领域地理人文；(4)学术社区、交流与教育；(5)工具界面与基础设施；(6)语言；(7)数字人文理论与方法论；(8)社会、媒体、政治与参与；(9)历史与史学史。①

从 2018 年统计的国内各大学或研究机构“数字人文研究中心”及相关项目表可知(如表 6 所示)，目前不少高校和研究机构已经关注到了数字人文的热点，并且根据各自的学术专长开展数字人文特色研究。

表 6　国内各大学或研究机构“数字人文研究中心”及相关项目表②

序号	研究机构	中心名称	研究内容
1	复旦大学	历史地理研究中心	中国历史地理信息系统(CHGIS)
2	复旦大学	社会科学数据研究中心	收集、整理和开发中国社会经济发展数据
3	南京大学	数字人文研究中心	与哈佛大学中国研究中心、香港科技大学等机构合作建设中国历代人物传记资料库、清代缙绅录数据库等和整理南京古旧地图；与伦敦大学学院数字人文中心合作人才培养、课程体系建设等项目
4	南京师范大学	虚拟地理环境教育部重点实验室	华夏民族家谱地理信息系统(GIS)
5	上海交通大学	地方文献中心	地方历史文献数据库
6	首都师范大学	国学传播中心	古籍电子定本工程

① 李慧楠、王晓光：《数字人文的研究现状——“2019 数字人文年会”综述》，《情报资料工作》，2020 年第 4 期，页 49—59。

② 蔡迎春：《特色资源建设中的数字人文应用进展研究——基于国内数字人文相关项目及实践案例》，《图书馆建设》，2018 年第 7 期，页 18—22。

续表 6

序号	研究机构	中心名称	研究内容
7	台湾大学图书馆	数位人文研究中心	特色资源的开发以及官职对照表、词频分析、多维度分类等工具的研究。同时，不定期举办工作坊、研讨会、访问奖助计划等活动
8	武汉大学	数字人文研究中心	人文专题数据库、古籍文本数字化建设、基于GIS的历史地理信息可视化研究、基于数字古籍语义分析的历史与档案研究等项目，以及基础理论与方法、相关技术与标准、通用软件和平台等数字人文领域交流研究
9	香港公开大学	数码文化与人文学科研究所	举办相关会议，促进数字人文交流
10	香港中文大学	当代中国文化研究中心	中国近现代思想史全文检索数据库(1830—1930)
11	台湾地区“中央研究院”	人文社会科学研究中心	台湾政经结构变迁数据库、学术调查研究数据库、中华文明时空基础架构、台湾历史文化地图，以及美国国会图书馆典藏之中国相关地图文献查询系统、清代粮价数据库、文化资源地理信息系统等资料库或系统入口的开发
12	中山大学、华中师范大学、厦门大学和哈尔滨工业大学	文化遗产传承与数字化	保护协同创新中心数字化技术与文化遗产保护、传承、利用、展示和管理等问题的创新研究

像复旦大学的“中国历史地理信息系统”(CHGIS)是复旦大学历史地理研究中心与美国哈佛大学等进行合作，将地理信息系统这种现代技术运用于传统中国历史地理研究的一个重要实践。

CHGIS不仅按照网络数据和Web地图的要求设计了数据模型和数据库关系结构，开发了基础数据地图浏览、地名查询界面等，还配套了一个内容丰富的政区地名释文数据库，基础数据中的每一个地名，包括全部地名和空间定位的原始史料、研究结论和专家意见，以保存迄今为止对中国政区地名的认识。

随着科技的不断进步，数字化技术的更新也越来越快，不可否认的是，数字化将是未来很长一段时间内全社会的热潮。现在给数字人文进行定义或许还言之尚早，当下给予的定义或概念只能说代表着这个阶段内对数字人文的认知，而数字人文究竟还能做到什么程度，没有谁能给出确定的答案。

如果我们将时间拨回到1997年5月，超级计算机“深蓝”打败了国际象棋棋王世界冠军卡斯帕罗夫，造成一时轰动，那时几乎所有人都坚信围棋是计算机无法攻克的，觉得至少人类还有这样一块坚守的阵地。但是2016年3月15日，谷歌人工智能AlphaGo阿尔法围棋与围棋世界冠军、职业九段棋手李世石进行围棋人机大战，以4∶1的总比分获胜，让人感叹最后一块阵地已然失守；2016年年末至2017年年初，AlphaGo又在中国棋类网站上以“大师”(Master)为名的账号与中日韩数十位围棋高手进行快棋对决，连续60局无一败绩，让人咋舌；2017年5月，在中国乌镇围棋峰会上，AlphaGo与排名世界第一的世界围棋冠军柯洁对战，柯洁此前一直对AlphaGo颇不服气，但3∶0的总比分摆在眼前时，柯洁不得不表示：它(AlphaGo)太完美，我很痛苦，看不到任何胜利的希望。继战胜李世石标志着“人类最后不能被计算机所打败的游戏”告破，柯洁的完败宣称着人工智能的深度学习(deepmind)模式所能做到的已经完全超乎我们的想象。

尽管如此，数字人文依然是一个不断发展的新兴学科，它预示着人文科学的无限可能性，也体现了新时代下交互合作与学术的多样性形态。人类世界的认知和知识体系已经因为数字化而发生了前所未有的突变，从信息的记录、存储到传达、传播，都和传统体系有着明显的区别，它更便捷、更迅速、更多样。这就像印刷术的出现带给了人类文明翻天覆地的改变，数字化加速了知识传播的速度，让学术研究走上了快车道。

（二）数字人文背景下的西方古典文献辑佚

西方的古典研究开始于希腊化时代，以埃及亚历山大图书馆驻馆学者们对古希腊文献的整理为标志。古希腊时期，亚历山大图书馆藏书达 70 万卷，公元前 3 到前 2 世纪驻馆学者泽诺多图斯（Zenodotus）、卡里马库斯（Callimachus）、埃拉图斯内斯（Eratosthenes）、阿波罗尼欧斯（Apollonius）、阿里斯托芬尼斯（Aristophanes）和阿里斯塔尔库斯（Aristarchus）等人，开展了对古希腊文献的校勘。亚历山大图书馆首任馆长泽诺多图斯为《荷马史诗》编定了章节，并对疑难词汇进行了注释。卡利马库斯在担任亚历山大图书馆馆长期间编撰了分类解题目录《名家著述全目》（*Pinakes*，又译作《卷录》《文艺卷》《各科著名学者及其著作一览表》等），被认为是西方的第一部目录学著作，而卡利马库斯也被认为是西方的第一位目录学家。还有，阿里斯塔尔库斯以版本校勘法整理了许多希腊古典著作。亚历山大驻馆学者的古典文献整理实践一直持续到公元前后。[①]

20 世纪后期以来，西方文献工作和文献学的技术方法也发生了巨大的变化。如今的技术方法和参考服务显然已大异于古希腊时期，通过使用欣门校对机（the Hinman Colloator）、文顿校对机（the Vinton Collating Machine）、罗斯门的休斯敦编辑桌和编辑架（Rothman's Houston Editing Desk and Editing Frame）等专门用于版本比较的机器，光学技术已经广泛应用于版本研究。现在，机器文本校对技术和数字扫描技术已经能够同时对多个版本的文本进行自

① 何朝晖、李萍：《西方文献学的概念和理论体系及其启示》，《大学图书馆学报》，2012 年第 3 期，页 37—43。

动校对。还有，利用计算机排版技术进行历史文献的编排，利用计算机自动编制列举目录，利用计算机检测异文的细小变化，利用单相交照技术进行文献材料的检测，在不拆散图书的情况下利用X光技术检测图书的结构，利用紫外线检测被覆盖的画和被擦去的文本，利用光谱学研究油墨颜料，等等，这些新的技术已经被文献学家广泛地应用于纸张鉴别、文献制作方法、文献材料的研究之中。[①] 技术的进步为西方古典文献的整理辑佚工作带来了便利，也为学术研究提供了更多可能。

西方很早就启动了“古代智慧分享”(sharing ancient wisdom)项目。通过对西方古典文献“文本引用”(text reuse)进行数据分析，进而去研究各种文献中对古代典籍中词句、典故等的互见、因袭、引用等不同情形。相类似的还有欧墨鲁斯(eumaios)项目、文本嵌入(tesserae)项目等，都是在数字人文背景下进行的古典文献整理与研究。

值得重点关注的是莱比锡大学数字人文中心(Humboldt Chair of Digital Humanities，University of Leipzig)、美国塔夫斯大学珀尔修斯数字图书馆(Perseus Digital Library，PDL)和哈佛大学希腊研究中心(Center for Hellenic Studies，Harvard University)联合进行的莱比锡开放碎片文本列(LOFTS)系列数字人文项目(http//www. dh. uni-leipzig. de/wo/ lofts)。该项目力图将后世学者对古典文献中的摘录、转引、翻译、重组和加工之后的产物进行深度分析，来揭示后世不同时段、不同作者的多元化阐述信息。同时LOFTS项目下还有三个数字人文子项目。第一个是西方古典文献辑佚的集大成之作《希腊史残卷》的数字化即《希腊史残卷》数字化项目(DFHG)。在此基础上，LOFTS项目选取纸质文献《欢宴的智者》及铭文文献帕罗斯石碑开展第二、第三个子项目，分别作为“嵌

① 费巍：《西方目录学的发展及其对我国目录学研究的借鉴意义》，《图书情报知识》，2008年第1期，页50—57。

入式碎片文本"和"遗存式碎片文本"的范例进行研究。[①]

以《希腊史残卷》数字化项目(Digital Fragmenta Historicorum Graecorum Project,简称 DFHG)为例,DFHG 是基于 19 世纪德国古典主义学者卡尔·穆勒(Karl Müller)对古希腊时期碎片文本的辑佚之作五卷本《希腊史残卷》(*Fragmenta Historicorum Graecorum*)进行的数字人文项目。"碎片文本"(Fragmentary Texts)是西方大量古代文本中存在的引文和佚文,这也是对西方古典文献中的"碎片文本"进行元数据标引和深度整合的探索性研究。《希腊史残卷》是从存世文献中辑出大量佚文,收录 634 位古希腊作者的 7255 条碎片文本,摘录自 1199 部作品的 8214 条原文,总字数超过 230 万,是西方古典文献学中具有较高学术价值和史料价值的辑佚代表性作品。所以对《希腊史残卷》进行数字化然后深度分析,对西方古典文献学的数字人文研究具有很大的实际意义,具体做法是在对文本数字化后,利用 EpiDoc 子集将其标注为 TEIXML 文档,然后在 Perseids 平台中被用户进一步注释和关联,形成一种开放的互动研究状态。[②]

此外,以色列博物馆与谷歌联手的"死海古卷"数码计划,也是对古文献进行整理的数字化项目。该计划通过网页的超链接方式,提供快捷搜索、高分辨率的古卷图像,简短的视频介绍,以及古卷文本及其历史的背景资料。"死海古卷"中有现存已知的最古老的圣经手抄本,为了解犹太社会在第二圣殿时期(基督教和拉比犹太教 Rabbinic Judaism 的诞生时期)的生活提供了宝贵依据。目前以色列博物馆已有五卷古卷全本,经过数字化处理,可供大众在线网络浏览。死海古卷包含《以赛亚书卷》《圣殿古卷》《战卷》《社群守则》《哈巴谷书注释》等,其中《以赛亚书卷》不仅提供章节搜索,并且设

① 赵洪雅:《数字人文项目"莱比锡开放碎片文本序列"(LOFTS)探究》,《图书馆论坛》,2018 年第 1 期,页 10—20。

② 赵洪雅:《数字人文项目"莱比锡开放碎片文本序列"(LOFTS)探究》,《图书馆论坛》,2018 年第 1 期,页 18。

有英文翻译工具，以及可供用户提交各章节其他语言翻译版本的渠道。①

珀尔修斯数字图书馆（Perseus Digital Librar）也是立足于西方古典文献资料的数字人文项目，该项目于 1985 年开始启动，由塔夫茨大学古典文学系的 Gregory Crane 教授发起并实行计划的。发起的缘由是他在学生时期学习和研究西方古典文学的过程中，发现古典文献资料的查找、梳理占据了他大量的精力，因此决定创建一个方便古希腊文献研究学习的数字图书馆。经过 20 多年的建设，珀尔修斯数字图书馆数字资源已经比较丰富，除古希腊、古罗马、文艺复兴时期、美国 19 世纪等不同时期、不同语种的古典研究文本文献资料外，还收录有艺术品、考古文献资料、词典等多种类型资料。截至 2010 年 4 月，珀尔修斯数字图书馆共收录约有 1517 万字的文本文献，其中大部分是古典文献原文及译本，这些文本所使用的语言包括英语、希腊语、拉丁语、阿拉伯语、德语、意大利语及古英语等；馆藏还收录有 30000 多张图像、1000 多张地图和一份数量众多的雕刻品目录；此外，珀尔修斯数字图书馆还提供学科相关博物馆和考古学站点收藏的图像和文选的链接服务。②

概而言之，西方古典文献辑佚工作是与其历史文明的探究紧密相连的，而且借助数字人文之利器，在目录、版本、校勘、辑佚、诠释等不同层面，都有了不一样的学术角度和视野，是值得我们关注与学习的。

（三）数字人文背景下的中国古典文献辑佚

西方的成功尝试让中国古典文献研究者心有戚戚焉。作为一门历史悠久的传统学术，古典文献学研究体系虽然相对成熟，但依

① http://dss.collections.imj.org.il/ch/project

② 刘燕权、高颖、尹涛：《美国珀尔修斯数字图书馆——探索古文明的窗口》，《数字图书馆论坛》，2010 年第 11 期，页 56—62。

然无法脱离大多数人文学科以抽样数据为研究对象的特性。数字人文的出现让海量文献作为研究对象成为可能，也让古籍的整理与研究迈上了新台阶。无论是研究对象的广度还是由研究方式转化带来的深度，都较以往有所提升，也更具创新特性。

早在20世纪80年代，富有远见卓识的钱锺书先生就曾留意到西方古典文献研究中对机器和计算的看重。长期就职于中国社科院外国文学研究所的著名翻译家高莽曾经回忆说："记得改革开放初期，钱、杨二老谈及钱瑗访问英国回来后，向父母介绍了国外使用电脑的情况，说英国用电脑储存莎士比亚资料与查阅资料的各种功能。钱先生立刻意识到这一新鲜事物的意义，便建议文学研究所成立计算机组，即后来的社科院直属下的计算机室，希望其走向世界。"[①]在文学研究所古代室任职的胡小伟也曾说道："上世纪80年代初叶，钱锺书的女儿钱瑗教授有机会到英国进修，回来后偶尔谈起英国学者用计算机研究莎士比亚戏剧，取得显著成果，钱先生立刻受到启发，从1984年便开始倡导把计算机技术引入中国古典文献的搜集、疏证和整理中来，那时还在1981年9月中央发布《关于整理我国古籍的指示》以后不久。"[②]

后来中国社会科学院建立了古典文献计算机处理技术这个学科，也可以视作是数字人文研究在古典文献领域应用的先声。当然，西方古典文献相较于中国古典文献而言，以字母为基础的文本更易于数字化并形成数据库，进而开展深度应用。中国古典文献的基础是方块字组成的汉字文本，还有不少是具有个人风格的手写体，这些给古籍数字化和正确识读造成了很大的难度，无论是数字化的进程还是数据库的建成，都因此而受到极大的挑战。

尽管如此，我们也在不断努力探索中。在汉字文献数字化的进

① 高莽：《怀念钱锺书老先生》，载丁伟志主编《钱锺书先生百年诞辰纪念文集》，三联书店，2010年版，页114—127。

② 胡小伟：《钱锺书与电脑时代》，载丁伟志主编《钱锺书先生百年诞辰纪念文集》，三联书店，2010年版，页237—244。

程上，港台起步较早。台湾早在2002年就开始了信息科技与人文学科的融合，无论是数位典藏科技计划还是数位学习科技计划，抑或是后来出现的E考据、DADH（数位典藏与数位人文国际研讨会）都是较为有益的数字人文探索。2009年3月香港中文大学太空与地理信息科学研究所联合北京大学历史地理研究中心、台湾大学地理环境资源学系召开了“空间综合人文学与社会科学论坛”，研讨了地理信息、地理信息系统、空间分析方法、空间模拟方法在历史学、经济学、政治学、考古学、人类学、社会学、人口学、犯罪学、城市学、语言学、景观学、旅游学、宗教文化、文化遗产、新闻学等人文社会科学领域的应用问题。2009年5月，香港城市大学中文、翻译与语言系召开了首届亚洲数字人文小型研讨会，主题为“全球科技与地方知识”。这两个会议彰显出香港的人文学者正在紧跟数字人文的发展。[①] 此后香港高校也在古典文献具体项目上开始着手汉字典籍的数字化，并建成系列数据库，应用性较强。

大陆地区真正进入到研究阶段相对要晚，但目前古典文献的数字化进程相当快，项目运作也越来越成熟，项目参与主体也相对多元化，不仅有海内外高校、科研机构，还有一定的企业和社会组织甚至是个人。比如复旦大学与哈佛大学合作的“禹贡”项目（CHGIS），又称为“中国历史地理信息系统”，是复旦大学史地所从2001年起与美国哈佛大学、澳大利亚格林菲斯大学合作研制的，其初步成果发布在复旦大学禹贡网（http://yugong. fudan. edu. cn）和哈佛大学网站CHGIS（http://www. fas. harvard. edu/-chgis/data/chgis/downloads/v4/），现在已经越来越为广大数字人文研究者所使用。

敦煌利用现在的高科技云技术，完成了230多个洞窟的数据采集、145个洞窟的图像拼接、160多个洞窟的虚拟漫游和三维空间结构以及42身的彩塑三维重建。利用相关数字化成果，敦煌研究院面

① 王晓光：《“数字人文”的产生、发展与前沿》，《方法创新与哲学社会科学发展——中国高校哲学社会科学发展2010》，武汉大学出版社，2010年版，页207—221。

向大众推出了“云游敦煌”微信小程序等一系列线上“云展览”，这些数字人文应用成果也为全社会所瞩目。

上海图书馆家谱知识服务平台的建设也颇值得一提。上海图书馆通过对馆内及搜集所得的家谱进行数字化，并进行数据库建设，现在已经可以提供基于人、地、时、事、堂号多维分面浏览，建立了人、地、时、事、堂号等概念之间的关联关系，实现了基于概念而非关键词的精确查询，并以“时间轴”“地图”等可视化的方式为研究者和普通读者提供可交互的数据展示，可见即可得地展示某一姓氏在某一地理空间范围内的分布情况。该平台可满足三方面的需求：一是建立全球家谱联合目录，让用户直观地了解某一家谱在全球各个收藏机构的收藏情况，促进数据使用和共享；二是实现基于万维网的唯一标识和统一定位；三是建立展示、可写、支持众包的平台，支持书目控制的可持续发展。

成立于 2015 年 8 月的古联（北京）数字传媒科技有限公司（以下简称古联公司）是中华书局的全资子公司，前身是中华书局“古籍资源开发部”，拥有专业的文字处理流程，大批量规范古籍数字化用字，自建 13 万余字的古籍字库，还发布了“中华梵文悉昙体字库及配套输入法”，解决了古籍数字化中生僻汉字的输入、检索和显示问题。古联公司作为商业主体，参与古籍整理建设，代表着另一种新生力量。

此外，还有爱如生的系列数字化成果比如中国基本古籍库、中国金石库、明清档案库等等。以民间自发组织或个人支持的数字化平台也是颇值得瞩目的亮点，比如古诗文断句网站（https://seg.shenshen.wiki/）和数字人文相关的系列开源软件，都昭示着国内数字人文研究的多元发展之路，百花齐放之日可期。

文明的火种一旦点燃，星星点点皆可燎原。中华文化在典籍的聚散间，不断传播壮大，留下了历代中华儿女对真善美的追求，也为后人留下了追根溯源的可能。“人事有代谢，往来成古今”，典籍散佚流失在千百年间屡见不鲜，古籍辑佚就是试图对曾经辉煌灿烂的文明进行追寻与还原的工作。通过对文献的爬梳检索，撷取散落在各处的片段，裒辑成书，努力去再现以往文明的原貌，帮助后世较为完整地了解前代先民们的智慧之光。不只是东方，西方也是同样如此。西方的文明深受"双希"精神的影响，古希腊和希伯来是西方人的精神家园，而追溯到此必须要借助古典文献中的原始信息。"莱比锡开放碎片文本序列"这项由德国莱比锡大学、美国塔夫斯大学和哈佛大学联合开发的数字人文项目，就是以西方古典文献中的"碎片文本"(fragmentary text)为研究对象，通过技术手法营造的数字环境将古典文献中的"碎片文本"与相关文献进行深度勾连，形成一种可以全面展示"碎片文本"内在含义与外在意义的大型数字人文研究平台。这其中的碎片文本就不乏古希腊时期的散佚文献，除了纸本还有石刻文献。通过对这些残片断章的数字化分析，这个项目为我们展现了古典文献的独特魅力，使得古典文献研究的价值与意义得到了更充分地挖掘与展现，也让我们了解到愈是久远的经典文字(哪怕残缺不全)愈是影响深远，无论东方还是西方，不分南半球还是北半球。

二、数字人文背景下的《献帝春秋》辑佚之路

(一)《献帝春秋》数字辑佚实践探索

数字人文背景下，辑佚工作可以借助不少新工具和新方法，无论是构建与检索数据库，还是利用软件进行深度分析，抑或是通过辑佚数据来整合和可视化，都是新时代下数字人文背景中关于辑佚数字化的有益探索。条条大路通罗马，无论是传统辑佚还是数字辑佚，对于辑佚工作而言，能更好地呈现文献原貌，就是其价值与意义所在。

1. 数据库检索佚文条目

传统辑佚中，对佚文的搜求往往经年累月也难穷搜尽举，辑佚不仅要皓首穷经，还要芟繁补阙。不少前贤都有提到辑佚查找佚文条目的路径，比如郑樵的《通志·校雠略·书有明亡实不亡论》："书有亡者，有虽亡而不亡者，有不可以不求者，有不可求者。《文言》略例虽亡，而《周易》具在。汉、魏、吴、晋鼓吹曲虽亡，而乐府具在。《三礼目录》虽亡，可取诸三《礼》。《十三代史目录》虽亡，可取诸十三代史。常鼎宝《文选著作人名目录》虽亡，可取诸《文选》。孙玉汝《唐列圣实录》虽亡，可取诸《唐实录》。《开元礼目录》虽亡，可取诸《开元礼》。《名医别录》虽亡，陶隐居已收入《本草》。李氏《本草》虽亡，唐慎微已收入《证类》。……"①

章学诚在《校雠通义·补郑》中这样说："嗣后好古之士，踵其成法，往往缀辑逸文，搜罗略遍。今按经纬之书，往往见于《毛诗》、《礼记》注疏及《后汉书注》；汉魏杂史，往往见于《三国志注》；挚虞《流别》及《文章志》，往往见于《文选注》；六朝诗文集，多见采于《北堂书钞》《艺文类聚》；唐人载籍，多见于《太平御览》《文苑英华》。一隅三反，充类求之，古逸之可采者多矣。"②

还有梁启超先生在《中国近三百年学术史》中写道："书籍递嬗散亡，好学之士，每读前代著录，按索不获，深致慨惜，于是乎有辑佚之业。……向上一步之辑佚，乃欲将《汉书·艺文志》、《隋书·经籍志》中曾著录而今已佚者次第辑出。其所凭借之重要资料，则有如下诸类：一、以唐宋间类书为总资料。……二、以汉人子史书及汉人经注为辑周秦古书之资料。……三、以唐人义疏等书为辑汉人经说之资料。……四、以六朝唐人史注为辑逸史之资料。……五、以各史传注及各古选本各金石刻为辑遗

① ［宋］郑樵：《通志》，中华书局，1987 年版，页 832。
② ［清］章学诚著，王重民通解：《校雠通义通解》，上海古籍出版社，2009 年版，页 34。

文之资料。"[①]

张舜徽在《中国文献学》中也曾提及:"辑佚的来源,应该多方发掘,不可局限于少数书或一部书,特别是搜辑唐以前的古书,更非依据比较早的书籍不可。大抵辑佚工作者用力的途径和方法,有下列几方面:一、取之唐宋类书,以辑群书;二、取之子史及汉人笺注,以辑周秦古书;三、取之唐人义疏,以辑汉魏经师遗说;四、取之诸史及总集(如《文苑英华》之类)以辑历代遗文;五、取之《经典释文》及《一切经音义》(以《慧琳音义》为大宗)以辑小学训诂书;这些都是辑佚的资料来源。古注中,以裴松之《三国志注》、郦道元《水经注》、刘孝标《世说新语注》、李善《文选注》、慧琳《一切经音义》为最重要。这些书,都保存了许多佚书。"[②]总之,古今学者都谈到了古籍整理中辑佚工作之门道。

毫无疑问,传统辑佚耗时长,效率也相对低下,还不能保证毫无遗漏,必须不时查漏补缺。比如鲁迅先生在辑佚《后汉书》的时候,日记里曾多次写到与之相关的内容,比如:"录汪文台辑本《谢承后汉书》一卷毕。"[③]还有:"晚写汪文台辑本《谢承后汉书》八卷毕。"[④]等等。鲁迅先生从 1909 年 8 月回国后,开始醉心于收集六朝墓志、编录汉碑帖、辑校古籍,而在传统辑佚过程中,研究者几乎心念皆在此处,极为耗费心力。鲁迅先生用三年的时间辑录与校订谢承《后汉书》,仔细手录的有五种稿本,由此也可见,传统的全人工搜求方式既耗费精力,效率也无法保证,辑佚工作在很多时候是吃力不讨好的苦工。[⑤] 因而,说起古典文献学或者古籍整理的时候,我们常常会

① 梁启超:《中国近三百年学术史》,中华书局,2020 年版,页 429—434。

② 张舜徽:《中国文献学》,东方出版社,2019 年版,页 205。

③ 鲁迅:《鲁迅全集》卷 17《日记·人物书刊注释》,人民文学出版社,2005 年版,页 422。其中有:"《谢承后汉书》,史书。晋代谢承撰。此书久佚。清代姚之骃、汪文台各有辑佚。鲁迅据光绪八年刊汪文台辑本校录一卷,并作序。"

④ 鲁迅:《鲁迅全集》卷 17《日记·人物书刊注释》,人民文学出版社,2005 年版,页 422。其中有:"《谢承后汉书》,史书。三国吴谢承撰。此书久佚。清代姚之骃、孙志祖、汪文台都曾辑佚。鲁迅以孙、汪两本相校,厘定六卷,并作序。"

⑤ 卢芳、汤颖仪:《没有被忘却了的工作——以鲁迅先生辑校的谢承〈后汉书〉为限》,《鲁迅研究月刊》,2007 年第 9 期,页 69—73。

听到"板凳甘坐十年冷"这句话，现在看来有不少冷板凳应该都是为辑佚而坐的。

不过，当我们在数字人文背景下进行辑佚工作时，已经可以借助已有的数字化成果，比如"中国基本古籍库"、《四部丛刊》、《四库全书》等一系列古籍数据库，帮助我们更好地进行佚文搜集。我们仅以"国家数字图书馆古籍相关资源列表"为例（见表 7）来管窥古籍数字化成果。

表 7　国家数字图书馆古籍相关资源列表

资源名称	收录年限	资源介绍
韩使燕行录		明清两朝，来华的朝鲜使团有关人员将其在华时的所见所闻著录成书，这在朝鲜的历史上统称为《燕行录》。该库为韩国成均馆大学收藏的《燕行录》，内容包含 380 种具有代表性和研究价值的燕行书籍，记载了路途、使行人员、贡品和沿路所见的风景，对于中国当时的政治、经济、文化、社会风俗都有详略各异的记述。
中国社会科学文库	1978—	该库是中国社会科学出版社自主研发的哲学社会科学学术领域的专题电子书知识库，目前收录 1 万余种电子图书，50 万条目、70 万幅图表，内容覆盖马克思主义理论、哲学宗教、历史考古、文学艺术、人口社会、民族边疆、政治法律、经济管理、新闻传播等哲学社会科学重点学科。
中华再造善本	唐代至清代	该库是将"中华再造善本工程"中影印出版的珍贵古籍善本进行图像数字化，高清展示，最大限度保留版本细节信息，配版本专家撰写的提要，能够对不同版本的同一种书进行快速筛选，并可将不同版本并排显示，便于进行版本对比，展示古籍版本源流；具备印章识别等拓展功能。该库一期收录古籍善本 757 种。二期收录"明代编""清代编""少数民族文字古籍编"的古籍善本 554 种，共计 26 万余页。

续表 7

资源名称	收录年限	资源介绍
民国图书馆学文献数据库	1911—1949.9	该库汇辑近代中国(公元1911—1949年)多种图书馆学刊物及著作,内容涉及近代图书馆发展史、图书流通史及校勘、训诂、音韵等文献学范畴,对于研究近代图书馆学史、文化史、学术史以及其他社会科学具有资料参考价值。该库共收录民国时期图书馆学书籍234种,民国时期重要图书馆学期刊文章13180篇,单独著录期刊图片1636张,附表1727张。采用原件扫描,可直接查阅、下载打印。
中国历史文献总库·民国图书数据	1911—1949.9	该库由国家图书馆出版社开发,是“中国历史文献总库”的子库,已完成四期18万种图书的建设,总计3200万页,3.5TB,全部图书实现全文检索,可检索的字数超过100亿字。
中华再造善本库	唐宋金元时期	该库将纸质版“中华再造善本”一期758种珍稀古籍数字化,选录细目与纸质版一致,以写刻时代先后为序,共收唐宋时期、金元时期的善本古籍758种1394函8974册,约44万页。每一种古籍均配有版本专家撰写的提要,图片可缩放,清晰度高。
中华经典古籍库		该库是中华书局首次推出的大型古籍数据库产品。第一辑收录了近300种中华书局出版的整理本古籍图书,涵盖经史子集各部,包含了“二十五史”“通鉴系列”“新编诸子集成”“清人十三经注疏”“史料笔记丛刊”“学术笔记丛刊”“古典文学基本丛书”“佛教典籍选刊”等经典系列,总计约2亿字,后期将不断递增文献数据。
全宋诗分析系统	宋	《全宋诗分析系统》包含254240多首宋诗。可进行全文检索、重出诗检索、诗人小传检索和高级检索,支持严格数据检索和简繁体混合模式检索。具有重出诗提取、格律诗标注、字及词组的频率分布统计、用户自作诗的格律分析等智能化功能。
全唐诗分析系统	唐	《全唐诗分析系统》包含57000多首唐诗。可进行全文检索、重出诗检索、诗人小传检索和高级检索,支持严格数据检索和简繁体混合模式检索。具有重出诗提取、格律诗标注、字及词组的频率分布统计、用户自作诗的格律分析等智能化功能。

续表 7

资源名称	收录年限	资源介绍
二十五史研习系统	先秦至明清	《二十五史研习系统》是一套辅助对中国古代文学、中国古代史学习与研究的工具软件，该数据库以正史中二十四史以及《清史稿》的史料文献为基础，辅以从先秦到明清的大量史料文献，包含目录、章节、引文、注释等信息，并将所有文献信息做成索引文件，可快速定位检索。
国学宝典		该库收录上起先秦、下至民国 2000 多年用汉字作为载体的历代典籍，并收录了清代至当代学者对相关古籍研究的重要成果，共 4000 多种作品。分为经部、史部、子部、集部、丛书、通俗小说六大模块。该数据库将中国古代典籍作品与 CNKI 期刊、报纸、博士论文、硕士论文、工具书等知识资源整合，具有 CNKI 知网节功能。
四部丛刊		宋、元、明旧刊及精校名抄本等古籍经典 504 种。
四部丛刊增补版		该库在原有《四部丛刊》(包含 504 种典籍)内容基础上，新增补《四部备要》(包含 365 种典籍)，该版本收录典籍总数为 869 种。首次开放《四部丛刊》张元济的全部校勘内容。该库可实现原文珍本图像与可检全文的快速链接切换，并加入朝代—纪元转换、古代名人、官职、古代地名等工具，从时间—空间—人物三维空间帮助读者检索。
台湾文献汇刊		由九州岛出版社和厦门大学出版社联合出版，广泛搜集大陆图书馆、档案馆及民间保存之台湾历史文献资料 600 余部，约 1 亿字。记载内容涵盖明清及民国初期之私人著述及地方志书，结合闽台的古籍、档案数据、族谱、民间文件和契约四部分共同组成七辑，100 册；并有《台湾文献丛刊》中所未能收录的古籍，含大量孤本、稿本甚至珍本。
中国基本古籍库		包括先秦至民国的名著、各学科基本文献及特殊著作等。总计收书 1 万种、17 万卷，版本 12500 个、20 万卷，全文 17 亿字，影像 1200 万页。
宝卷新集		共收录元末明初到清末民初历代民间流传的宝卷约 400 种。
中国丛书库		精选 300 部最具文献价值和版本价值的综合类、辑佚类、专门类及地域类丛书，从中采录历代典籍 1 万种，总计全文超过 15 亿字，影像 1000 多万页。

续表7

资源名称	收录年限	资源介绍
中国经典库（道藏篇）		收录《道藏》《续道藏》等典籍，总计2000种，涉及道经、仪范、科律、符箓、杂著等各个方面。
敦煌文献库		共选流散英、法、俄等国的具有研究前景的汉文文献3000件，分为佛书编、遗书编和文书编。佛书编收录佛教经、律、论、疏释、赞文、陀罗尼、发愿文、启请文、忏悔文、祭文、僧传、经目等写本1000件；遗书编收录经、史、子、集四部典籍及道经、变文写本500件；文书编收录律、令、符、牒、状、帖、榜文、判辞、过所、公验、告身、籍帐等官文书，契券、社司转帖、帐历、书牍、分产等私文书，僧官告身、度牒、戒牒、僧尼籍、转经历、追福疏、诸色入破历、器物名籍等寺院文书共1500件。
二十五史考补		以《二十五史补编》为基础，参酌《二十五史三编》，广搜博采，补遗纠误，慎择版本，重加编辑而成。总计收录民国十年以前历代有关二十五史之校勘、考证、补佚、注释类著作500种，其中沿用《补编》和《三编》所收者371种，摘除《补编》《三编》误收者25种，补充《补编》和《三编》未收者129种。
明清实录		包括明代官修的太祖至熹宗的十三朝实录，以及后人补辑的崇祯朝实录，凡14种2923卷；包括清代官修的《满洲实录》和太祖至德宗的十一朝实录，以及后世补纂的《宣统政纪》，凡13种4433卷。二者合计共27种、7356卷。
中国方志库		共收录汉魏至民国历代地方志类著作1万种。总计全文超过20亿字，影像超过1000万页。
全四库		全四库分为四编。第一编四库著录书，汇辑清修《四库全书》时采录之书3460种；第二编四库存目书，汇辑清修《四库全书》时列为存目之书（丛书除外）4752种；第三编四库奏毁书，汇辑清修《四库全书》时毁弃之书621种；第四编四库未收书，汇辑清修《四库全书》时未见未收之书167种，合计共收录先秦至乾隆初历代典籍9000种。皆选用善本，其中宋本33个、元本34个、明本2712个、清本2699个、民国本52个、外国本12个、四库本（文渊阁本或文渊阁补配文津阁本）3458个。

续表 7

资源名称	收录年限	资源介绍
民国图书数字化资源库		国家图书馆民国图书资源库现推出民国图书 63000 余种全文影像资源，并将不断更新，全文阅读器建议使用 Acrobat Reader7.0(中文版)以上版本。
中华古籍资源库		中国国家图书馆的古籍善本直接继承了南宋缉熙殿、元翰林国史院、明文渊阁、清内阁大库等皇家珍藏，更广泛地继承了明清以来许多私人藏书家的毕生所聚。宋元旧椠、明清精刻琳琅满目；名刊名抄、名家校跋异彩纷呈；古代戏曲小说、方志家谱丰富而有特色。本数据库的建设，以保护古籍、传承文明为目的，将逐步发布国家图书馆所藏善本古籍影像，使珍本秘籍能够展现在广大读者和研究者面前，让中国传统文化的精粹在更广泛的范围得到共享。
数字古籍		国家图书馆收藏古籍 15 万部，其中善本古籍直接继承了南宋缉熙殿、元翰林国史院、明文渊阁、清内阁大库等皇家珍藏，以及明清以来许多私人藏书家的毕生所聚。宋元旧椠、明清精刻琳琅满目。通过全彩影像数字化和缩微胶卷转化影像方式建设，从 2016 年 9 月 28 日起陆续在线发布，目前(2020 年 9 月)已发布馆藏古籍 2 万余部。
赵城金藏		《赵城金藏》被誉为国家图书馆四大镇馆之宝之一。《赵城金藏》是在金代刻的一部大藏，因为它藏在赵城县(今属山西洪洞县)广胜寺，所以后人将它定名为《赵城金藏》。全藏约 7000 卷左右，6000 多万字，现存 4000 余卷。2017 年 12 月 28 日，国家图书馆《赵城金藏》1281 种正式发布。
云南图书馆古籍		云南省图书馆将该馆古籍数字资源共 139 种 727 册提供给国家图书馆(国家古籍保护中心)，这批资源均是云南省图书馆所藏珍贵的、有代表性的古籍文献，特别是明代云南丽江木氏土司家族著述，更是明代少数民族汉文著述的代表。该批资源于 2019 年 11 月 12 日正式在线发布。

续表 7

资源名称	收录年限	资源介绍
天津图书馆古籍		为进一步丰富古籍数字资源品种和版本，满足广大读者使用需求，2014 年年底，天津图书馆向国家图书馆（国家古籍保护中心）提供总量约 5800 余种 300 万拍明清古籍数字资源，该批资源经加工后，于 2018 年 9 月 28 日、2019 年 1 月 28 日分两批发布。
法藏敦煌遗书		2015 年，法国国家图书馆与中国国家图书馆达成合作意向，法国国家图书馆向中国国家图书馆赠送馆藏全部敦煌遗书高清数字资源。在双方共同努力下，实现了这批敦煌遗书的数字化回归，并于 2018 年 3 月 5 日正式在线发布，共计 5300 余号 3.1 万余拍。
宋人文集		国家图书馆精选所藏宋人文集善本 275 部，首选宋元刊本，次及明清精抄精刻，或经名家校勘题跋之本，通过缩微胶卷还原数字影像，并辅以详细书目建成本全文影像数据库，免费呈献公众利用。
中华古籍善本国际联合书目系统		著录了 30 余家海内外图书馆所藏古籍善本，数据达 2 万多条，并配有 14000 余幅书影。
东京大学东洋文化研究所汉籍全文影像数据库		东洋文化研究所将所藏中文古籍 4000 余种，以数字化方式无偿提供给中国国家图书馆。
哈佛大学哈佛燕京图书馆善本特藏资源		哈佛大学哈佛燕京图书馆藏中文善本古籍特藏，以数字化方式提供给国家图书馆，可按照书名、著者、出版信息、分类等多维度进行检索和分类浏览，书目信息为中英文对照。

上表中列有 34 种古籍相关的数据库，有以图像为主，有以书目为主，有全文检索，还有特色馆藏，等等，覆盖面较广，基本体现了目前主要古籍数据库的概貌。大规模古籍文本以数据库的形式集中

存储，时空跨度大，材料面广，在这样一系列古籍数据库的辅助下，研究者能避免在古籍整理过程中尤其是古籍辑佚时资料选择中的疏漏与偏废，也能避免弥补辑佚时因爬梳不够全面导致的缺憾。

以“中国基本古籍库”为例（如图 10），它是 1997 年 11 月由北京大学提出创意和规划，先后被列为北京大学重点科研项目、全国高等院校古籍整理研究工作委员会直接资助项目和国家重点电子出版物“十五”规划项目。“中国基本古籍库”共收录先秦至民国（公元前 11 世纪至公元 20 世纪初）历代典籍 1 万余种，分为哲科库、史地库、艺文库和综合库 4 个子库，每个子库又分为不同的大类，共计 20 个大类，每个大类下又分为若干细目，共计 100 个细目，收录古籍共计 17 万余卷。每种典籍均提供一个通行版本的全文和一至两个重要版本的图像，读者可以根据检索到的内容比对原版影像进行对比阅读，总计全文约 20 亿字、版本 12700 个、图像 2000 万页。其收录范围涵盖全部中国历史与文化，其内容总量相当于三部《四库全书》。据介绍，其典籍收录标准为：一、千古流传、脍炙人口之名著；二、虽非名著，但属于各学科之基本文献；三、虽非基本文献，但有拾遗补阙意义之作。其版本标准为：一、完本而非残本；二、母本或现存最早之版本。

图 10　中国基本古籍库个人版页面图示

“中国基本古籍库”全文数据库的检索功能相对比较强大，可以分类检索（通过库、类、目的树型结构进行定向检索，可检索到某一领域的某些或某种书，并可预览其概要）、条目检索（限定书名、时代、作者、版本、篇目等条件进行目标检索，可检索到某时代某作者某书某版本某卷某篇）、全文检索（输入任意字、词或字串进行爬梳检索，可检索到1万种书中所有的相关信息，并可预览其举句）、高级检索（综合各种关联选项进行精确检索，可排除大量无用垃圾，直接检索到所需信息），同时也可以按书籍、关键词检索等。其他功能还有：版式设定，可设定竖排，也可设定横排；可设定有列线，也可设定无列线。可实现文字的繁简、粗细及色彩的自由转换，并可随意缩放；可自动记录20条前次浏览的典籍及页码，以便重新检阅；可选择古曲和古画及不同底纹作为背景，营造愉悦的操作环境；可根据需要调阅数个版本，实现全文版与图像版以及图像版与图像版对照校勘；可在浏览原文时加圈加点加中文或英文、日文批注，以记录心得；分类书签，可自动收藏并分类管理以前查阅的信息，方便归纳研究。可调节图像的大小，辨读模糊不清的文字。

此数据库最大的弊端在于每次最多只能复制200字，若超过限制，将无法粘贴，而且用户在使用时存在并发用户数限制。同时，数据库无全书打印功能，只能一页一页编辑打印，这是出版方为了预防盗版与恶意下载而设置的。数据库还自带一些小型工具，比如《新康字典》，能提供所收典籍中字的发音和释义；《作者通检典籍提要》，点击书名，即可概览著作者生平事迹及典籍内容提要。该数据库根据中国古籍多版本、多样式、多字体的复杂情况，独创了一种完全支持Unicode国际编码的ABT数据格式，对万余种历代典籍的全文进行标准化处理，使之在尺寸、版式、字体统一的同时，更突出中国古籍固有的层次和韵味。[①]

① 王会梅：《两巨型数字古籍〈中国基本古籍库〉与〈汉籍数字图书馆〉对比研究》，《农业图书情报学刊》，2013年第12期，页53—56。

在进行《献帝春秋》辑佚的时候，我们主要是借助“关键词搜索”的功能。在检索页面输入“献帝春秋”，可得如图 11 所示的检索结果：

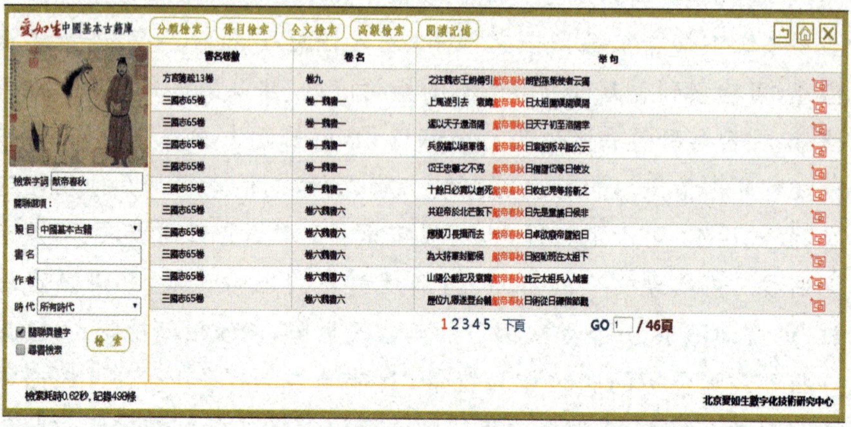

图 11　中国基本古籍库“献帝春秋”检索结果图

由图 11 可知，共计 498 条检索结果罗列在检索页面的右边。从检索结果可知，相关佚文遍布各部类，经史子集基本都有，以史部为多。由于系统限制，只能逐条进行人工导出，这是相对繁复的步骤。当进行人工导出时，可以一次性全部导出，也可以先将检索结果全部浏览一遍，确定需要导出的条目后再逐一导出。

《献帝春秋》体量相对较小，但如果是篇幅庞大的作品如大型丛书的辑佚，面对的繁复工作将无法想象。解决方法有两种：一为进行智能化程序编写，让没有太大技术含量的烦琐工作以机器的自动化行为来代替，进而优化数据库检索这个环节。同时，由于数据库设定限制，每次最多复制 200 字，若超过限制，将无法粘贴。这种客观限定也可以考虑通过程序设定进行机器智能抓取，又或者采用一定方法解除数据库限制再由机器实现一次性文本导出。不过中国基本古籍库是商业开发数据库，如果进行技术破解会对版权方造成困扰。所以第二种解决方法是：如果能利用一定的平台以众包的形式来将任务进行分配然后集体协作，尤其是没有较高技能门槛的工作内容，是值得尝试的辑佚工作新方式。

以上两种解决方法也存在一些问题：一是涉及数据库开发者的商业利益，机器自动抓取的话，200 字限制是否会带来纠纷？二是同样是商业开发原因，众包参与者需要有付费数据库的使用权限，由此造成众包的门槛限制如何解决？

这些困难短时间内还难以彻底克服，所以如果不是篇幅庞大且经费充足，像《献帝春秋》这样篇幅相对较小且经费相对短缺的辑佚项目，此类人工的操作步骤恐怕还得在一段时间内持续。

经过“中国基本古籍库”检索后，通过人工导出同时将出处和条目进行逐一复制粘贴后，形成初步需要整理的相关文本，部分检索结果如图 12 所示：

子部,類書類,北堂書鈔,卷一：“獻帝春秋張遼問呉降人曰向有紫髯將軍長上短下大便馬善射是誰降人答曰是孫會稽也補”
子部,類書類,北堂書鈔,卷二十一：“質唱乘輿載帝幸營注寶車馬乘輿器物盡入其邸星流矢激螢火照道獻帝春秋獻帝春秋並獻帝春秋”
子部,類書類,北堂書鈔,卷四十一：“火燒官府獻帝春秋……四方州郡擁强兵獻帝春秋”
子部,類書類,北堂書鈔,卷八十五：“横揖而去獻帝春秋曰董卓欲廢帝謂袁紹曰皇帝沖闇非萬機之主陳留王猶勝今欲立之人有少智大或癡亦知復何如為當且爾鄉不見靈帝乎念此令人憤毒紹曰漢家君天下四百許年恩澤深渥兆民戴之來久今帝雖幼沖未有不善宣聞天下公欲廢適立庶恐衆不從公議也卓謂紹曰豎子天下事豈不決我我今為之誰敢不從爾謂董卓刀為不利乎紹曰天下健者豈惟董公引佩刀横揖而出補”
子部,類書類,北堂書鈔,卷一百三：“獻帝春秋云太祖平鄴謂陳琳曰君昔為本初作檄書但罪孤而已何乃以及父祖乎琳謝曰矢在　上不得不發也”
子部,類書類,北堂書鈔,卷一百十五：“紫髯將軍獻帝春秋曰張遼問吳降人向有紫髯將軍長上短下便馬善射是誰降人答曰是孫會稽遼及樂進相遇言不早知之急追自得舉軍歎恨補”
子部,類書類,北堂書鈔,卷一百二十：“董卓三尺獻帝春秋曰董卓未誅有道人持三尺布旛上作兩口相銜之字負之行歌于道及吕布殺卓負布者不復見補”
子部,類書類,北堂書鈔,卷一百二十一：“神亭得兜鍪獻帝春秋曰孫策獲太史慈謂曰孤昔與卿神亭之役若為卿先如何慈曰不敢面欺若兜鍪帶不斷未可量也吳志曰慈與策戰于神亭策得慈兜鍪績補”

图 12　检索结果人工导出示意图

以此导出的检索结果为基础，我们再借助“瀚堂典藏”古籍数据库进行复检。“瀚堂典藏”古籍数据库采用基于 7 万汉字 Unicode 四字节编码和自然语言全文检索的通用浏览器模式，它以精准校对的小学工具（文字、音韵、训诂）、古代类书、出土文献类资料为基础，大量纳入包括经史子集，以及中医药典籍、古典戏曲、敦煌文献、儒、释、道等历代传世文献，以及大型丛书、史书、方志、民国报刊等，涵盖文史哲等专业的教学和研究工作中所应用到的专业古籍文献资料。此数据含有《四库全书》《古今图书集成》《四部丛刊》多版本，还有《大藏经》《龙龛手镜》《正统道藏》等，是可与“中国基本古籍库”对照使用的较好全文检索数据库。据介绍，至 2013 年年底，“瀚堂典藏”精细加工入库的图书种类已达 13000 余种，图片数量 1500 多万张，文字总量超过 25 亿字，可在通用浏览器条件下，利用专利认证的超高速检索引擎全文跨库检索和连续图文对照阅读的记录条目数 1800 万条以上，总量持续增加中。

通过“瀚堂典藏”数据库以“献帝春秋”作为关键词进行检索，得出 501 条结果，如图 13 所示：

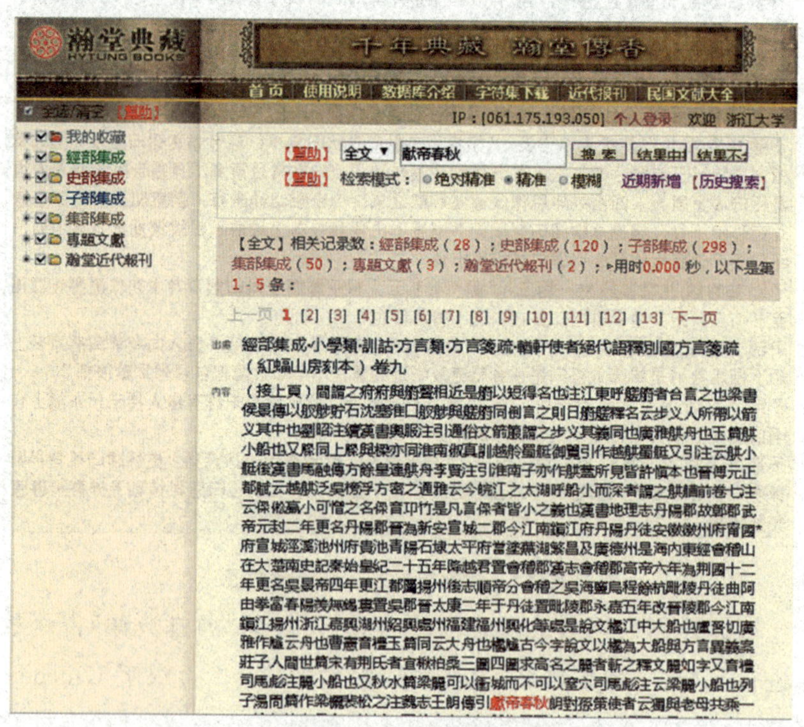

图 13　瀚堂典藏数据库“献帝春秋”检索结果图

将此检索结果与前期所得佚文条目进行人工比对，再结合《四库全书》、《四部丛刊》、“国学宝典”、“鼎秀古籍全文检索平台”等其他古籍全文检索数据库一一进行复检，对相同出处相同条目进行剔除，删去重出条目，将类似条目进行对照，对不同出处类似条目标红待辨异。此时，借助已有古籍数字化成果进行佚文搜集的工作基本告一段落。

当然，鉴于目前的数字古籍库还不够尽善尽美，检索的古籍数量虽然可观，但显然不是无所遗漏，还需要及时发现检索盲区，查漏补缺。同时，不少数据库录入时存在一定的错误率，这就需要后期复检相关资料，进行逐一核对，确保正确。

这些是借助古籍数据库对《献帝春秋》佚文进行搜求，但如果我们变换检索关键词，则可以帮助我们更好地去对《献帝春秋》相关问题进行拓展研究。比如，围绕《献帝春秋》作者的问题，我们可以将关键词换成“孙思光《献帝春秋》”“袁暐《献帝春秋》”“袁煜《献帝春秋》”等等，根据检索结果，探究《献帝春秋》的作者问题。

对比传统辑佚工作，我们还可以发现，此前辑佚工作耗费极大时间和精力的佚文搜求环节在如今已经大部分被机器检索代替，虽然还有不少人工参与的部分，但大多是未来智能化提升后可以替代的机械化操作内容。可是，现在的文献学家、古籍整理工作者和研究者们在谈到辑佚时，着墨最多的仍然是在佚文搜集这个环节。佚文搜求确实是辑佚工作中难度大又绕不开的一项基础工作，但是从《献帝春秋》这个个案就能看到，借助数字化和机器计算，我们可以实现事半功倍。正如数字人文知名的实践者意大利神父罗伯特·布萨(Roberto Busa)在为托马斯·阿奎那(Thomas Aquinas)及相关作者的著作编制语词索引后所说：人文学科对计算机的使用不仅节约了学者的精力和时间，更提高了研究的质量、深度和广度，而这也是应用计算机的首要目的。①

数字人文背景下的古籍辑佚在佚文检索阶段节省了相当多的时间和精力，但在佚文搜求阶段之后的佚文整理步骤（包括但不限于断句、查重、取舍、异文考辨等工作）仍需要耗费不小的人力。一方面这是由与辑佚相关的工具软件开发不够导致，另一方面也是辑佚的学术价值所在，因为其中仍有机器无法替代的部分，包含着学者多年学术素养的学术判断与由此及彼的知识迁移能力等等。

在数据库海量的古典文献面前，古人披沙拣金的辛劳变成了鼠标轻轻一点，其间的历程正映照了人类社会文明的进程。从结绳记事、竹书纪年到书之缣帛、雕版印刷，每一种知识记录方式都深刻影响着人类文明，在信息革命带来的每一次进步中，社会都进行着翻天覆地的改变，进而影响到学术的研究方式。

2. 计算软件深度分析

经过整理的佚文已经可以形成新辑本的雏形，我们也可以在新辑本的基础上进行一定程度的学术分析，比如历史人物出现频次、出现的年代及时间等一系列问题，让辑佚工作带有更多学术钩沉的内容，也为之后的多方式呈现与深度分析做好准备。

首先，我们关注的是《献帝春秋》中出现的各个人物，借助计算机的索引功能我们可以清晰看到辑本中人物出现的频次，也能通过数据来勾勒出文本呈现出的人物样貌，并借此对《献帝春秋》的原始版本进行有据推测。

① 转引自［英］大卫·M. 贝里、［挪］安德斯·费格约德著，王晓光等译：《数字人文：数字时代的知识与批判》，东北财经大学出版社，2019年版，页198。

表 8 《献帝春秋》人物出现频率排名统计表

排名	姓名	频次
1	袁绍	7
2	曹操(太祖,司空,魏王)	6
3	刘协(帝,献帝,陈留王)	6
4	刘备	4
5	刘辩(帝,天子,弘农)	4
6	吕布	4
7	陈琳	3
8	董卓	3
9	孙策	3
10	孙权(孙会稽)	3

通过人物出现的频次排名可以看到,汉献帝出现频次并不是最高的,反而袁绍是出现最多的人物,可以推断目前《献帝春秋》的辑佚还不是很完整,至少还没有凸显出以献帝为中心的叙述方向。一来可能是因为所辑的佚文有不少是从史书注释里抽取出来的,史注更喜截取与正史不一致的内容来补史正史,因而分散了原书的叙述核心,割裂了叙述内容;二来《献帝春秋》虽是编年体的史书,以“献帝”为名,但可能只是将“献帝”作为记载的时间阶段标记,而非叙述主体的标记。同时,辑本中人物比编年的体例更突出,其原因也是和佚文大多来源于人物传记的注释有关,所以行文之中更多保留的是和人物相关的内容,而将事件和时间放在较为次要的地方,甚至是直接隐去。这是我们通过人物出现频次进行统计分析后引发的思考,因《献帝春秋》留存条目有限,我们也只能就现有的条目进行相关可能推测,但这种数据驱动问题的路径是此前定性分析研究所欠缺的,也为我们的研究带来了新的思路。

同样,如果通过标注人物与事件、时间与事件、人物与时间等要

素,可以观察三者之间的变化与内在联系。下面仅以编年中的前六年为例,将相关要素列表如表9:

表9 《献帝春秋》时间、事件与人物关联举隅表

序号	年份	事件	人物
1	汉灵帝熹平二年(公元173年)	孝灵皇帝何皇后生太子辩,帝数失子,不敢正名,养道人史子眇家,号曰史侯。	孝灵皇帝(何宏)、何皇后、刘辩、史子眇
2	汉灵帝光和四年(公元181年)	孝灵皇帝王美人生皇子协,协生十余日,何皇后妒杀美人。灵帝母永乐董太后摄养协,号曰"董侯"。似灵帝,八岁而读诗书。	孝灵皇帝(何宏)、王美人、刘协、何皇后、董太后
3	汉灵帝光和七年/中平元年(公元184年)	角称天公将军,角弟宝称地公将军,宝弟梁称人公将军。	张角、张宝、张梁
		梁州义从宋建、王国等反、诈金城郡降,求见凉州大人故新安令边允、从事韩约。约不见,太守陈懿劝之,使往,国等便劫质约等数十人。金城乱,懿出,国等扶以到护羌营,杀之,而释约、允等。陇西以爱憎露布,冠约、允名以为贼,州购约、允各千户侯,约、允被购,"约"改为"遂","允"改为"章"。	宋建、王国、边允(章)、韩约(遂)
4	汉灵帝中平五年(公元188年)	初黄巾贼起,灵帝建九重华盖,自称无上将军,身被介胄,讲兵京城。先是造作角钱,犹五铢而有四道,连于边轮。百姓或有识者以为妖征,窃言新钱有四道,京城将坏。而此钱四出,散于四方之外乎,遂皆如其言。	孝灵皇帝(何宏)
		融敷席方四五里,费以巨万。	笮融

续表 9

序号	年份	事件	人物
5	汉灵帝中平六年/汉少帝光熹元年/昭宁元年/汉献帝永汉元年(公元189年)	袁绍将兵入宫,诛诸黄门,张让等逼迫以尺一诏开大夏门,将帝及陈留王出,不知所如。时昏夜,萤火照道,到盟津河上,传国六玺不及自随,百僚分散。唯河南中部掾闵贡见天子出,率骑追之。比晓到河上,天子饥渴,贡宰羊进之。厉声谓让曰:"今不速死,吾射杀汝。"让等惶怖,叉手再拜,叩头向天子辞曰:"臣等死,陛下自爱。"遂投河而死。贡扶辇还宫。先是童谣曰:"侯非侯,王非王,千乘万骑走北芒。"董卓适至,屯显阳苑,闻帝当至,率兵迎帝于北邙,帝见卓兵,振喜不自胜。群公曰:"有诏却兵。"卓曰:"卿为大臣,不能匡辅国朝,至令幼主蒙尘播越,何却兵之有?!"遂俱入城。帝幸北宫,改元号曰昭宁。于阁上得六玺失传国玺。	袁绍、张让、刘协、刘辩、闵贡、董卓
		卓欲废帝,谓绍曰:"皇帝冲暗,非万乘之主,陈留王犹胜,今欲立之。人有少智,大或痴,亦知复何如,为当且尔;卿不见灵帝乎?念此令人愤毒!"绍曰:"汉家君天下四百许年,恩泽深渥,兆民戴之来久。今帝虽幼冲,未有不善宣闻天下,公欲废适立庶,恐众不从公议也。"卓谓绍曰:"竖子!天下事岂不决我?我今为之,谁敢不从?尔谓董卓刀为不利乎!"绍曰:"天下健者,岂唯董公?"引佩刀横揖而出。颍川张资为南阳太守。	董卓、刘协、刘辩、袁绍、张资

续表 9

序号	年份	事件	人物
6	汉献帝初平元年（公元 190 年）	绍合冀州十郡守相，众数十万，登坛歃血，盟曰："贼臣董卓，承汉室之微，负兵甲之众，陵越帝城，跨蹈王朝，幽鸩太后，戮杀弘农，提挈幼主，越迁秦地，残害朝臣，斩刈忠良，焚烧宫室，蒸乱宫人，发掘陵墓，虐及鬼神，过恶烝皇天，浊秽薰后土。神祇怨恫，无所凭恃，兆人泣血，无所控告，仁贤之士，痛心疾首，义士奋发，云兴雾合，咸欲奉辞伐罪，躬行天诛。凡我同盟之后，毕力致命，以伐凶丑，同奖王室，翼戴天子。有渝此盟，神明是殛，俾坠其师，无克祚国。"	袁绍、董卓
		太傅袁隗、太仆袁基，术之母兄，卓使司隶宣璠尽口收之，母及姊妹婴孩以上五十余人下狱死。	袁隗、袁基、董卓、宣璠
		袁术表坚假中郎将。坚到南阳，移檄太守请军粮。咨以问纲纪，纲纪曰："坚邻郡二千石，不应调发。"咨遂不与。	袁术、孙坚、张资
		自诛黄门后，侍中侍郎出入禁中，机事颇露，由是王允乃奏侍中黄门不得出入。不通宾客，自此始也。	王允

从表 9 可以看到在不同时间点之中人物与人物之间的关联性。当我们从具体的事件中将人物关系抽离出来，则可以借此进行深度分析。同时，还可以如法炮制，列出地点表格，以时间轴为主线进行宏观曲线分析，再结合人物关系、地点变换，进行时空人物聚合立体分析，对《献帝春秋》新辑本中体现出的史实与正史相对照，可以获得更客观、深入的认知。

当然，越是复杂的文本对象，可进行深度分析的角度与方法就越多，这也是数字人文带来的研究范式转换的体现。从以往定性的、选精集萃式的研究到现在借助技术来发掘未知数据，以数据挖掘深度分析为基础的量化研究还能较好地纠正研究的预设主观性。可以寄予希望的是，基于大规模古籍文本检索，我们可以借助不同技术手段，对相关事件与现象进行定量分析，能从另一种道路完成传统研究方法所不能完成的任务，并且可操作性与可执行性更强，结论更具说服力。

3. 数据整合与可视化呈现

数字人文在古籍辑佚方面不仅仅起到压缩佚文搜求时间、进行一定程度数据分析的作用，更大的潜力还在数字化整合。无论研究对象是文本、图像还是声音、影像或各种媒介的综合体，如果不进行深度整合，数字化的资料可能就只是一堆死的数据。将以二进制数据存储在计算机中的学术材料、数据内容转换成可以利用的“活的”知识或者学术成果，这就需要进行一定程度的数据整合。

目前学界已经有一些进行古籍数据整合的成果，比如以姚鼐的《惜抱使湘鲁日记》为研究对象进行数据库建构和可视化呈现的尝试，最终得出了《姚鼐典试山东、湖南日记定位查询图》，可以图中任意一点，查询姚鼐何时经过，有何活动及诗作等。还能通过日记中的行迹，对文本中所载山川、河流、地形风貌有更为直接的了解，形成一种鲜活的知识聚合成果。①

我们以《献帝春秋》新辑本中的人物关系为例，借助之前提及的数据分析结果，按照一定要求输入 Excel 文档，并进行 CSV 转换，导入到 Gephi 软件中，初步绘制出人物关系图示如下页图 14。

从该图可以较为直观地感受到文本中占据主要地位的一些人物，比如献帝刘协、弘农王刘辩、曹操、袁绍、孙权、董卓、吕布等。如果加上编年的时间流动及事件中人物的关联，可以形成一种动态展示，能更好地看到在新辑本《献帝春秋》中时间、事件与人物的三者

① 黄汉：《日记文献的数据库化及可视化呈现》，《数字人文研究》，复旦大学出版社，2020 年版，页 154—163。

之间变化和互相关联的过程。

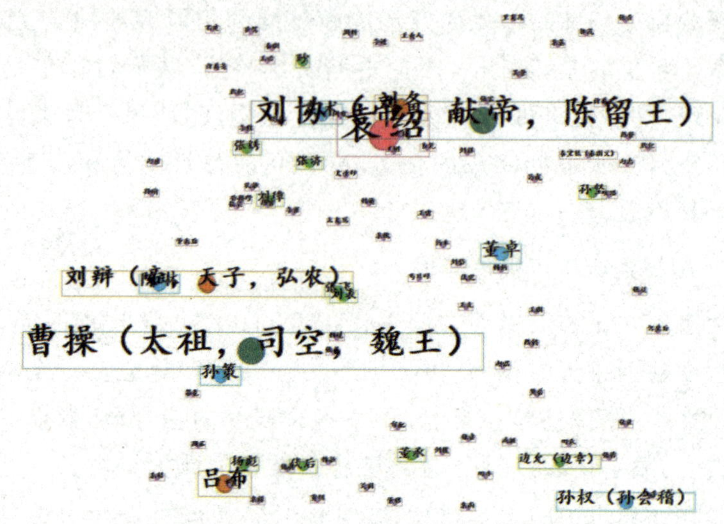

图 14 《献帝春秋》新辑本中的人物关系 Gephi 图示

如果再进一步利用 Markus 古籍自动标记平台来标记地名，利用 CHGIS 等相关地理网站查找地点经纬度，形成《献帝春秋》新辑本的学术地图，之后再添加天地图、地形图层等相关信息，叠加不同年代的图层，形成历时性的变化，让人更加身临其境。结合中国历代人物传记资料库（CBDB），加上 ArcGIS、QGIS、CartoDB 等软件，制作出更多样的可视化学术成果，实现浏览检索、关联生成、数据统计、时空定位等多功能展现，形成更为完整的知识谱系。

同时，在辑佚成果的展示方面，我们也可采用更为多样化和可具延展性的形式。借鉴国外珀尔修斯数字图书馆的理念，我们以《献帝春秋》新辑本为基础，将《献帝春秋》辑佚成果的多功能可视化展示页面模拟如下页图 15。

可以看到这个页面大致分为三部分。居左的是主题图和功能项，功能项可以选择通过编年纪年来阅读《献帝春秋》新辑本还是通过关键词进行全文检索。如果选择了按编年阅读，就可以在页面中心位置进行编年纪年的文本阅读，同时每个纪年下的条目也会附上考证或按语，供读者参考。在文本中遇到一些问题，还可以借助页面右上角的“平台工具”选项来帮助解决，可提供朝代纪年转换、汉语字典和汉语词典等小工具来提供基本帮助。页面右上还有一个“协作论坛”，是一个开放的互联网社区，为相关研究者提供交流和协作的平台，汇聚同好，疑义共析。页面右边有三个关联链接，主要展示《献帝春秋》人物事件关联图、《献帝春秋》纪年图和《献帝春秋》人物行迹图，三种可视化呈现侧重点各不相同，但都会以数据开放的形式为研究者提供更便利的学术帮助。

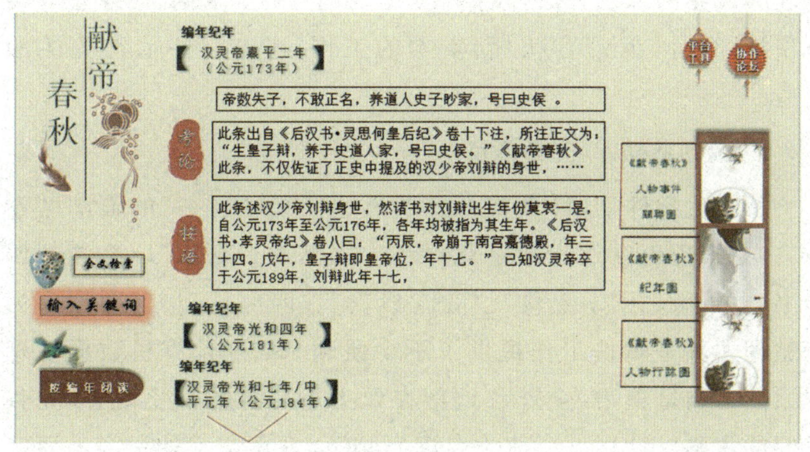

图 15　《献帝春秋》辑佚成果的多功能可视化展示页面示意图

这种可视化呈现相较于珀尔修斯数字图书馆综合了文本、图像与实物馆藏的综合型网页服务仍有不小的差距，但是与国内绝大多数单纯文本的辑佚成果展示相比，还是有一定的创新点，而且未来也有很大的可拓展空间。

当然，《献帝春秋》的数字辑佚实践作为个案研究有不少缺憾存在。比如单本作品篇幅不长导致辑佚实践的代表性有限，经费短少导致协同合作的众包机制实践未能开展，研究视角也受个人局限缺乏多角度的客观审视，等等。这些遗憾希望能在今后的辑佚工作中逐一改善，并得出更多的创新经验总结。

（二）《献帝春秋》数字辑佚方法探微

鉴于《献帝春秋》旧辑本存在的种种问题，经过四处搜求，在多种典籍中另辑出60多条佚文，始觉此书时间跨度之大，内容之丰富，绝非此前三种辑本共九条佚文所示之苍白与孱薄。《献帝春秋》作为汉魏文献的一种，其散失与辑佚的情况具有一定的典型性和代表性，如何在新时代下更好地留存散佚古籍，挖掘其价值并恢复其原貌，这是值得思考的问题。从自身经验来看，除历代学人总结得出的较为成熟的辑佚方法，如：明出处、求全备、辨真伪、还原貌等传统方法外，结合《献帝春秋》新辑本的工作，还有一些值得关注的新经验。

1. 借助数据库，完备条目

新时代条件下，科学技术发展迅速，“互联网+”的浪潮席卷全球，古籍整理也在逐步数字化，像“中国基本古籍库”、《文渊阁四库全书》电子版、“国学宝典”、“瀚堂典籍”、《四部丛刊》等数据库为古籍整理尤其是辑佚工作提供了不少便利。如今计算机数据处理与检索能力与日俱增，全球各地都在致力于完善数字化内容，如谷歌发起的古腾堡计划。全球化浪潮影响下，古籍文献的留存与研究更是受到了世界各地学术研究机构的重视。美国研究图书馆协会(Research Libraries Group)发起“中国古籍善本国际联合目录”计划，美国的哈佛燕京图书馆将馆藏中文善本特藏全部数字化，台湾地区“中央图书馆”进行“善本古籍联合目录”工作，还有以古籍普查为基础的大陆地区各图书馆进行的“古籍书目数据库”，等等。相较于以前资料离散状态下披沙拣金的“十年冷板凳”工作状态，现在的辑佚工作条件是前所未有地好，因此，我们更应该充分利用已有的电子古籍或数字化的成果，完善佚文条目搜集，形成电子化辑佚成果，供后来者搜索使用，造福学术研究。

2. 利用软件和工具，获取新理据

数字人文背景下，电子化和“互联网＋”的东风打破了文理之间原有的森严壁垒。利用数字软件和开放平台，再借助计算机或互联网协作建构研究模型，可以实现对古籍文本的深度分析与研究。在此基础上，我们可以获得更多的新资料和新理据，不仅丰富辑佚内容，也可进一步解决辑佚中出现的学术问题。举一个最简单的例子，我们通过分析《献帝春秋》人物出现的频次排名发现，《献帝春秋》虽以“献帝”为名，但汉献帝出现频次并不是最高的，反而袁绍是出现最多的人物，这是没有进行数据统计前很难发现的问题。有了定量分析的新理据，从而促使人去思考，“献帝”究竟是以纪年使用还是以叙述重点命名这个问题，这就是用数据去驱动问题，新理据的出现可以让人去发现新问题，进而得出新成果。

3. 通过数据分析，详加辩证

利用互联网获取国内外资料，或是通过自建数据库进行数据获取和挖掘，方便了辑佚的检索、条目考辨和史料查询比对等。利用电子化手段借助“互联网＋”的思维，古籍辑佚面更广，速度更快。比如《献帝春秋》中有“初黄巾贼起”条，其中有“此钱四出”句，《说郛》本、《子史钩沉》本中“钱”字作“前”，但《古今说部丛书》作“钱”。《太平御览》卷九十二[①]、卷八三五[②]均有此条，完整程度不一，但均作“此钱四出”，而非“此前四出”。考此条内容“百姓各有识者以为妖征，窃言新钱有四道，京城将坏。而此钱四出，散于四方之外乎”，述造“五铢而有四道”之角钱事，结合上下文，均是围绕新钱之事，故以“钱”字更合原意，“前”字或为音同致误。在数据库的帮助下，我们可以进行相同条目不同出处的比对，并根据不同出处中用字的数据分析来进行辩证，最后给出相对贴合的判断结果。当然，我们更希

① [宋]李昉：《太平御览》，中华书局，1966年版，页440。

② [宋]李昉：《太平御览》，中华书局，1966年版，页3729。

望在人工智能普及的未来，电脑或计算机在进行数据分析的基础上，能给出智能校注。但也应该清醒地认识到，至少在相当长的一段时期内，我们进行《献帝春秋》这类中小篇幅文献辑佚工作时，还是要依靠相当的人力来进行操作、筛选、比对等，尤其是在后期进行校勘、辩证等学术含量较重的工作时，更加无法离开研究者的文献学功底与知识素养来进行判断与取舍，进而获得相对完善的新辑本。

4. 依靠可视化，丰富呈现方式

从媒介驱动的角度来看，历史上媒介的改变对学术生产方式起到了革命性的作用。15 世纪至 17 世纪欧洲的“印刷革命”就带来了知识生产的变革，现代西方人文学发端于文艺复兴时期，其兴起和文本资料的抄写、翻译、阐释是分不开的，印刷术推动了人文主义文化资料的标准化传播，彻底变革了人文学乃至所有研究领域的知识生产方式。数字技术的出现让数字媒介成为学术生产变革的新动力，数字人文研究所依赖的数字技术是一种“元技术”，它保留和延续了之前所有的媒介特性，将它们整合在一个统一的软硬件物理平台上，从而让受众能更直观地去了解和接受。[①] 因此，古籍辑佚或古典文献研究的其他成果，都可以借助数字媒介带来的可视化便利，丰富成果的呈现方式。

数字人文背景下，无论是古籍辑佚还是古典文献整理与研究，都因为数字化的媒介更替而带来了更多的可能性。《献帝春秋》辑佚作为冰山一角，其体量虽小，但也一定程度上代表了新时代下古籍辑佚工作的变化，也能借此展望未来古籍整理与古籍辑佚可能的路径与发展方向。

---

① 孟建、胡学峰：《数字人文：媒介驱动的学术生产方式变革》，《现代传播（中国传媒大学学报）》，2019 年第 4 期，页 24—28。

三、智能化古籍辑佚展望

以《献帝春秋》的辑佚为切入点，综合其辑佚过程与路径选择，我们可以发现，人工操作还是占据了不小的工作量。一方面，因其体量不大，个人可以作为辑佚工作的主体来完成，人工操作还能勉力进行；另一方面，辑佚中有些工作，如果依靠机器可能会比人工耗费更大气力，比如佚文的取舍，异文的处理等等，这些需要机器前期进行深度学习和大量练习并不断更新升级后，才能有相对可用的结果，其中耗费的时间、精力和金钱甚至会超过纯人工投入。

同时，数字人文浪潮来袭，给古籍辑佚工作带来便利的同时，也带来了更多的思考。在当下的环境中，借助数字化的便利，古籍整理工作较先贤们集数十年之功成一书看起来要相对轻松一些，但在此基础上，我们必然希望能够挖掘更多，获得更多。比如，在已整理出的佚文基础上，如何寻找可能的草蛇灰线，将其中内在联系挖掘出来？有没有将辑佚成果进行虚拟重建，最后以视觉化的形式达到直观再现的可能的途径？等等。当遇到这些要求较高的智能化问题，数据库是无法直接给出是或否的答案的，所以，我们在此试着眺望古籍辑佚智能化的未来。

（一）智能化搜索

确定辑佚对象后进行智能化古籍辑佚的第一步应该就是智能化搜索，将佚文从浩如烟海的文献中搜集起来。但智能化搜索的完成，还需要以下这些先决条件。

1. 数据的完善

虽然现在古籍数据库已有不少，但仍称不上完善。首先，从数据的正确率来说，目前的很多数据库都称不上完善。从数据库里搜索出的结果一定要和纸本文献进行比对校勘，这几乎是使用数据库的学者和研究者们的基本常识。如果耗费了大量人力财力和物力的诸多数据库连准确的数据都无法提供，那么智能化搜索也只能是纸上谈兵。

其次，从数据的完备程度来看，现在对稿抄本的识别还属于探索阶段，对古籍汉字没有也无法像对印刷文献一样可以在短时间内有大量的数据积累和进展，尤其是汉字和西方的字母文本大不一样。稿抄本和印刷文献的规范文字体系又大不相同，机器识别难度大，成功率低，这就对纸本文献的转换造成较大的困难，不太规范的稿抄本不要说是对机器，哪怕是对普通学者，辨别起来也是不小的挑战。目前的识别技术多是以 OCR（Optical Character Recognition）技术为基础，传统 OCR 技术在计算机视觉领域已有十多年，对现代印刷体的识别很成熟，随着技术的不断提升，对于现代手写体汉字的识别已有非常多的成果。但对于古籍汉字尤其是手写体，确实难度相当大，这项工作一直以人工为主，而且参与人员自身必须具备一定的专业知识素养。目前已有研究将卷积神经网络技术运用到古籍汉字的识别中，运用深度学习技术对特定样本进行学习训练，并运用迁移学习的方式对古籍汉字进行识别。不过，无论是识别成功率还是模型结构和训练集合都还有较大的提升空间。①

2. 数据的共享

虽然现在古籍数据库数量不少，但基本是各自为政。一方面是因为不少古籍数据库是由企业主导进行的，必须要考虑到商业盈利问题。比如爱如生公司的“中国基本古籍库”不仅需要花钱购买权限，而且一次只允许复制 200 字，其他公司的古籍数据库类似限制也不少。另一方面，即便是图书馆或者学术机构主导的古籍数据库建设，也会因为成果归属问题而故步自封，不愿意开放权限，反而是古籍数字化资源建设相对较早的美国、日本及中国港台地区，在数据共享上做得较好。无论是古籍全文数据库，还是古籍影像，基本都对外开放。比如日本京都大学人文科学研究所“日本所藏中文古籍

① 郭利敏、葛亮、刘悦如：《卷积神经网络在古籍汉字识别中的应用实践》，《图书馆论坛》，2019 年第 10 期，页 142—148。

数据库”(Kanseki Database)、东京大学东洋文化研究所“汉籍善本全文影像资料库”等等,早稻田大学图书馆古籍数字(https://www.wul.waseda.ac.jp/kotenseki/index.html)甚至可以下载。美国则有国会图书馆(Library of Congress Home)、哈佛大学古籍、民国图书、宝卷等数字资源(http://guides.library.harvard.edu/Chinese)、耶鲁大学中国古籍(Chinese Rare Books at Yale)、加州伯克利中文拓片(Chinese Stone Rubbings Collection)、普林斯顿中医古籍(East Asian Digital Library UBCUBC Asian Library Rare Book Collection)、麦吉尔大学中医古籍数字资源(Gynaecology in Traditional Chinese Medicine)、巴伐利亚国家图书馆东亚数字资源库(Digital East Asia Collections)等等。

古籍其实是先辈们智慧的结晶,由于种种原因将之私藏或秘不示人,都是不可取的。只有数据共享才能降低使用门槛,才有更多的可能性。

3. 数据库智能化

随着技术的不断进步,数据检索可以根据需求不断智能化。目前的情况是,人文学者的需要如果要落到实处,必须要将研究想法转换成系统或者软件能识别的命令,但问题在于,不少人文学者的学科背景与计算机和数据编程相去甚远,学会编写命令将会牵扯不少的研究精力,而且不同平台或不同软件往往各有各的运行规则,互相兼容的情况比较少。这就意味着人文学者在精通自己专业的情况下还需要驾驭多种软件语言,以便应对不同的平台或软件需要。

以 Gephi 为例,Gephi 是一款开源免费跨平台的基于 JVM 的复杂网络分析软件,其主要用于各种网络和复杂系统,动态和分层图的交互可视化与探测开源工具。Gephi 的创始人 Mathieu Jacomy 在谈到为什么不沿用旧的、可靠的 GraphML 格式时,也承认:“用户根本没得选,……我们不希望到处兼容。Gephi 已经有很独特的设计了,是不完全与其他软件兼容的,以后只会越来越独立。由于 Gephi 具有很强的特质和独特的功能,非常有必要让人们清楚 Gephi 不是使用通用的图数据文件的。这也是为什么要有 Gephi 的名字和其独有的文件格式的原因。用户必须明白,要是用其他软件打开'Gephi graph'你会丢失信息的。"①

软件开发者以不兼容来标榜自己的独特性,却苦了没有计算机背景的人文学者们。如果能有一个相对统一的软件语言或平台,而不是各行其道,那么数据智能检索的门槛就会大大降低。更进一步的希望是,可以形成更为友好的智能化使用界面,化繁为简,让人文学者可以较为直接地提出自己的检索需求,甚至实现度身定制,让每位学者的特殊化需求可以得到较好地满足,这样才是"智能化"的方向——为人服务,而不是让人臣服在机器语言之下。

(二)智能化聚合

通过智能化检索之后得出的检索结果,还需要进行一定加工,形成有序的聚合,才能发挥最大的作用。

图 16 是知识体系进行分解和聚合的示意图,其实一定程度上代表着数字化辑佚过程中进行辑佚条目聚合的过程。

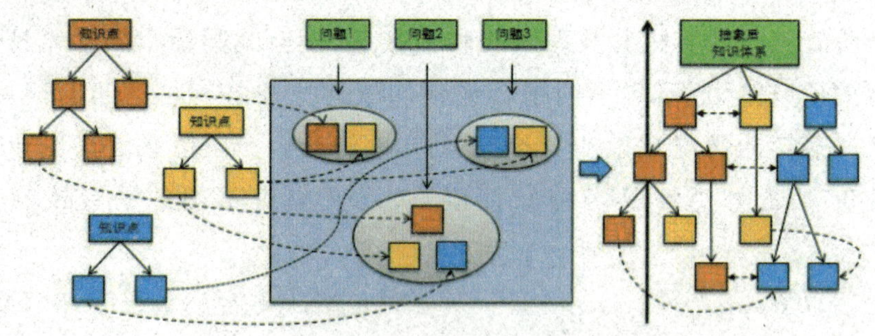

图 16 知识体系——分解和聚合示意图②

---

① 刘勇、杜一:《网络数据可视化与分析利器:Gephi 中文教程》,电子工业出版社,2017 年版,页 8—9。

② 转引自网络 https://zhuanlan.zhihu.com/p/20335194

通过数据库进行辑佚检索的结果往往是无序或者是不成体系的，我们需要通过建构一定的体系来达到对辑佚条目的深加工。这其中包括但不限于断句、标点、勘误、比对等等，而这些工作在很长一段时期内往往依靠的是人力，并且是训练有素的专业人士才能胜任。随着技术的进步，不少有识之士也逐步地通过各种手段来训练机器进行智能化断句、标点，比如 Witte 等(2008)研究构建了支持实体挖掘与链接，自动文摘、自动索引等功能的古德语维基平台。McGillivray (2013)对拉丁语的计算语言学方法进行了系统研究。开源的 CLTK (Classical Language Toolkit)项目支持对拉丁语、古英语、古德语等数十种古代语言进行加工。[①]

国内也有利用计算机辅助校勘，立足于“辨异”，利用文本匹配自动挖掘佚文的研究成果，比如从版刻字体入手，辅以图像文本化、自动分割与属性标注，进行自动校勘系统平台的搭建[②]；从建设校勘资源库的角度入手，为计算机辅助古籍版本校勘提供丰富可靠的数字化资源[③]。还有利用神经网络或建立深层语言模型来让计算机进行自动标点的探索，比如，基于 GRU(Gated Recurrent Unit)的双向循环神经网络进行句子解码，不仅利用神经网络输出的概率分布，还进一步引入状态转移概率和长度惩罚来提高断句准确率[④]；通过预训练古汉语 BERT(Bidirectional Encoder Representations from Transformers)模型让计算机深度学习主流序列切割 BiLSTM+

---

① 参考北京师范大学胡韧奋：《浅谈古籍整理智能化的基础：资源、技术及应用》，2020 年 5 月 30 日信息时代古籍整理与研究线上会议资料，页 18—22。

② 朱翠萍：《计算机辅助版本校勘类型新探——以版刻楷体字书为例》，《国学学刊》，2015 年第 3 期，页 28—33；朱翠萍、张宪荣：《搭建版刻楷体字书计算机辅助版本校勘平台的设想》，《河北北方学院学报(社会科学版)》，2015 年第 4 期，页 70—74。

③ 柳建钰、周晓文：《计算机辅助古籍版本校勘资源库建设浅议》，《图书馆理论与实践》，2017 年第 3 期，页 54—58。

④ 王博立、史晓东、苏劲松：《一种基于循环神经网络的古文断句方法》，《北京大学学报：自然科学版》，2017 年第 2 期，页 255—261。

CRF 模型来自动断句，还进行了自动标点的尝试[①]。还有利用计算机来辅助笺注的探索[②]、借助计算机来对古典文献进行语言知识加工和信息抽取[③]，还出现了自动断句的网站[④]，这些其实都是辑佚条目进行智能化聚合的基础。

通过智能化断句、标点、语义与句法分析后，辑佚条目将呈现相对条理化的状态，我们在此基础上进行人工校勘将会事半功倍，尤其是对体量庞大的古籍效果更加明显。同时也可以借助一些自动分析软件，对辑佚文本进行深度分析。以《献帝春秋》为例，我们用在线的“图悦”热词分析，可以得到图 17：

图 17 《献帝春秋》“图悦”热词分析结果图

① 俞敬松、魏一、张永伟：《基于 BERT 的古文断句研究与应用》，《中文信息学报》，2019 年第 11 期，页 57—63。

② 马创新、陈小荷、曲维光：《注疏文献中的注释语句自动分析》，《计算机科学》，2012 年第 10 期，页 220—223。

③ 周澍绮：《基于 GATE 的楚辞语义标注研究》，《图书馆理论与实践》，2015 年第 11 期，页 58—62。

④ https://seg.shenshen.wiki/

类似的结果我们从词频分析报告中的热词表（排名前15）也能看出（表10），机器分析还是存在一些不足和弊端。

表10 《献帝春秋》"图悦"热词分析排名前15列表

排名	关键词	词频	权重
1	曹操	41	1
2	太守	9	0.8224
3	将军	11	0.822
4	董卓	7	0.8048
5	袁绍	6	0.7866
6	乘舆	9	0.7826
7	明公	8	0.7788
8	百姓	7	0.7641
9	刘表	5	0.7555
10	校尉	5	0.7536
11	天子	5	0.7404
12	天下	6	0.7383
13	益州	5	0.7317
14	车驾	4	0.7301
15	孙策	4	0.7282

从图17和表10可以看到，机器自动进行的热词分析关注点不完全在人物或者说核心事物上，甚至出现了"乘舆"这样的器物类词语。值得注意的是，辑佚文本中，对汉献帝的指称相对多样，无法进行智能化设定，机器只能自动识别现有文本，而且词语选择只从词频出发，对学术研究帮助不大。

当然，这并不是说，机器无法做到智能化，就像前面提及对辑佚条目的深度智能加工的探索，我们可以从技术上进行改进，从而不断贴近学术需求。仍以词频分析为例，目前常用的有SCWS（采集词频词典并辅以一定的专有名称、人名、地名、数字年代等规则识别来达到基本分词）、ICTCLAS（Institute of Computing Technology, Chinese Lexical Analysis System，是中国科学院计算技术研究所研制的汉语词法分析系统，可进行中文分词、词性标注、命名实体识别、新词识别等）、MyZiCiFreq（字词频率统计工具，可将词的次数和百分比都统计出来，支持导出）、ROST CM 6（可实现微博分析、聊天分析、全网分析、网站分析、浏览分析、分词、词频统计、英文词频统计、流量分析、聚类分析等一系列文本分析），还有 Bibexcel、CiteSpace 和 SATI 等其他共词分析工具，都是以词频分析为基础。

以 ROST CM 6 为例，在自动分词的基础上，ROST CM 6 可以建立一个主要是专业词汇等自己需要的自定义词表，以文本文件形式保存后可加入分词系统。同时，我们也可以自行添加需要过滤的词表，这些都是我们在机器自动化分析基础上可以自行调试的部分。所以，这也意味着有些智能化聚合工作不是遥不可及，但也不是唾手可得，需要研究者根据学术需求通过一定的调整来制定机器运行的命令，或通过深度学习不断趋近定制需求。

总而言之，智能化聚合工作难度不小，但也不是无计可施，需要根据辑佚文献的特点进行个性化定制，同时兼顾用户使用友好的诉求，才能达到智能化效果。

（三）智能化辑佚

在智能化搜索和智能化聚合之后，才能对智能化辑佚进行一定的展望。智能化辑佚可以看作是从数字化文本到信息搜集再到知识聚合，最后达到智能化辑佚的结果，这个流程可以画成如下页的图 18。

可以看到在数据库智能检索后，进行检索结果的智能聚合，然后通过一系列智能操作，如古籍智能断句与标点、古籍自动分词与词性标注、古籍自动句法分析、古籍自动语义分析然后来构建古籍标注资源库和古籍知识库，最后达到古籍智能辑佚的结果。

这其中的检索结果智能聚合和古籍智能辑佚在目前的阶段基本通过人工操作来达成，相对比较简便的方式是以平台众包来进行任务分发,但众包只是另一种形式的人工操作,虽然借助了平台进行分布式任务达成,但遇到体量大又相对复杂的辑佚任务,质量难以保证,时间上也会受到很大限制。所以,还是需要借助古籍的智能校勘、索引、注释和编纂来最终达到古籍的智能辑佚。不过由于目前的智能化技术在整个古籍整理领域应用都还比较有限,因此在辑佚工作上,我们更多地是寄希望于不断的数字辑佚个例累积成智能化辑佚的整体运作方法。

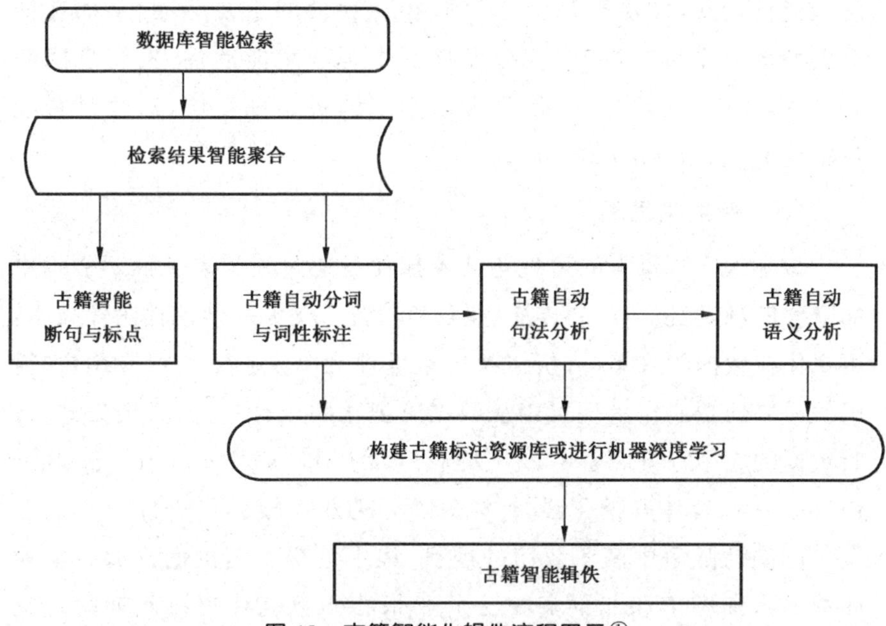

图 18　古籍智能化辑佚流程图示①

我们知道,人工智能技术分为四类:基本类型、内存有限型、心理理论型和自我意识型。前两类为弱人工智能,后两类为强人工智能。目前古籍整理方面的人工智能或者说数字化程度基本还停留在弱人工智能层面,也就是说要么是纯粹被动,既不能形成记忆,也不能利用过去的经验为当前决策提供信息;要么是仅能根据历史数

① 本图参考顾磊、赵阳:《古籍智能整理研究现状及存在的问题》,《图书馆学研究》,2016 年第 9 期,页 54—58。

据进行训练和学习，在将来的选择中做出基于奖励的判断并执行。[①]而从辑佚角度来说，虽然智能化辑佚难度相当大，但我们有理由相信，随着技术的进步，将会出现无限接近人类智力和思想的人工智能来进行相应的工作。这种学术型的人工智能具有较高的认知智能和较强的深度学习能力，可以理解与思考，还能从人类心理层面进行模仿并做出决策，具备解决复杂问题的能力。只有当人工智能在一定程度上可以做出具有自我意识的判断，进而达到一定程度上的智能化辑佚，才能让研究者摆脱相对烦琐的重复劳动，从而在面对大型辑佚项目时，能够充分发挥其主观学术能动性，去发现隐藏在文本之下的问题所在，从而推动学术的进步和发展，这才是智能化辑佚的重要作用所在。

（四）智能化呈现

数字人文背景下的可视化技术往往是通过视觉表征揭示数据中的隐含信息，促进知识的传播、理解和创新。作为一种视觉图像技术，可视化在数据的采集、分析以及结果呈现三个阶段中均可应用，古籍辑佚成果的智能化呈现可以从数据可视化的设计方法、实现方式、视听数据的应用等方面着手。[②] 以幽谷项目（the Valley of the Shadow Project）为例，其可视化设计方法和实现方式颇具代表性。它是有关美国南北战争中两个乡镇的项目，集中汇集了美国南部弗吉尼亚州的奥古斯塔镇和北部宾夕法尼亚州的弗兰克林镇在此期间广泛多样的原始文献。[③] 从项目伊始，其用意就是为了节省研究者们的精力，将从各处零散收集到的相关材料如人口普查记录、日记、书信、报纸等诸多琐碎的原始材料聚集一处，以时代为序，由地图连接

① 綦然：《全球人工智能技术和产业发展研究》，《全球信息社会发展报告（2019—2020）》，社会科学文献出版社，2020 年版，页 278。

② 李慧楠、王晓光：《数字人文的研究现状——“2019 数字人文年会”综述》，《情报资料工作》，2020 年第 4 期，页 49—59。

③ ［美］杰弗里・A. 赖德伯格-科克斯（Jeffrey A. Ryderg-Cox）著，朱常红译：《挑战数字图书馆和数字人文科学》，广西师范大学出版社，2010 年版，页 3。

相关文献、档案、资料等,再以可视化形式呈现出来(如图 19 所示)。

THE VALLEY OF THE SHADOW

Guide to the Valley: How to Use the Valley Project

What is the Valley Project? | How to Get Around the Valley Archive | Using the Valley Project

WHAT IS THE VALLEY PROJECT?

The Valley of the Shadow is a digital archive of primary sources that document the lives of people in Augusta County, Virginia, and Franklin County, Pennsylvania, during the era of the American Civil War. Here you may explore thousands of original documents that allow you to see what life was like during the Civil War for the men and women of Augusta and Franklin.

The Valley of the Shadow is different than many other history websites. It is more like a library than a single book. There is no "one" story in the Valley Project. Rather, what you'll find are thousands of letters and diaries, census and government records, newspapers and speeches, all of which record different aspects of daily life in these two counties at the time of the Civil War. As you explore the extensive archive and you'll find that you can flip through a Valley resident's Civil War diary, read what the county newspapers reported about the battle of Gettysburg, or even search the census records to see how much the average citizen owned in 1860 or 1870.

The Valley Project is a part of the Virginia Center for Digital History at the University of Virginia.

图 19　幽谷项目主页面①

从幽谷项目页面可以看到,不仅有项目介绍,有项目网页导航,还有项目使用说明等等。不同的功能指向不同的外部链接,还可以对相关内容有更多可挖掘的深度分析,如图 20 所示:

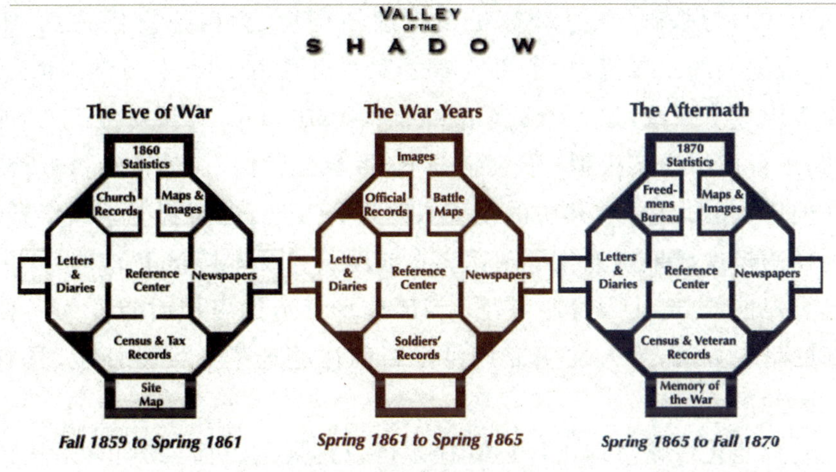

USING THE VALLEY PROJECT

CLICK HERE FOR RESOURCES ON USING THE VALLEY PROJECT

VIRGINIA CENTER for DIGITAL HISTORY

图 20　幽谷项目档案馆主页②

① https://valley.lib.virginia.edu/VoS/usingvalley/valleyguide.html

② https://valley.lib.virginia.edu/VoS/choosepart.html

这就是幽谷项目档案馆根据需求进行的分类指南，直观又形象。虽然是以时代为界限，但其中又内含许多不同的内容，研究者或浏览者可以按图索骥，各取所需。这种形式的项目成果展示确实让人眼前一亮，不仅获取便利，而且平易近人，哪怕不是专门从事这方面研究的普通人，也可以借此深入了解相关史实，学到有用的知识。

地理信息系统(GIS)在数字人文中主要应用于史学研究中的地理历史可视化。如 Patricia Ferreira-Lopes 从时间和空间两个维度，运用 GIS、图模型、数据可视化等技术构建了晚期哥特式建筑艺术的迁移网络，帮助了解伊比利亚半岛上晚期哥特式建筑的建筑史。①

如果我们进一步进行研究成果的深度互动开发，还可以考虑采用 VR 的形式。虚拟现实技术(VR)和增强现实技术(AR)以图像可视化技术为基础，通过计算机模拟虚拟环境，为用户提供视觉、听觉、触觉上的沉浸感，学术领域随之发展出考古 VR、人类学 VR、文学 VR 等子领域，如 Nicole Madeleine Adair Jones 尝试对但丁的《神曲》进行虚拟现实模拟。② 设想一下，将参与者代入《献帝春秋》所构建的历史时代中，与其中的主要人物进行互动，进而获得相关信息，这样的辑佚成果智能化呈现比文本或网页超文本链接等 2D 形式更具直观性，也更让人身临其境。VR 技术营造的虚拟时空作为一种新的呈现方法，为人文研究提供全新的体验场景与实验环境，具有巨大的潜力。

智能化古籍整理工作还有很多可以延展的方面，我们只是从辑佚的角度，结合《献帝春秋》的辑佚整理实践，对智能化古籍辑佚进行一定的未来展望。也许偏于理想化，也许短期内难以全部实现，

---

① 李慧楠、王晓光：《数字人文的研究现状——"2019 数字人文年会"综述》，《情报资料工作》，2020 年第 4 期，页 49—59。

② 李慧楠、王晓光：《数字人文的研究现状——"2019 数字人文年会"综述》，《情报资料工作》，2020 年第 4 期，页 49—59。

但在数字人文背景下，让古籍整理有了更多的可能性，也让古籍辑佚工作有更好的前景。我们有理由相信，在智能化的路上，古籍辑佚不应只停留在辑佚成书的固有观念上，而应该在科技助力下，让古代典籍和传统文明走得更远，形成新的体系，影响更多人。

结语　从毕达哥拉斯到数字人文

在智慧的蒙昧时期，人们对世界与事物的理解有限且各持己说，毕达哥拉斯学派是其中独树一帜的流派。他们认为“数”是万物的本原，是宇宙的要素，认为事物的性质是由某种数量关系决定的，数是真实物质对象的终极组成部分。在很长一段时间里，这种偏执一端的学说只被当作是人类认识世界的某种方式而留存在哲学史里，但时至今日，当数字经济、数字人文、数字货币、数字医疗、大数据等以数字或数据为基础的新兴事物逐渐成为社会的新主流时，回头再看毕达哥拉斯所认定的“数”是万物的本原、宇宙的要素这一观点，似乎是历久弥新的某种真理昭示。

人文学科向来是以经验为主的定性研究，与定量分析为主的理工科相比，具有主观性较强的特点。很长一段时间以来，人文学科与数理研究是泾渭分明。随着互联网和数字浪潮的袭来，我们的社会正经历着一番数字化大转型。从大数据到云计算，从移动互联网到人工智能，数字正以前所未有的形式改变着我们所习以为常的一切。数字人文便在此时应运而生。

数字人文这个词看起来新鲜而陌生，但如果追溯它的源头，我们可以看到，在计算机进入到人文领域研究的时候，变化其实已经慢慢发生。以古典文献学为例，曾经古典文献学有一项悠久而传统的学习方法，用卡片做信息或知识记录，然后用索引来排序或组合，最终成为一个私人小型图书馆。这个方法代代相传，一直是古典文献学研究者的利器，甚至一时之间用来做卡片记录的纸张也“洛阳纸贵”。卡片索引法记录方便且有助于知识记忆与整理，但不得不承认卡片有明显的缺陷，比如记载的信息有限，且检索排列方法因人而异，甚至需要靠一定的记忆，因而不具备普适性，也就是说，一个人的记录卡片可能无法成为另一个人的私人图书馆。手写的方式与索引的个人化很大程度上限制了知识之间的共享与传播，个人经验与体悟在研究中占有很大的比重，这也是很多传统学科的共性所在。

有了电脑之后，计算机二进制统一数字化存储等一系列技术手段带来的便捷体验让读书卡片逐渐被淘汰。电脑可以根据需要进行信息的任意排列，检索方便，且适合协同与分享。此后，随着知识文本的大量数字化，电子媒介打开了知识传播的新模式，研究者们可以用不同于纸质文献的数字方式来传达、整理和挖掘信息。这些电子资源也在很大程度上让数字人文成为一种可能，也就是说，通过将信息电子化或数字化，在海量的电子资源信息中，进行人文研究。

相较于之前人文计算的提法，数字人文彰显着技术进步带来的社科人文领域研究的变化。数字人文让信息不再只是通过计算的方式来进行人文研究，而是通过更为智能化的机器学习形成一种智慧辅助。虽然目前大多数数字人文项目和研究还停留在检索、统计和可视化的“三板斧”阶段，但 AlphaGo 全面胜利带来的深度学习乐观前景让我们可以期待，未来数字人文的智能化发展将会远超现在的局限于机械化体力活的运作状况。

当然，也有不少人会产生忧虑，担心一直以来延续的人文研究传统会被机器运算规则取代，甚至有一天机器会超过人，最终人会被机器所控制。也有人会担心，数字人文是科学主义思维对人文领域的强势入侵，是自然科学实证量化方法对人文社会科学理解诠释方法的全面替代，是技术对人文精神的侵害。

不得不说，这种忧虑是有道理的。智能化的发展是一柄双刃剑，当我们的世界被数字所定义的时候，那些鲜活又丰富多样的美好，也许正逐步离我们远去。我们认为，人文学科的特殊性使之与理工科的实用、直接和确定无法完全一样，它有不少是体悟、感知所得，更多地是一种形而上的无用之用，带给人精神的启迪，唤起人们去智慧思考。数据的加入让很多定性的分析具有了定量的底气，但数字无法取代人本身的创造性与无限可能性，怀着对数字的审慎与批判态度去面对数字人文新浪潮的到来，我们理应对人文学科乃至人类世界的未来保持乐观态度。

毕达哥拉斯一定没有想到，未来有一天，几乎所有的人和事，都能以数的形式存在，人类社会几乎一切物质实体都可以通过一系列虚拟数字来标识、保存和多维存在。从毕达哥拉斯到数字人文，也许"数"的表达形式各有不同，但人类对世界本源的探究之心是相通的，无论时代如何变化，我们始终保有一颗对真善美的向往追求之心，毕达哥拉斯如是，我们亦如是。

数字人文浪潮的袭来，带来了变革，也带来了思考。未来的数字人文与古籍整理、古籍辑佚会如何融合，智能化会到哪种程度，都充满了未知数。未来或许已来，我们一直在路上！

附　录

附录一　旧辑本之一《说郛》本《献帝春秋》

献帝春秋　阙名

初黄巾贼起，灵帝建九重华盖，自称无上将军，身被介胄，谋兵京城。先是造作角钱，犹五铢而有四道，连于边轮。百姓各有识者以为夭征，窃言新钱有四道，京城将坏。而此前四出，散于四方之外乎，遂皆如其言。

孝灵皇帝何皇后生太子辩，帝数失子，不敢正名，养于道人史子家，号曰“史侯”。

袁绍将兵入宫，诛诸黄门，张让等逼迫以尺一诏开大夏门，将帝及陈留王出，不知所如。

献帝都许，守位而已。宿卫近侍，莫非曹氏党。旧恩戚议郎赵彦尝为帝陈言时策，曹操恶而杀之，其余内外多见诛。操后以事入见殿中，帝不任其忿，因曰：“君能相辅则厚，不尔，幸垂恩相舍。”操失色俯仰求出。旧仪三公辅兵入庙，令虎贲执刃挟之，操顾左右，汗流洽背，自后不敢复朝请。

自诛黄门后，侍中侍郎出入禁中，机事颇露，由是王允乃奏侍中黄门不得出入。不通宾客，自此始也。

张辽问吴降人曰："紫髯将军，长上短下。谁也?"答曰："是孙会稽。"

杨州刺史刘馥上言，荆州牧刘来与会稽太守孙权谋袭京城，遂堑，许设鹿角砦。

董卓未诛，有书三尺布幡上，作两口相衔之字，负之于道，歌曰："布平。"及吕布杀董卓，负布者不复见。

越骑校尉汝南伍孚忿董卓无道，欲身自杀之，挟佩刀诣卓，孚语毕辞出，卓至阁执手，孚引刀刺卓，卓多力，却不中，即杀孚。

张辽问吴降人曰："向有紫髯将军，长上短下大便马善射，是谁?"降人答曰："是孙会稽也。"

附录二　旧辑本之二《子史钩沉》本《献帝春秋》

献帝春秋　阙名

甘泉黄奭学

初黄巾贼起，灵帝建九重华盖，自称无上将军，身被介胄，谋兵京城。先是造作角钱，犹五铢而有四道，连于边轮。百姓各有识者以为夭征，窃言新钱有四道，京城将坏。而此前四出，散于四方之外乎，遂皆如其言。

孝灵皇帝何皇后生太子辩，帝数失子，不敢正名，养于道人史子眇家，号曰"史侯"。

袁绍将兵入宫，诛诸黄门，张让等逼迫以尺一诏开大夏门，将帝及陈留王出，不知所如。

献帝都许，守位而已。宿卫近侍，莫非曹氏党。旧恩戚议郎赵彦尝为帝陈言时策，曹操恶而杀之，其余内外多见诛。操后以事入见殿中，帝不任其忿，因曰："君能相辅则厚，不尔，幸垂恩相舍。"操失色俯仰求出。旧仪三公辅兵入庙，令虎贲执刃挟之，操顾左右，汗流浃背，自后不敢复朝请。

自诛黄门后，侍中侍郎出入禁中，机事颇露，由是王允乃奏侍中黄门不得出入。不通宾客，自此始也。

扬州刺史刘馥上言，荆州牧刘来与会稽太守孙权谋袭京城，遂堑，许设鹿角砦。

董卓未诛，有书三尺布幡上，作两口相衔之字，负之于道，歌曰："布乎。"及吕布杀董卓，负布者不复见。

越骑校尉汝南伍孚忿董卓无道，欲身自杀之，挟佩刀诣卓，孚语毕辟出，卓至阁执手，孚引刀刺卓，卓多力，却不中，即杀孚。

张辽问吴降人曰："向有紫髯将军，长上短下大便马善射。是谁？"降人答曰："是孙会稽也。"

附录三　旧辑本之三《古今说部丛书》本《献帝春秋》

献帝春秋　阙名

初黄巾贼起，灵帝建九重华盖，自称无上将军，身被介胄谋兵，京城先是造作角钱，犹五铢而有四道，连于边轮。百姓各有，识者以为夭征，窃言新钱有四道，京城将坏。而此钱四出，散于四方之外乎，遂皆如其言。

孝灵皇帝何皇后生太子辩，帝数失子，不敢正名，养于道人史子眇家，号曰"史侯"。

袁绍将兵入宫，诛诸黄门，张让等逼迫以尺一诏开大夏门，将帝及陈留王出，不知所如。

献帝都许，守位而已。宿卫近侍，莫非曹氏党。旧恩戚议郎赵彦尝为帝陈言时策，曹操恶而杀之，其余内外多见诛。操后以事入见殿中，帝不任其忿，因曰："君能相辅则厚，不尔，幸垂恩相舍。"操失色俯仰求出。旧仪三公入庙，令虎贲执刃挟之，操顾左右，汗流浃背，自后不敢复朝请。

自诛黄门后，侍中侍郎出入禁中，机事颇露，由是王允乃奏侍中黄门不得出入。不通宾客,自此始也。

张辽问吴降人曰:"紫髯将军,长上短下。谁也?"答曰:"是孙会稽。"

扬州刺史刘馥上言荆州牧刘来与会稽太守孙权谋袭京城,遂堑,许设鹿角砦。

董卓未诛,有书三尺布幡上,作两口相衔之字,负之于道,歌曰:"布平。"及吕布杀董卓,负布者不复见。

越骑校尉汝南伍孚忿董卓无道,欲身自杀之,挟佩刀诣卓,孚语毕辟出,卓至阁执手,孚引刀刺卓,卓多力,却不中,即杀孚。

附录四 《献帝春秋》新辑本

说明:《献帝春秋》诸家目录多入编年类,故从其例,以编年为次。除《说郛》本、《子史钩沉》本、《古今说部丛书》本九条外,另从《三国志》注、《后汉书》注及《太平御览》《渊鉴类函》等类书中辑出六十一条,文后以括号注明出处。各本所录文本长短不一,文字有异,如遇俗体字、异体字、通假字等,酌情取舍。因前已逐条考论,故此处为避烦琐,校注按语皆略,只列新辑诸条目。

汉灵帝熹平二年(公元 173 年)

孝灵皇帝何皇后生太子辩,帝数失子,不敢正名,养道人史子眇家,号曰史侯。(《后汉书·灵思何皇后纪》注、《太平御览》卷九十二、《说郛》本、《子史钩沉》本、《古今说部丛书》本)

汉灵帝光和四年(公元 181 年)

孝灵皇帝王美人生皇子协,协生十余日,何皇后妒杀美人。灵帝母永乐董太后摄养协,号曰"董侯"。似灵帝,八岁而读诗书。(《太

平御览》卷三九六、《渊鉴类函》卷二六一）

汉灵帝光和七年/中平元年（公元 184 年）

1. 角称天公将军，角弟宝称地公将军，宝弟梁称人公将军。（《三国志·孙破虏讨逆传》注、《册府元龟》卷一百八十三）

2. 梁州义从宋建、王国等反，诈金城郡降，求见凉州大人故新安令边允、从事韩约。约不见，太守陈懿劝之，使往，国等便劫质约等数十人。金城乱，懿出，国等扶以到护羌营，杀之，而释约、允等。陇西以爱憎露布，冠约、允名以为贼，州购约、允各千户侯，约、允被购，“约”改为“遂”，“允”改为“章”。（《后汉书·董卓列传》注、《同姓名录》卷五）

汉灵帝中平五年（公元 188 年）

1. 初黄巾贼起，灵帝建九重华盖，自称无上将军，身被介胄，讲兵京城。先是造作角钱，犹五铢而有四道，连于边轮。百姓或有识者以为妖征，窃言新钱有四道，京城将坏。而此钱四出，散于四方之外乎，遂皆如其言。（《太平御览》卷九十二与卷八三五、《说郛》本、《六艺之一录》卷十九、《格致镜原》卷三十五、《钦定钱录》卷五、《子史钩沉》本、《古今说部丛书》本）

2. 融敷席方四五里，费以巨万。（《后汉书·陶谦列传》注）

汉灵帝中平六年/汉少帝光熹元年/昭宁元年/汉献帝永汉元年（公元 189 年）

3. 袁绍将兵入宫，诛诸黄门，张让等逼迫以尺一诏开大夏门，将帝及陈留王出，不知所如。时昏夜，萤火照道，到盟津河上，传国六玺不及自随，百僚分散。唯河南中部掾闵贡见天子出，率骑追之。比晓到河上，天子饥渴，贡宰羊进之。厉声谓让曰：“今不速死，吾射杀汝。”让等惶怖，叉手再拜，叩头向天子辞曰：“臣等死，陛下自爱。”遂投河而死。贡扶辇还宫。先是童谣曰：“侯非侯，王非王，千乘万骑走北芒。”董卓适至，屯显阳苑，闻帝当至，率兵迎帝于北邙，帝见卓兵，振喜不自胜。群公曰：“有诏却兵。”卓曰：“卿为大臣，不能匡辅国朝，至令幼主蒙尘播越，何却兵之有?!”遂俱入城。帝幸北宫，改元号曰昭宁。于阁上得六玺失传国玺。(《三国志・董卓传》注、《后汉书・孝灵帝纪》注、《太平御览》卷九十二、《说郛》本、《子史钩沉》本、《古今说部丛书》本)

4. 卓欲废帝，谓绍曰：“皇帝冲暗，非万乘之主，陈留王犹胜，今欲立之。人有少智，大或痴，亦知复何如，为当且尔；卿不见灵帝乎？念此令人愤毒!”绍曰：“汉家君天下四百许年，恩泽深渥，兆民戴之来久。今帝虽幼冲，未有不善宣闻天下，公欲废适立庶，恐众不从公议也。”卓谓绍曰：“竖子！天下事岂不决我？我今为之，谁敢不从？尔谓董卓刀为不利乎!”绍曰：“天下健者，岂唯董公？”引佩刀横揖而出。(《三国志・袁绍传》注、《北堂书钞》卷八十五、《渊鉴类函》卷一百五十四、《佩文韵府》卷六十三之八)

5. 颍川张资为南阳太守。(《后汉书・董卓列传》)

汉献帝初平元年(公元 190 年)

1. 绍合冀州十郡守相，众数十万，登坛歃血，盟曰：“贼臣董卓，承汉室之微，负兵甲之众，陵越帝城，跨蹈王朝，幽鸩太后，戮杀弘农，提挈幼主，越迁秦地，残害朝臣，斩刈忠良，焚烧宫室，蒸乱宫人，发掘陵墓，虐及鬼神，过恶烝皇天，浊秽薰后土。神祇怨恫，无所凭恃，兆人泣血，无所控告，仁贤之士，痛心疾首，义士奋发，云兴雾合，咸欲奉辞伐罪，躬行天诛。凡我同盟之后，毕力致命，以伐凶丑，同奖王室，翼戴天子。有渝此盟，神明是殛，俾坠其师，无克祚国。”(《后汉书・袁绍列传》上注、《东汉文纪・讨董卓盟文》卷二十六)

2. 太傅袁隗、太仆袁基，术之母兄，卓使司隶宣播尽口收之，母及姊妹婴孩以上五十余人下狱死。(《后汉书・董卓传》注、《后汉书・袁绍列传》注、《册府元龟》卷九百四十一)

3. 袁术表坚假中郎将。坚到南阳，移檄太守请军粮。咨以问纲

纪，纲纪曰："坚邻郡二千石，不应调发。"咨遂不与。（《三国志·孙破虏讨逆传》注）

4. 自诛黄门后，侍中侍郎出入禁中，机事颇露，由是王允乃奏侍中黄门不得出入。不通宾客，自此始也。（《说郛》本、《子史钩沉》本、《古今说部丛书》本）

汉献帝初平二年（公元191年）

1. 董卓自号太师，御史中丞以下皆拜。皇甫嵩与卓争权，后嵩为中丞，见卓拜。初皇甫嵩与卓争雄，卓为前将军，嵩为左将军，俱征边章、韩遂，后嵩为中丞，见卓拜车下，卓曰："可以服未？"嵩曰："安知明公乃至于是？"卓曰："鸿鹄固有远志，但燕雀自不知耳。"嵩曰："昔与明公，俱为鸿鹄，但明公今日变为凤凰耳？"卓笑曰："卿早服，何得不拜？"（《后汉书·皇甫嵩列传》注、《太平御览》卷二百六与卷五四二、《职官分纪》卷二、《渊鉴类函》卷六十三与卷一百五十四）

2. 孙坚屯梁东，为董卓所攻，众少而不敌，与其骁骑溃围得出，坚常著赤罽帻，卓骑追坚，坚脱罽帻，令亲近将祖茂著之，坚从间道得去。（《太平御览》卷六百八十七、《渊鉴类函》卷三百七十、《韵府拾遗》卷一百下）

3. 初平二年，地震。董卓问蔡邕，邕曰："天为阳，故转运于上；地为阴，故安靖于下。无故而震是失其性，以阴而为阳也。明公车不当青盖，宜改之以应变。"卓改为绿盖。（《太平御览》卷八百八、《三国志补注》卷二）

4. 越骑校尉汝南伍孚忿卓凶毒，志手刃之，乃朝服怀佩刀以见卓。孚语毕辞去，卓起送至阁，以手抚其背，孚因出刀刺之，不中。卓自奋得免，急呼左右执杀之，而大诟曰："虏欲反耶！"孚大言曰："恨不得车裂奸贼于都市，以谢天地！"言未毕而毙。（《太平御览》卷三四五与卷三五六、《说郛》本、《子史钩沉》本、《古今说部丛书》本）

汉献帝初平三年（公元 192 年）

董卓未诛，有书三尺布幡上，作两口相衔之字，负之于道，歌曰："布乎。"及吕布杀董卓，负布者不复见。（《太平御览》卷三四一、《说郛》本、《子史钩沉》本、《古今说部丛书》本）

汉献帝初平四年（公元 193 年）

1. 袁绍闻魏郡兵反，与黑山贼等数万人共覆邺城，杀郡守，坐中家在邺者，忧怖失色，或起而啼泣，绍劝督引满投壶，言笑容貌自若。（《后汉书·袁绍列传》注、《太平御览》卷七百五十三、《册府元龟》卷四百十九、《天中记》卷四、《渊鉴类函》卷三百三十）

2. 司空赵温免，乙巳，卫尉张喜为司空。（《后汉书·孝献帝纪》注）

3. 初平四年六月，流星起织女，东南行天市中。蛇行有尾，长七八丈，色赤照地。又流星如斛，长六七丈，小者六七枚随之，光照地。又流星西北行，有声如雷，望之如火，又照地，是曰天狗。（《太平御览》卷八百七十五）

汉献帝兴平元年（公元 194 年）

1. 兴平元年，蝗虫起，百姓饥，谷一斛，五六万钱。帝敕主者尽卖厩马二百余匹及御府杂缯二万匹，赐公卿已下及贫民。车骑将军李傕不人听，尽取以置其邸。李傕、郭汜有隙，傕使兄子副车中郎将李进勒兵数千，统宫使虎贲王曹等三百人，以轺车三乘，载帝及伏后幸傕营，又迎宫人公卿家属入坞，移御府诸署缯彩珍宝。上方在马厩，车马、乘舆、器物尽置其邸，放兵烧府库及居民，被害者不可胜数。五月或欲转乘舆幸黄白城，帝不肯。司徒赵温以帝当东归，而傕等方乱。以忠节责傕，傕怒欲斩温，傕从弟上军校尉维故温掾请谏乃止。于是閇温与帝同门设反，关校尉以监察之。兴平二年十一月丙寅，车驾东幸到黄卷亭。庚午乘舆到弘农，张济欲与董承、杨奉交质而留乘舆，承、奉不肯白帝东行。到涧中济，郭汜放兵欲留车驾，承、奉力战，乘舆得过。公卿、妇女衣服悉见钞夺，不解带便斫刺，寒冻死者不可胜计。天子得过，路次曹阳，乘舆到安邑。十二月使侍中史跱（直里切），太仆韩融奉诏，诏张济悉遣宫人公卿以下妇女及乘舆、服物、车马诸见略者，皆诣安邑。建安元年七月乘舆到洛，天子初至洛阳，幸城西故中常侍赵忠宅。使张杨缮治宫室，名殿曰扬安殿，八月，帝乃迁居。百官被荆棘，依故丘墟，间侍郎以下皆出葬，采四方州郡，各拥强兵，莫有至者。曹操白帝迁都许，庚申车驾出洛，轘辕而东，杨奉、韩暹引军追之，轻骑既至，曹操设伏兵要于阳城山峡中，大败之。九月车驾到许，幸曹操营，设有司营宗庙社稷。自帝西迁，朝廷倾覆，王制节度于是始建。（《三国志·武帝纪》注、《后汉书·董卓列传》注、《文选注·西征赋》卷十、《北堂书钞》卷四十一、《太平御览》卷九十二、《渊鉴类函》卷一百三十一、《古欢堂集》卷七）

2. 曹操围濮阳，濮阳大姓田氏为反间，曹操得入城。烧其东门，示无反意。及战，军败。布骑得曹操而不知是，问曰："曹操何在？"曹操曰："乘黄马走者是也。"布骑乃释曹操而追黄马者。门火犹盛，曹操突火而出。（《三国志·武帝纪》卷一注、《太平御览》卷八百九十四、《骈字类编》卷六十、《事类赋》卷二十一、《古今事文类聚》后集卷三十八、《古今合璧事类备要》别集卷八十一）

3. 陈登等遣使诣袁绍曰："天降灾沴，祸臻鄙州，州将殂殒，生民无主，恐惧奸雄，一旦承隙，以贻盟主日昃之忧，辄共奉故平原相刘备府君以为宗主，永使百姓知有依归。方今寇难纵横，不遑释甲，谨遣下吏奔告于执事。"绍答曰："刘玄德弘雅有信义，今徐州乐戴之，诚副所望也。"（《三国志·先主传》注、《诸葛忠武书》卷三、《东汉文纪》卷二十六）

4. 日磾假节东征，循抚州郡。术在寿春，不肃王命，侮慢日磾，术从日磾借节观之，因夺不还，备军中千余人，使促辟之。日磾谓术曰："卿家先世诸公，辟士云何，而言促之，谓公府掾可劫得乎！"从术求去，而术留之不遣；既以失节屈辱，忧恚而死。（《三国志·袁术传》注、《后汉书·袁绍列传》注、《北堂书钞》卷一百三十、《艺文类聚》卷六十八、《太平御览》

卷六百八十一、《渊鉴类函》卷三百六十七、《佩文韵府》卷六十三之二十二)

5. 袁术遣吴景攻昕,未拔,景乃募百姓敢从周昕者死不赦。昕曰:"我则不德,百姓何罪?"遂散兵,还本郡。(《三国志·宗室传之孙静传》注)

汉献帝兴平二年(公元 195 年)

1. 臧洪报袁绍书曰:每登城勒兵,望主人之旗鼓,感故交之绸缪,抚弦搦矢,不觉涕流之覆面也。(《文选注·与陈伯之书》)

2. 绍使琳为书八条,责以恩义,告喻使降。(《六臣注文选·与陈伯之书》、《太平御览》卷三二三、《韵府拾遗》卷十六、《三国志补注》卷二)

3. 赤气广六七尺,东至寅,西至戌地。(《后汉书·孝献帝纪》注)

4. 十一月庚午,李傕、郭汜等追乘舆,战于东涧,王师败绩,杀光禄勋邓泉、卫尉士孙瑞、廷尉宣璠、大长秋苗祀、步兵校尉魏桀、侍中朱展、射声校尉沮儁。(《后汉书·孝献帝纪》)

5.献帝东归至陕,议者欲浮河东下。太尉杨彪曰:"从此以东有三十六滩,非万乘所当御也。"乃止。(《山西通志》卷三十四)

6. 初,豫章太守周术病卒,刘表上诸葛玄为豫章太守,治南昌。汉朝闻周术死,遣朱皓代玄。皓从扬州太守刘繇求兵击玄,玄退屯西城,皓入南昌。建安二年正月,西城民反,杀玄,送首诣繇。(《三国志·诸葛亮传》注、《资治通鉴考异》卷三注)

7. 是岁,繇屯彭泽,又使融助皓讨刘表所用太守诸葛玄。许子将谓繇曰:"笮融出军,不顾(命)名义者也。朱文明善推诚以信人,宜使密防之。"融到,果诈杀皓,代领郡事。(《三国志·刘繇传》注)

汉献帝建安元年(公元 196 年)

1. 孙策率军如闽、越讨朗。朗泛舟浮海,欲走交州,为兵所逼,遂诣军降。策令使者诘朗曰:"问逆贼故会稽太守王朗:朗受国恩当官,云何不惟报德,而阻兵安忍?大军征讨,幸免枭夷,不自扫屏，复聚党众，屯住郡境。远劳王诛，卒不悟顺。捕得云降，庶以欺诈，用全首领，得尔与不，具以状对。"朗称禽虏，对使者曰："朗以琐才，误窃朝私，受爵不让，以遘罪网。前见征讨，畏死苟免。因治人物，寄命须臾。又迫大兵，惶怖北引。从者疾患。死亡略尽。独与老母，共乘一欐，流矢始交，便弃欐就俘，稽颡自首于征役之中。朗惶惑不达，自称降虏。缘前迷谬，被诘惭惧。朗愚浅驽怯，畏威自惊。又无良介，不早自归。于破亡之中，然后委命下隶。身轻罪重，死有余辜。申脰就鞅，蹴足入绊，叱咤听声，东西惟命。"(《三国志·王朗传》注、《太平御览》卷四八六、《渊鉴类函》卷二百二十、《佩文韵府》卷五十三之二)

2. 绍耻班在曹操下，怒曰："曹操当死数矣，我辄救存之，今乃背恩，挟天子以令我乎！"曹操闻，而以大将军让于绍。(《三国志·袁绍传》注)

3. 济引众入荆州，贾翊随之归刘表。穰城城守不受，济因攻之，为流矢所中。济从子绣收众而退。刘表自责，以为已无宾主礼，遣使招绣，绣遂屯襄阳，为表北藩。(《后汉书·袁绍列传》注)

汉献帝建安二年(公元 197 年)

1. 袁术议称尊号，邈谓术曰："汉据火德，绝而复扬，德泽丰流，诞生明公。公居轴处中，入则享于上席，出则为众目之所属，华、霍不能增其高，渊泉不能同其量，可谓巍巍荡荡，无与为贰。何为舍此而欲称制？恐福不盈眦，祸将溢世。庄周之称郊祭牺牛，养饲经年，衣以文绣，宰执鸾刀，以入庙门，当此之时求为孤犊不可得也！"(《三国志·张邈传》卷七注)

2. 融见操曰："刑之不滥，君之明也。杨彪获罪，惧者甚众。"(《后汉书·杨震列传》注)

3. 收彪下狱考实，遂以策罢。(《后汉书·袁绍列传》注)

4. 使将作大匠孔融持节之邺，拜太尉绍为大将军，改封邺侯。

(《后汉书·袁绍列传》注)

汉献帝建安三年(公元198年)

1. 袁绍叛卒诣公云:“田丰使绍早袭许,若挟天子以令诸侯,四海可指麾而定。”公乃解绣围。(《三国志·武帝纪》注)

2. 曹操军至彭城。陈宫谓布:“宜逆击之,以逸击劳,无不克也。”布曰:“不如待其来攻,蹙着泗水中。”及曹操军攻之急,布于白门楼上谓军士曰:“卿曹无相困,我当自首明公。”陈宫曰:“逆贼曹操,何等明公!今日降之,若卵投石,岂可得全也!”(《三国志·张邈传》卷七注)

3. 曹操攻吕布于下邳,吕布登西北白楼上,城陷,士擒以诣曹操。布问曹操:“明公何瘦?”曹操曰:“君何以识孤?”布曰:“昔在洛,会温氏园。”曹操曰:“然。孤忘之矣。所以瘦,恨不早相得故也。”布曰:“齐桓舍射钩,使管仲相;今使布竭股肱之力,为公前驱,可乎?”布缚急,谓刘备曰:“玄德,卿为坐客,我为执虏,不能一言以相宽乎?”曹操笑曰:“何不相语,而诉明使君乎?”意欲活之,命使宽缚。主簿王必趋进曰:“布,勍虏也。其众近在外,不可宽也。”曹操曰:“本欲相缓,主簿复不听,如之何?”(《三国志·张邈传》注、《太平御览》卷三七八与卷八二四、《施注苏诗》卷十六、《卮林》卷一、《天中记》卷二十一)

4. 太史慈与孙策战于神亭,策得慈兜鍪。后孙策获太史慈,谓曰:“昔与卿神亭之役,若为卿先如何?”慈对曰:“不敢面欺。若兜鍪带不断,未可量也。”(《北堂书钞》卷一二一、《太平御览》卷三五六、《四六标准》卷十、《渊鉴类函》卷二二八、《三国志补注》卷六)

5. 孙策获太史慈,乃出教曰:“龙欲腾翥,先阶尺木。且今署慈为门下督,须军还当更议。”(《初学记》卷三十、《绀珠集》卷十三、《龙筋凤髓判》卷一、《渊鉴类函》卷四百三十八、《佩文韵府》卷九之一、《格致镜原》卷九十)

汉献帝建安四年(公元 199 年)

1. 瓒梦蓟城崩,知必败,乃遣间使与续书。绍候者得之,使陈琳更其书曰:“盖闻在昔衰周之世,僵尸流血,以为不然,岂意今日身当其冲!袁氏之攻,似若神鬼,鼓角鸣于地中,梯冲舞吾楼上。日穷月蹴,无所聊赖。汝当碎首于张燕,速致轻骑,到者当起烽火于北,吾当从内出。不然,吾亡之后,天下虽广,汝欲求安足之地,其可得乎!”(《三国志·公孙瓒传》注、《后汉书·公孙瓒列传》注)

2. 操引军造河,托言助绍实欲袭邺,以为瓒援,会瓒破灭,绍亦觉之,以军退,屯于敖仓。(《义门读书记》卷四十九)

3. 张杨大将眭固屯于射犬,巫诫之曰:“将军本名白兔,兔见犬必惊,不宜屯此。”固不从,曹公曰:“兔入犬城,但当取。”遂进军击平之。(《太平御览》卷九百七、《事类赋》卷二十三)

4. 袁,舜后。黄应代赤,故包有此言。(《后汉书·袁绍列传》注)

5. 备谓岱等曰:“使汝百人来,其无如我何;曹公自来,未可知耳!”(《三国志·武帝纪》注)

6. 秦朗父为张飞所杀,曹操纳其母,爱朗。谓人曰:“岂有爱假子如孤者?”(《白孔六帖》卷十八、《渊鉴类函》卷二百四十三)

汉献帝建安五年(公元 200 年)

1. 绍令军中各持三尺绳,曹操诚禽,但当缚之。(《后汉书·袁绍列传》注)

2. 扬州刺史刘馥上言,荆州牧刘表与会稽太守孙权谋袭京城,遂堑许,设鹿角砦。(《太平御览》卷三百三十七、《说郛》本、《子史钩沉》本、《古今说部丛书》本)

汉献帝建安六年(公元 201 年)

汉朝闻益州乱,遣五官中郎将牛亶为益州刺史;征璋为卿,不

至。(《三国志·刘璋传》注)

汉献帝建安七年(公元 202 年)

1. 绍为人政宽,百姓德之。河北士女莫不伤怨,市巷挥泪,如或丧亲。(《后汉书·袁绍列传》注)

2. 建安七年,五色大鸟集魏郡,众鸟数千随之。(《后汉书·五行志二》注、《文献通考》卷三百十二)

汉献帝建安八年(公元 203 年)

谭、尚遂寻干戈,以相征讨。谭军不利,保于平原,尚乃军于馆陶。谭击之败,尚走保险。谭追攻之,尚设奇伏大破谭军,僵尸流血不可胜计,谭走还平原。(《后汉书·袁绍列传》注)

汉献帝建安九年(公元 204 年)

1. 曹操邺城围周四十里,初浅而狭,如或可越,审配不出争利,望而笑之,曹操一夜增修,广深二丈,引漳水以注之,遂拔邺。(《水经注校证》卷十、《佩文韵府》卷一百六)

2. 曹操兵入城,审配战于门中,既败,逃于井中,于井获之。(《三国志·袁绍传》注)

汉献帝建安十年(公元 205 年)

曹操平邺,谓陈琳曰:"君昔为本初作檄书,但罪孤而已,何乃上及父祖耶?"琳谢曰:"矢在弦上,不得不发也。"(《北堂书钞》卷一百三、《渊鉴类函》卷一百九十七)

汉献帝建安十五年(公元 210 年)

孙权以步骘行交州刺史。(《后汉书·百官五》志第二十八注)

汉献帝建安十七年(公元 212 年)

1. 刘备至京,谓孙权曰:“吴去此数百里,即有警急,赴救为难,将军有意屯京乎?”权曰:“秣陵有小江百余里,可以安大船。吾方理水军,当移据之。”备曰:“芜湖近濡须,亦佳。”权曰:“吾欲图徐州,宜近下也。”(《三国志·张纮传》注、《景定建康志》卷十五、《至正金陵新志》卷四、《大事记续编》卷二十九)

2. 董承之诛,伏后与父完书,言司空杀董承,帝方为报怨。完得书以示彧,彧恶之,久隐而不言。完以示妻弟樊普,普封以呈曹操,曹操阴为之备。彧后恐事觉,欲自发之,因求使至邺,劝曹操以女配帝。曹操曰:“今朝廷有伏后,吾女何得以配上,吾以微功见录,位为宰相,岂复赖女宠乎!”彧曰:“伏后无子,性又凶邪,往常与父书,言辞丑恶,可因此废也。”曹操曰:“卿昔何不道之?”彧阳惊曰:“昔已尝为公言也。”曹操曰:“此岂小事而吾忘之!”彧又惊曰:“诚未语公邪!昔公在官渡与袁绍相持,恐增内顾之念,故不言尔。”曹操曰:“官渡事后何以不言?”彧无对,谢阙而已。曹操以此恨彧,而外含容之,故世莫得知。至董昭建立魏公之议,彧意不同,欲言之于曹操。及赍玺书犒军,饮飨礼毕,彧留请间。曹操知彧欲言封事,揖而遣之,彧遂不得言。彧卒于寿春,寿春亡者告孙权,言曹操使彧杀伏后,彧不从,故自杀。权以露布于蜀,刘备闻之曰:“老贼不死,祸乱未已。”(《三国志·荀彧传》注、《后汉书·荀彧列传》注、《大事记续编》卷二十、《东汉文纪》卷四、《六艺之一录》卷二六一、《通雅》卷三十一)

3. 昭与列侯诸将议,以丞相宜进爵国公,九锡备物,以彰殊勋。书与荀彧曰:“昔周旦、吕望,当姬氏之盛,因二圣之业,辅翼成王之幼,功勋若彼,犹受上爵,锡土开宇。末世田单,驱强齐之众,报弱燕之怨,收城七十，迎复襄王；襄王加赏于单，使东有掖邑之封，西有淄上之虞。前世录功，浓厚如此。今曹公遭海内倾覆，宗庙焚灭，躬擐甲胄，周旋征伐，栉风沐雨，且三十年，芟夷群凶，为百姓除害，使汉室复存，刘氏奉祀。方之曩者数公，若太山之与丘垤，岂同日而论乎？今徒与列将功臣，并侯一县，此岂天下所望哉！”(《三国志·荀彧传》注)

汉献帝建安十八年(公元 213 年)

时省幽、并州，以其郡国并于冀州；省司隶校尉及凉州，以其郡国并为雍州；省交州并为荆州、益州。于是有兖、豫、青、徐、荆、扬、冀、益、雍也。九数虽同，而禹贡无益州有梁州，然梁、益均此地也。(《后汉书·孝献帝纪》注、《太平御览》卷一五七、《禹贡指南》卷二、《大事记续编》卷二十、《渊鉴类函》卷三三四、《山西通志》卷一七六、《畿辅通志》卷十三、《大清一统志》卷一七七、《钦定日下旧闻考》卷二)

汉献帝建安十九年(公元 214 年)

献帝都许，守位而已。宿卫近侍，莫非曹氏党。旧恩戚议郎赵彦尝为帝陈言时策，曹操恶而杀之，其余内外多见诛。操后以事入见殿中，帝不任其忿，因曰：“君能相辅则厚，不尔，幸垂恩相舍。”操失色俯仰求出。旧仪三公辅兵入庙，令虎贲执刃挟之，操顾左右，汗流浃背，自后不敢复朝请。(《说郛》本、《子史钩沉》本、《古今说部丛书》本)

汉献帝建安二十年(公元 215 年)

1. 孙权欲与备共取蜀，遣使报备曰：“米贼张鲁据王巴、汉，为曹操耳目，规图益州。刘璋不武，不能自守。若操得蜀，则荆州危矣。今欲先攻取璋，进讨张鲁，首尾相连，一统吴、楚，虽有十操，无所忧也。”备欲自图蜀，拒答不听，曰：“益州民富强，土地险阻，刘璋虽弱，足以自守。张鲁虚伪，未必尽忠于操。今暴师于蜀、汉，转运于万里，欲使战克攻取，举不失利，此吴起不能定其规，孙武不能善其事也。曹操虽有无君之心，而有奉主之名，议者见操失利于赤壁，谓其力屈，无复远志也。今操三分天下已有其二，将欲饮马于沧海，观兵于吴会，何肯守此坐须老乎？今同盟无故自相攻伐，借枢于操，使敌承其隙，非长计也。”权不听，遣孙瑜率水军住夏口。备不听军过，谓瑜曰：“汝欲取蜀，吾当被发入山，不失信于天下也。”使关羽屯江陵，张飞屯秭归，诸葛亮据南郡，备自住孱陵。权知备意，因召瑜还。（《三国志·先主传》注、《佩文韵府》卷七之二与卷四十九之二）

2. 张辽问吴降人曰：“向有紫髯将军，长上短下，便马善射，是谁？”降人答曰：“是孙会稽。”辽及乐进相遇，言不早知之，急追自得，举军叹恨。（《三国志·吴主传》卷四十七注、《太平御览》卷一百十八、卷二七六、卷三七四、《说郛》本、《渊鉴类函》卷二百六十、《子史钩沉》本、《古今说部丛书》本）

汉献帝建安二十三年（公元 218 年）

收纪、晃等，将斩之，纪呼魏王名曰：“恨吾不自生意，竟为群儿所误耳！”晃顿首搏颊，以至于死。（《三国志·武帝纪》注、《史通通释》卷七）

汉献帝建安二十五年（公元 220 年）

帝时召群臣卿士告祠高庙，诏太常张音持节，奉策玺绶，禅位于魏王。乃为坛于繁阳故城，魏王登坛，受皇帝玺绶。（《后汉书·孝献帝纪》注）

参考书目

专　著

[宋]毛晃:《禹贡指南》,《丛书集成初编》,商务印书馆,1936年版。

[宋]王尧臣、[清]钱东垣:《崇文总目辑释》,《丛书集成初编》,商务印书馆,1937年版。

[清]杭世骏:《三国志补注》,《丛书集成初编》,商务印书馆,1937年版。

[清]姚振宗:《后汉艺文志》,《二十五史补编》,开明书店,1937年版。

[清]侯康:《补三国艺文志》,《丛书集成初编》据《史学丛书》排印本,商务印书馆,1937年版。

[明]焦竑:《国史经籍志》,《丛书集成初编》,商务印书馆,1939年版。

[宋]司马光:《资治通鉴》,中华书局,1956年版。

严可均:《全上古三代秦汉三国六朝文》,中华书局1958年影印本。

[唐]徐坚:《初学记》,中华书局,1962年版。

[南朝宋]范晔:《后汉书》,中华书局,1965年版。

[宋]李昉:《太平御览》,中华书局,1966年版。

[晋]陈寿:《三国志》,中华书局,1971年版。

[唐]魏徵等:《隋书》,中华书局,1973年版。

贾虎臣:《中国历代帝王谱系汇编》,正中书局,1974年版。

[后晋]刘昫:《旧唐书》,中华书局,1975年版。

[宋]欧阳修:《新唐书》,中华书局,1975年版。

[梁]萧统编,[唐]李善注:《文选》,中华书局,1977年版。

[元]脱脱:《宋史》,中华书局,1977年版。

[唐]刘知几著,[清]浦起龙释:《史通通释》,上海古籍出版社,1978年版。

[明]方以智:《通雅》,中国书店据清康熙姚文燮浮山此藏轩本影印,1980年版。

[唐]欧阳询:《艺文类聚》,上海古籍出版社,1982年版。

上海图书馆:《中国丛书综录》,中华书局,1982年版。

[清]张玉书、陈廷敬等:《佩文韵府》,上海古籍书店,1983年版。

王重民:《中国善本书提要》,上海古籍出版社,1983年版。

傅增湘:《藏园群书经眼录》,中华书局,1983年版。

[清]张英、王士祯等:《渊鉴类函》,中国书店据1887年上海同文书局影印本,1985年版。

朱祖延:《北魏佚书考》,中州古籍出版社,1985年版。

[元]马端临:《文献通考》,中华书局,1986年版。

[宋]郑樵:《通志》,中华书局,1987年版。

[唐]杜佑:《通典》,中华书局,1988年版。

[元]陶宗仪、[清]陶珽:《说郛》,上海古籍出版社,1988年版。

[清]吴士玉:《骈字类编》,中国书店,1988年版。

[隋]虞世南:《北堂书钞》,中国书店,1989年版。

[宋]祝穆:《古今事文类聚》,中文出版社影印明万历十二年(1584年)金溪唐富春精校补遗重刻本,1989年版。

[宋]吴淑:《事类赋》,中华书局,1989年版。

[清]梁诗正等:《钦定钱录》,天津市古籍书店据商务印书馆1937年本影印,1989年版。

[宋]王钦若:《册府元龟》,中华书局影印宋版,1989年版。

[宋]司马光:《资治通鉴考异》,《四部丛刊》初编史部31册,上海

书店,1989 年版。

[宋]王应麟:《玉海》,江苏古籍出版社影印光绪九年(1883 年)浙江书局重刻本,1990 年版。

[宋]晁公武:《郡斋读书志》,上海古籍出版社,1990 年版。

李致忠:《古书版本学概论》,书目文献出版社,1990 年版。

国学扶轮社:《古今说部丛书》,上海文艺出版社,1991 年版。

[清]何焯:《义门读书记》,中华书局,1991 年版。

张舜徽:《三国志辞典》,山东教育出版社,1992 年版。

[清]黄奭:《子史钩沉》,《汉学堂知足斋丛书》,书目文献出版社,1992 年版。

[清]姚振宗:《三国艺文志》,《续修四库全书》册 914,上海古籍出版社,1995 年版。

余嘉锡:《余嘉锡文史论集》,岳麓书社,1995 年版。

[清]朱彝尊撰,许维萍、冯晓庭点校:《点校补正经义考》,台湾中央研究院,1997 年版。

曹书杰:《中国古籍辑佚学论稿》,东北师范大学出版社,1998 年版。

[明]胡应麟:《少室山房笔丛》,上海书店出版社,2001 年版。

田涛:《法兰西学院汉学研究所藏汉籍善本书目提要》,中华书局,2002 年版。

张三夕:《中国古典文献学》,华中师范大学出版社, 2003 年版。

黄仁生:《日本现藏稀见元明文集考证与提要》,岳麓书社,2004 年版。

[宋]洪迈:《容斋随笔》,中华书局,2005 年版。

张秀民:《中国印刷史》,浙江人民出版社,2006 年版。

韩格平:《中国魏晋时期著作与魏晋全书》,《魏晋全书》,吉林文史出版社,2006 年版。

姜亮夫:《国学丛考》,浙江大学出版社,2006 年版。

[北魏]郦道元著，陈桥驿校证:《水经注校证》，中华书局，2007年版。

汪智超:《陈垣史源学杂文》，生活·读书·新知三联书店，2007年版。

[晋]袁宏著，李兴和点校:《袁宏〈后汉纪〉集校》，云南大学出版社，2008年版。

[清]章学诚著，王重民通解:《校雠通义通解》，上海古籍出版社，2009年版。

丁伟志主编:《钱锺书先生百年诞辰纪念文集》，生活·读书·新知三联书店，2010年版。

喻春龙:《清代辑佚研究》，上海古籍出版社，2010年版。

[美]杰弗里·A. 赖德伯格-科克斯(Jeffrey A. Ryderg-Cox)著，朱常红译:《挑战数字图书馆和数字人文科学》，广西师范大学出版社，2010年版。

朱祖延:《朱祖延集》，崇文书局，2011年版。

徐前师:《"字书"辑佚与研究》，中国社会科学出版社，2011年版。

郭国庆:《清代辑佚研究》，民族出版社，2011年版。

项洁:《从保存到创造:开启数字人文研究》，国立台湾大学出版中心，2011年版。

[清]赵翼著，王树民校证:《廿二史札记校证》，中华书局，2013年版。

崔富章:《版本目录学论丛》，中华书局，2014年版。

时永乐:《古籍整理教程》，人民出版社，2016年版。

杨印民:《宋江阴志辑佚》，天津古籍出版社，2016年版。

刘勇、杜一:《网络数据可视化与分析利器:Gephi中文教程(全彩)》，电子工业出版社，2017年版。

李明杰:《简明古籍整理教程》，武汉大学出版社，2018年版。

翟金明主编:《历代辑佚文献分类丛刊》,国家图书馆出版社,2018年版。

宫平:《图书馆的数字人文实现模式研究》,辽宁大学出版社,2018年版。

[美]安妮·伯迪克、[美]约翰娜·德鲁克、[美]彼得·伦恩费尔德、[美]托德·普雷斯纳、[美]杰弗里·施纳普著,马林青、韩若画译:《数字人文:改变知识创新与分享的游戏规则》,中国人民大学出版社,2018年版。

孟庆祥、王飞、王少华:《OpenGIS设计开发基础教程:基于QGIS+PostGIS设计开发》,武汉大学出版社,2018年版。

张舜徽:《中国文献学》,东方出版社,2019年版。

丁治民、张茜茜:《邵雍〈击壤集〉辑佚与研究》,苏州大学出版社,2019年版。

闫晶:《中国文献学的理论认知研究》,吉林出版集团股份有限公司,2019年版。

张升:《〈永乐大典〉流传与辑佚新考》,社会科学文献出版社,2019年版。

周小艳、张少花:《四库著录河北先哲遗书辑存》,人民出版社,2019年版。

王东波:《面向知识挖掘的平行句法语料库构建研究:数字人文视角下的史部典籍信息组织》,南京大学出版社,2019年版。

刘石、孙茂松、顾青:《数字人文》,中华书局,2019年版。

孟永林、雍际春:《〈秦州记〉〈凉州记〉辑本整理与研究》,三秦出版,2019年版。

[英]大卫·M.贝里、[挪]安德斯·费格约德著,王晓光等译:《数字人文:数字时代的知识与批判》,东北财经大学出版社,2019年版。

梁启超:《中国近三百年学术史》,中华书局,2020年版。

凌孟华:《旧刊有声:中国现代文学佚文辑校与版本考释》,中国社会科学出版社,2020 年版。

孟建主编:《数字人文研究》,复旦大学出版社,2020 年版。

丁波涛主编:《全球信息社会发展报告(2019—2020)》,社会科学文献出版社,2020 年版。

[日]古田敬一:《世说新语佚文》,广岛大学文学部中国文学研究室,1954 年版。

Jerome McGann. *Radiant Textuality*: *Literature after the World Wide* ,Palgrave Macmillan,2001.

Susan Schreibman,Ray Siemens,John Unsworth. *A Companion to Digital Humanities* , Wiley-Blackwell,2008-03-03.

Matthew K. Gold. *Debates in the Digital Humanities* ,University of Minnesota Press, 2012-01-09.

David M. *Understanding Digital Humanities* , Palgrave Macmillan ,2012-02-07.

Matthew G. Kirschenbaum. *Mechanisms* : *New Media and the Forensic Imagination* ,The MIT Press,2012.

Jesse Russell. *Digital Humanities*, Book on Demand Ltd. , 2012.

五胡の会:《五胡十六国霸史辑佚》,燎原书店,2012 年版。

Fiormonte Domenico, Teresa Numerico, Francesca Tomasi. *The Digital Humanist* ,Punctum Books,2015.

Jennifer Guiliano. *Getting Started in The Digital Humanities* : *A How-to Guide To Digital Research* ,Wiley,2019.

Emma Annette Wilson. *Digital Humanities for Librarians* , Rowman & Littlefield, 2020.

论　文

祝文白:《两千年来中国图书之厄运》,《东方杂志》,1945 年第 41 卷。

白万献、张晓刚:《从诸葛玄的葬地看诸葛茅庐之所在》,《史学月刊》,1991 年第 3 期。

唐云俊:《东南地区的早期佛教建筑》,《东南文化》,1994 年第 1 期。

史睿:《论中国古籍的数字化与人文学术研究》,《北京图书馆馆刊》, 1999 年第 2 期。

陈志良、高鸿:《数字化时代人文精神悖论之反思》,《南京社会科学》,2004 年第 2 期。

卢芳、汤颖仪:《没有被忘却了的工作——以鲁迅先生辑校的谢承〈后汉书〉为限》,《鲁迅研究月刊》,2007 年第 9 期。

陈国庆:《数字技术在古籍整理中的运用初编》,兰州大学硕士论文,2008 年。

费巍:《西方目录学的发展及其对我国目录学研究的借鉴意义》,《图书情报知识》,2008 年第 1 期。

刘燕权、高颖、尹涛:《美国珀尔修斯数字图书馆——探索古文明的窗口》,《数字图书馆论坛》,2010 年第 11 期。

何朝晖、李萍:《西方文献学的概念和理论体系及其启示》,《大学图书馆学报》,2012 年第 3 期。

郭金龙、许鑫:《数字人文中的文本挖掘研究》,《大学图书馆学报》,2012 年第 3 期。

马创新、陈小荷、曲维光:《注疏文献中的注释语句自动分析》,《计算机科学》,2012 年第 10 期。

范佳:《“数字人文”内涵与古籍数字化的深度开发》,《图书馆学研究》,2013 年第 3 期。

王会梅:《两巨型数字古籍〈中国基本古籍库〉与〈汉籍数字图书馆〉对比研究》,《农业图书情报学刊》,2013 年第 12 期。

赵生辉、朱学芳:《我国高校数字人文中心建设初探》,《图书情报工作》,2014 年第 6 期。

陈刚:《“数字人文”与历史地理信息化研究》,《南京社会科学》,2014 年第 3 期。

朱翠萍:《计算机辅助版本校勘类型新探——以版刻楷体字书为例》,《国学学刊》,2015 年第 3 期。

朱翠萍、张宪荣:《搭建版刻楷体字书计算机辅助版本校勘平台的设想》,《河北北方学院学报(社会科学版)》,2015 年第 4 期。

周澍绮:《基于 GATE 的楚辞语义标注研究》,《图书馆理论与实践》,2015 年第 11 期。

柯平、宫平:《数字人文研究演化路径与热点领域分析》,《中国图书馆学报》,2016 年第 6 期。

刘炜、谢蓉等:《面向人文研究的国家数据基础设施建设》,《中国图书馆学报》,2016 年第 5 期。

欧阳剑:《面向数字人文研究的大规模古籍文本可视化分析与挖掘》,《中国图书馆学报》,2016 年第 2 期。

夏翠娟、张磊:《关联数据在家谱数字人文服务中的应用》,《图书馆杂志》,2016 年第 10 期。

朱本军、聂华:《跨界与融合:全球视野下的数字人文会议综述》,《大学图书馆学报》,2016 年第 5 期。

顾磊、赵阳:《古籍智能整理研究现状及存在的问题》,《图书馆学研究》,2016 年第 9 期。

严顺:《基于上古文献的词汇级语义知识挖掘研究》,南京农业大学硕士论文,2016 年。

王博立、史晓东、苏劲松:《一种基于循环神经网络的古文断句方法》,《北京大学学报(自然科学版)》,2017年第2期。

邓要然、李少贞:《美国高校数字人文中心调查》,《图书馆论坛》,2017年第3期。

柳建钰、周晓文:《计算机辅助古籍版本校勘资源库建设浅议》,《图书馆理论与实践》,2017年第3期。

刘炜、叶鹰:《数字人文的技术体系与理论结构探讨》,《中国图书馆学报》,2017年第5期。

赵宇翔:《科研众包视角下公众科学项目刍议:概念解析、模式探索及学科机遇》,《中国图书馆学报》,2017年第5期。

张翰兴:《基于序参量理论的三国鼎立成因可视化设计研究》,哈尔滨工业大学硕士论文,2017年。

张惠婷:《网上中文古籍数字化资源建设现状分析》,辽宁大学硕士论文,2017年。

赵洪雅:《数字人文项目"莱比锡开放碎片文本序列"(LOFTS)探究》,《图书馆论坛》,2018年第1期。

蔡迎春:《特色资源建设中的数字人文应用进展研究——基于国内数字人文相关项目及实践案例》,《图书馆建设》,2018年第7期。

孟凡鹏:《文物数字化展示平台的设计与实现》,北京工业大学硕士论文,2018年。

陈岩岩:《古代人物关系及地理信息分布可视化》,天津大学硕士论文,2018年。

母咏然:《数字人文发展及服务研究》,南京大学硕士论文,2018年。

陈路遥:《数字人文领域的知识网络研究——基于WOS文献关键词和引文上下文的分析》,华东师范大学硕士论文,2018年。

蔡志强:《关联数据在数字图书馆中应用过程的知识图谱分

析》,南昌大学硕士论文,2018 年。

陈晓洁:《基于本体的〈左传〉战争知识地图构建研究》,南京农业大学硕士论文,2018 年。

张轩慧:《基于众包模式的数字人文公民科学项目的公众参与激励研究》,南京理工大学硕士论文,2018 年。

卢彤、李明杰:《中文古籍数字化成果辅助人文学术研究功能的调查》,《图书与情报》,2019 年第 1 期。

孟建、胡学峰:《数字人文:媒介驱动的学术生产方式变革》,《现代传播(中国传媒大学学报)》,2019 年第 4 期。

赵薇:《学术前沿:比较视野中的数字人文》,《中国比较文学》,2019 年第 4 期。

郭利敏、葛亮、刘悦如:《卷积神经网络在古籍汉字识别中的应用实践》,《图书馆论坛》,2019 年第 10 期。

俞敬松、魏一、张永伟:《基于 BERT 的古文断句研究与应用》,《中文信息学报》,2019 年第 11 期。

戴恺运:《基于词典和机器学习的中文小说的情感研究》,广西大学硕士论文,2019 年。

左娜:《中美数字人文建设项目对比研究》,吉林大学硕士论文,2019 年。

宋丹丹:《数字人文视阈下云南少数民族节日文化信息资源建设研究》,云南大学硕士论文,2019 年。

张静:《数字人文中历史人物数据的可视化应用研究》,湖南大学硕士论文,2019 年。

朱思苑:《数字人文环境下高校图书馆角色定位研究》,江苏大学硕士论文,2019 年。

陈苗、刘晗月:《数字人文研究热点与发展趋势的断面考察》,《图书馆研究与工作》,2020 年第 1 期。

王军:《从人文计算到可视化——数字人文的发展脉络梳理》,

《文艺理论与批评》,2020 年第 2 期。

高瑾:《量化数字人文综述》,《图书馆论坛》,2020 年第 1 期。

段力萌、魏凤:《文献计量学视角下的全球数字人文发展现状研究》,《图书馆》,2020 年第 1 期。

朱春洁:《数字人文视角下中国古代流贬研究文献可视化分析》,《图书馆》,2020 年第 1 期。

Sarah Werner,何亚丽等(译):《当实体书文化遇上数字人文》,《图书馆论坛》,2020 年第 1 期。

邱伟云:《论数字人文研究中可视化数据的意义与价值——以数字概念史研究为例》,《文艺理论与批评》,2020 年第 2 期。

傅荣贤、华建铭:《新中国 70 年(1949—2019)中国古典文献学研究综述》,《图书馆杂志》,2020 年第 2 期。

郑永晓、段海蓉:《古籍数字化、数字人文与古代文学研究——访中国社会科学院郑永晓教授》,《吉首大学学报(社会科学版)》,2020 年第 2 期。

牛露露:《近二十年辑佚学研究综述》,《宁夏师范学院学报》,2020 年第 2 期。

其其格:《数字人文项目中数字化标准初探》,《科技创新与生产力》,2020 年第 3 期。

王珏:《新中国七十年古文献学的发展、特征、趋势及问题》,《郑州大学学报》,2020 年第 3 期。

尹益民:《美国普林斯顿大学图书馆数字人文建设现状及启示》,《图书馆》,2020 年第 3 期。

中国互联网络信息中心(CNNIC):《第 45 次中国互联网络发展现状统计报告》,2020 年 4 月 28 日。

张婷:《台湾地区数字人文研究特色与实践启示》,《高校图书馆工作》,2020 年第 4 期。

赵雪芹、莫长镭、李天娥、罗行:《人文学者的数字人文接受意愿影响因素——以历史学者为中心的考察》,《图书馆论坛》,2020年第4期。

李慧楠、王晓光:《数字人文的研究现状——"2019数字人文年会"综述》,《情报资料工作》,2020年第4期。

王顺箐:《数字人文的发展进程及未来展望》,《全球信息社会发展报告(2019—2020)》,社会科学文献出版社,2020年版,页278。

胡韧奋:《浅谈古籍整理智能化的基础:资源、技术及应用》,2020年5月30日信息时代古籍整理与研究线上会议资料。

吕洁:《基于史学研究利用需求的数字档案资源整合与服务研究》,山东大学硕士论文,2020年。

孔明月:《数字人文视域下非物质文化遗产档案开发研究》,河北大学硕士论文,2020年。

陈玖瑜:《数字人文视阈下民国报纸知识图谱构建研究》,吉林大学硕士论文,2020年。

李松涛:《数字人文视角下人文研究者利用档案馆藏的行为与激励研究》,吉林大学硕士论文,2020年。

裴阳:《基于数字人文的城市记忆资源整合与服务研究》,郑州航空工业管理学院硕士论文,2020年。

常人杰:《数字人文研究领域知识扩散研究——基于WOST文献的引文分析》,郑州航空工业管理学院硕士论文,2020年。